Wolfgang Welsch

Ästhetisches Denken

Philipp Reclam jun. Stuttgart

Für
Katharina,
voll Sinn und Verstand

4. Auflage 1995

Universal-Bibliothek Nr. 8681

Umschlagabbildung: Jeanette Oellers, »Ecke«, 1989
Gesamtherstellung: Reclam, Ditzingen. Printed in Germany 1996
RECLAM und UNIVERSAL-BIBLIOTHEK sind eingetragene Marken
der Philipp Reclam jun. GmbH & Co., Stuttgart
ISBN 3-15-008681-7

τούτων οὖν ἔχειν δεῖ αἴσθησιν,
αὕτη δ' ἐστὶ νοῦς.

Für diese Dinge braucht es Wahrnehmung,
und solche Wahrnehmung ist Geist.

ARISTOTELES
Nikomachische Ethik VI 12, 1143b 5

Inhalt

Vorwort

Die vorliegende Sammlung vereint Aufsätze aus den Jahren 1988–90, die neuen Fragen der Ästhetik nachgehen. Im Zentrum der Überlegungen steht die gestiegene philosophische Relevanz und die veränderte gesellschaftliche Funktion ästhetischer Reflexion. Die Leitidee der Arbeiten besteht in der Vermutung, daß ästhetisches Denken heute in besonderer Weise zum Begreifen unserer Wirklichkeit fähig ist.

Das moderne Denken hat sich seit Kant zunehmend auf die Einsicht zubewegt, daß die Grundlagen dessen, was wir Wirklichkeit nennen, fiktionaler Natur sind. Wirklichkeit erwies sich immer mehr als nicht ›realistisch‹, sondern ›ästhetisch‹ konstituiert. Wo diese Einsicht durchdringt – und das geschieht heute weithin –, da legt die Ästhetik den Charakter einer speziellen Disziplin ab und wird zu einem generellen Verstehensmedium für Wirklichkeit. Daraus resultiert die gegenwärtige Bedeutung ästhetischen Denkens, der die hier versammelten Aufsätze nachzugehen suchen.

Während somit das Reale zunehmend weniger als Gegenpol des Ästhetischen in Frage kommt (weil es sich selbst als ästhetisch konstituiert erweist), schält sich innerhalb des Ästhetischen ein neuer Bezugspol heraus: das Anästhetische. Anästhetik wird zu einem neuen Fokus der Ästhetik. Die Doppelfigur von Ästhetik und Anästhetik bestimmt heutiges ästhetisches Denken und unterscheidet es von der einseitigen Ästhetisierungs-Euphorie der Moderne. Im Wechselspiel von Ästhetik und Anästhetik treten die Konturen einer ›postmodernen‹ Ästhetik hervor.

Die genannten Leitmotive – die erweiterte Relevanz ästhetischen Denkens und die Doppelfigur von Ästhetik und Anästhetik – durchziehen die hier abgedruckten Aufsätze, die aus unterschiedlichen Anlässen – teils fachphilosophischer, teils populärer Art – entstanden sind. Einige Überschneidungen wurden zugunsten der selbständigen Lesbarkeit der Beiträge belassen. Die folgenden Überlegungen wollen Anregungen geben – und erhalten. Bestätigung ist ihnen lieb, Widerspruch wäre ihnen teurer.

Bamberg, 24. Juli 1990 *W. W.*

Ästhetik und Anästhetik

Fragestellung

Vorweg sollte ich angeben, was ich unter ›Ästhetik‹ und ›Anästhetik‹ verstehe und welche Probleme ich behandeln will. »Vorweg«, das heißt freilich auch: bloß ungefähr. Denn vorweg kann man bloß Vorbegriffe geben. Es ist das Eigentümliche philosophischer Reflexionen, daß sie ihre Ausgangsbegriffe in Bewegung, oft gar in Taumel versetzen und zum Umschlag bringen. ›Dialektik‹ war von Platon bis Adorno das Wort dafür. Wer vorweg mehr als Ausgangspunkte, wer identisch durchzuhaltende Bestimmungen zu geben vermöchte, der könnte sich die Überlegungen und sollte den anderen einen Vortrag ersparen.

Ich meine dies auch als Entschuldigung oder Warnung. Ich werde nicht *einen* Begriff von Ästhetik und *einen* von Anästhetik aufstellen, sondern ich werde in der Folge zeigen, mit welch unterschiedlichen Facetten und Anwendungsflächen man in diesem Phänomenfeld rechnen muß – wenn man sachgerecht operieren will.

›Ästhetik‹ war zunächst – seit 1750 – der Titel einer philosophischen Disziplin, die ein Wissen vom Sinnenhaften anstrebte und daher von Baumgarten, ihrem Gründungsvater, als *episteme aisthetike*, kurz als ›Ästhetik‹ bezeichnet wurde.[1] Demgegenüber ist es nachher zu einer Verengung vorwiegend auf die Kunst oder gar nur aufs Schöne gekommen. Das wäre meines Erachtens heute rückgängig zu machen. Ich möchte Ästhetik genereller als *Aisthetik* verstehen: als Thematisierung von Wahrnehmungen *aller Art*, sin-

1 Vgl. Alexander Gottlieb Baumgarten, *Philosophische Betrachtungen über einige Bedingungen des Gedichtes*, lat./dt., übers. und hrsg. von Heinz Paetzold, Hamburg 1983, S. 86 bzw. S. 87 (§ CXVI).

nenhaften ebenso wie geistigen, alltäglichen wie sublimen, lebensweltlichen wie künstlerischen.

Zweitens hat heutige Ästhetik einer anderen Begriffsverschiebung Rechnung zu tragen: ›Ästhetik‹ bezeichnet im üblichen Sprachgebrauch nicht mehr nur die wissenschaftliche Thematisierung sinnenhafter Phänomene, sondern die Struktur dieser Phänomene selbst. Wenn wir von der Ästhetik des Tanzes, des Vogelflugs oder des Automobils sprechen, so denken wir nicht an Lehrbücher, sondern an diese Bewegungen oder Objekte als solche. Ein Gleiten der Bedeutung (das für die Sphäre des Ästhetischen vielleicht insgesamt charakteristisch ist)[2] war schon bei Baumgarten festzustellen, denn während er zunächst die Ästhetik als Wissenschaft vom Sinnenhaften angesetzt hatte, bestimmte er sie nachher als selbst »sinnliche Erkenntnis«, ja sogar als »schönes Denken« (»ars pulchre cogitandi«). Mittlerweile ist uns der umgekehrte Übergang vertraut geworden – der zu Ästhetik als Moment der Realien (oder Immaterialien) selbst.

›*Anästhetik*‹ verwende ich als Gegenbegriff zu ›Ästhetik‹. ›Anästhetik‹ meint jenen Zustand, wo die Elementarbedingung des Ästhetischen – die Empfindungsfähigkeit – aufgehoben ist. Während die Ästhetik das Empfinden stark macht, thematisiert Anästhetik die Empfindungslosigkeit – im Sinn eines Verlusts, einer Unterbindung oder der Unmöglichkeit von Sensibilität, und auch dies auf allen Niveaus: von der physischen Stumpfheit bis zur geistigen Blindheit. Anästhetik hat es, kurz gesagt, mit der Kehrseite der Ästhetik zu tun.

Daher ist Anästhetik von drei anderen, benachbarten Positionen zu unterscheiden. Sie ist erstens keine Anti-Ästhetik: Sie verwirft die Dimension des Ästhetischen nicht pauschal. Zweitens geht es ihr auch nicht um das Un-Ästhetische – also das nach ästhetischen Kriterien als negativ Qualifizierte. Und drittens hat sie es auch nicht einfachhin mit Nicht-Ästhetischem zu tun, also mit solchem, was keinerlei Bezug zu ästhe-

2 Vgl. Ludwig Wittgenstein, *Philosophische Untersuchungen* (1953), Nr. 77.

tischen Fragen hätte. Unter dem Titel des Anästhetischen geht es vielmehr um das grenzgängerische Doppel der Ästhetik selbst.

Dabei betont Anästhetik die Elementarschicht der *aisthesis*. ›Aisthesis‹ ist ja ein doppeldeutiger Ausdruck, kann Empfindung oder Wahrnehmung, Gefühl oder Erkenntnis, sensation oder perception meinen. Und während die Ästhetik in ihrer traditionellen Ausformung meist doch wieder nur den kognitiven Pol betonte, bezieht sich Anästhetik, wie ich sie hier in die ästhetische Diskussion einführen möchte, primär auf die Empfindung. Das ist nicht erst in der Philosophie, sondern schon in der Medizin so: Durch Anästhesie schaltet man die Empfindungsfähigkeit aus – und der Wegfall des höheren, des erkenntnishaften Wahrnehmens erweist sich als bloße Folge davon. Anästhetik problematisiert also die Elementarschicht des Ästhetischen, seine Bedingung und Grenze.

Und wie alle Grenzen, so ist auch diese nicht bloß negativ zu verstehen. Auch das gilt schon medizinisch: Man anästhetisiert, um ästhetische Pein zu ersparen. Und selbst dort, wo keine Pein vorliegt, sondern wo es um Lust geht, kann Anästhetik gar zum höheren, positiven Ziel werden. Stoiker beispielsweise tun es lieber ohne Lust. Und nicht wenige eigentliche Ästhetiker (Mystiker oder Erotiker) streben nach einem Überstieg der Lust in einen »anderen Zustand« – der dann doch wohl eine Art anästhetischer Zustand sein muß?

Ästhetik und Anästhetik werden nicht einfach als Positiv und Negativ zu verrechnen sein – weder im photographischen noch im wertenden Sinn. Anästhetik reicht vom Nullphänomen bis zu einem Hyperphänomen des Ästhetischen. Daher wird es, während die meisten heute von Ästhetisierung reden, gut sein, auf diese Grenze und somit auf das Doppel von Ästhetik und Anästhetik zu achten.[3]

3 Jüngst hat sich auch Odo Marquard des Begriffspaares ›Ästhetik‹ und ›Anästhetik‹ bedient (Odo Marquard, *Aesthetica und Anaesthetica. Philosophische Überlegungen*, Paderborn 1989). Marquard unterscheidet zwei Wei-

Von diesem ungleichen und unlöslichen Paar also, von Ästhetik *und* Anästhetik will ich sprechen – von diesem Bündnis, das man nicht im Sinn einer klaren und fixen Teilung behandeln oder beenden kann, sondern bei dem man allenthalben auf Verflechtungen, Umschläge und Dialektiken wird achten müssen. Ich würde gerne herausfinden, was es mit diesem Paar auf sich hat – warum die beiden zusammentreten und warum sie nicht voneinander lassen können.

Bevor ich mich dieser Frage in Teil III unter systematischen Gesichtspunkten zuwende, will ich in Teil I eine gegenwartsphänomenologische und in Teil II eine historische Hinführung versuchen. Ich beginne mit Gegenwartsbeobachtungen, durch die ich Sie mit dem genannten Paar und seiner Dialektik vertraut machen möchte.

sen der Verkoppelung dieser Begriffe, eine positive und eine negative. Die positive formuliert zugleich ein Gebot für die philosophische Ästhetik: Sie soll nicht nur die ästhetische Kunst, sondern auch die nichtästhetische Wirklichkeit in den Blick nehmen. Dadurch kann die philosophische Ästhetik über die Grenze zwischen Kunst und Wirklichkeit wachen und so der negativen Verkoppelung von Ästhetik und Anästhetik entgegentreten, die dann eintritt, wenn die Ästhetisierung über die Kunst hinaus auf die Wirklichkeit übergreift, was deshalb Anästhetisierung zur Konsequenz hat, weil in einer ästhetisch unifizierten Wirklichkeit alle Differenzen verschwinden und somit die Möglichkeit von Wahrnehmung und ästhetischer Erfahrung dahinfällt.

Marquards Konstruktion scheint mir auf einer äquivoken Verwendung des Terminus ›ästhetisch‹ zu beruhen. Zunächst wird der Ausdruck im Sinn künstlerischen Gelingens gebraucht, aber sobald diese Ästhetisierung sich erfüllt (ja durch Umformung der Wirklichkeit sich gar über-erfüllt), wird dagegen plötzlich ein anderer Sinn des Ausdrucks ›ästhetisch‹, ein wahrnehmungslogischer nämlich, der auf Differenzbedürftigkeit abhebt, ins Feld geführt. Zudem ist sowohl die Grundannahme, nur ein einziger Begriff von Kunst (›ästhetische Kunst‹) sei legitim, wie auch umgekehrt die pauschale Ablehnung von Wirklichkeitswirkungen der Kunst ersichtlich dogmatisch. Der wichtigste Einwand aber wäre folgender: Marquard plädiert selbst für eine (von ihm allerdings nicht als solche benannte) dritte Weise der Verkoppelung von Ästhetik und Anästhetik, indem er die Kunst als schönes Narkotikum gegenüber der unschön-schmerzvollen Wirklichkeit empfiehlt. Ästhetische Kunst soll uns angesichts einer Welt anästhesieren, die uns ohne solche Entlastung als skandalös und veränderungsbedürftig (als alles andere denn die beste aller Welten) erscheinen müßte. – Meine Überlegungen setzen anders an.

I.

Gegenwarts-phänomenologischer Teil: Aktuelle Formen einer Dialektik von Ästhetik und Anästhetik

1. Der Umschlag gegenwärtiger Ästhetisierung in Anästhetisierung

Gegenwärtig sprechen alle von Ästhetik. Die Spatzen pfeifen es von den Dächern, und die Wissenschaftler intonieren es noch in den Feuilletons: daß wir einen Ästhetik-Boom erleben, daß wir in einer Zeit der Ästhetisierung leben – vom Konsumverhalten über das individuelle Styling bis hin zur Stadtgestaltung, also quer durch die ganze Lebenswelt oder, wie man neuerdings auch sagt, die ›Kulturgesellschaft‹.

Wenn ich statt dessen von Anästhetik spreche, so nicht, um etwas anderes zu sagen als die anderen, sondern gerade im Blick auf diese Ästhetisierung. Ich meine nämlich, daß sie – was ihre engagierten Lobredner übersehen – geradezu in eine gigantische Anästhetisierung umschlägt.

Betrachten Sie nur einmal das postmoderne Facelifting unserer bundesrepublikanischen Großstädte, insbesondere ihrer Einkaufszonen. Hier erfolgt zweifellos eine immense Ästhetisierung – eine den Konsum ankurbelnde Ästhetisierung. Aber am Ende entsteht bei aller chicen Aufgeregtheit und gekonnten Inszenierung doch wieder nur Eintönigkeit.

Das nenne ich einen Fall von *An*-ästhetisierung erstens deshalb, weil sich die meisten dieser konsum-inszenatorischen Dekorationsbauten, wenn man sie einmal im Detail betrachtet, als ausgesprochen leer, zombiehaft und für ein verweilendes Anschauen unerträglich erweisen – und eben für diese Wahrnehmung von Faktur und Details wird man auch systematisch desensibilisiert. Die gestalterischen Elemente sollen gar nicht als solche wahrgenommen werden, sondern sollen eine Stimmungslage erzeugen, in der sie als Spotlights einer aufgedrehten Atmosphäre der Stimulation zu schönem Leben und Konsum wirken. Die ästhetischen Werte machen als Animationswerte Sinn.

Zu dieser Desensibilisierung für die ästhetischen Fakten (die angesichts von deren Dürftigkeit auch bitter nötig ist) kommt zweitens eine Anästhetisierung auf der psychischen Ebene hinzu. Die Stimulation zielt auf immer neue Wirbel der Aufgeregtheit durch Kleinereignisse oder Nichtereignisse. Früher hatte solche Anregung kontemplationsfördernden Zweck. Kant beispielsweise schrieb, die Einbildungskraft werde beim Anblick veränderlicher Gestalten – »eines Kaminfeuers, oder eines rieselnden Baches« – in ein »freies Spiel« der Phantasie versetzt und zu autonomen Bildungen angeregt;[4] und Leonardo da Vinci hat in der berühmten Federzeichnung eines alten, in die Betrachtung von Wasserstrudeln versunkenen Mannes solch sinnender Nachdenklichkeit bildhaften Ausdruck gegeben.[5] Im postmodern-konsumatorischen Ambiente hingegen haben die Anregungen einen anderen Sinn. Sie erzeugen leerlaufende Euphorie und einen Zustand trancehafter Unbetreffbarkeit. Coolness – diese neue Tugend der achtziger Jahre – ist ein Signum der neuen Anästhetik: Es geht um Unbetreffbarkeit, um Empfindungslosigkeit auf drogenhaft hohem Anregungsniveau. Ästhetische Animation geschieht als Narkose – im doppelten Sinn von Berauschung wie Betäubung. Ästhetisierung – ich wiederhole diese Formel – erfolgt *als* Anästhetisierung.

Bedenkt man nun aber, daß ein solcher Umschlag von Ästhetisierung in Anästhetisierung keineswegs *spezifisch* postmodern ist, sondern ebenso schon mit den großen Ästhetisierungsbemühungen der *modernen* Gestaltung verbunden war – in der Megalopolis der modernen Architektur war für die

4 Immanuel Kant, *Kritik der Urteilskraft* (1790), B 73.
5 Leonardo da Vinci, Federzeichnung, um 1513 (Royal Library at Windsor Castle, 12579 r).

natürlichen Sinnesbedürfnisse des Menschen kein Platz mehr, den Sinnen blieb vielmehr nur die Wahl zwischen Verkümmerung oder Mutation (»Verrecke, Vogel, oder werde zur Flugmaschine«) –, so erkennt man, daß es mehr als einen punktuellen Umschlag von Ästhetik in Anästhetik, daß es vielmehr eine generelle ›Dialektik des Ästhetischen‹ zu begreifen gelten wird. Läßt sich der Mechanismus dieser Dialektik – von der in Analogie zur ›Dialektik der Aufklärung‹ zu sprechen wäre – herausfinden?

Auch ist nicht zu übersehen: Die genannte Anästhetisierung geht über den engeren ästhetischen Bereich weit hinaus. Sie ist zugleich mit einer sozialen Anästhetisierung verbunden, also mit einer zunehmenden Desensibilisierung für die gesellschaftlichen Kehrseiten einer ästhetisch narkotisierten Zweidrittel-Gesellschaft.

2. *Anästhetik in der neuen, medialen Wirklichkeit*

Ich gehe zu einem anderen Punkt über. Längst vor aller architektonisch oder künstlerisch induzierten Ästhetisierung nötigt die Verfaßtheit heutiger Wirklichkeit zur Thematisierung anästhetischer Tendenzen.

Das ergibt sich erstens aus der zunehmenden Bildwerdung der Wirklichkeit (also angesichts der guten Gründe, die Enzensberger hatte, als er meinte, die BILD-Zeitung sei, sofern sie diesen Trend zur Bildlichkeit früh schon erfaßte und gar programmatisch zum Titelwort – BILD-Zeitung – erhob, so etwas wie ein avantgardistisches Kunstwerk).[6] Die Bildlichkeit dieser medialen Welt enthält – so meine nächste These – drastische Anästhetisierungspotentiale.

Denn während die mediale Bildwelt zur eigentlichen Wirklichkeit aufsteigt, begünstigt sie – allein schon wegen ihrer bequemen Zugänglichkeit und universellen Verfügbarkeit –

6 Vgl. Hans Magnus Enzensberger, »Der Triumph der BILD-Zeitung oder Die Katastrophe der Pressefreiheit«, in: *Merkur* 420 (1983) S. 651–659.

die Umformung des Menschen zur Monade im Sinn eines sowohl bildervollen wie fensterlosen Individuums. Ein solcher Zusammenhang von Bilderfülle und Fensterlosigkeit ist der Philosophie seit Leibniz – dem Protagonisten des Monaden-Theorems *und* der Logik der Telekommunikation – vertraut: Wer bildervoll ist, der *braucht* keine Fenster mehr, er hat schon alles (hat es zumindest zur Verfügung).
Gegenwärtig und künftig schreiten die Menschen kraft telekommunikativer Totalausrüstung auf ihre monadische Vollendung zu, indem sie sich zu televisionären Monolithen entwickeln. Dabei werden sie freilich zunehmend kontakt- und fühllos gegenüber der ehedem eigentlichen, ›konkreten‹ Wirklichkeit, die inzwischen zur uneigentlichen, sekundären, scheinhaft-farblosen Realität herabgesunken ist. Diese Anästhetisierung gegenüber der Realität von einst ist die Kehrseite des Aufstiegs der neuen, der Tele-Ontologie. Manche nennen das einen technologischen Fortschritt.
Wiederum sind die Effekte sozialer Desensibilisierung unübersehbar. In einer Welt zunehmender Medialität existiert Mitleid vornehmlich als zeichenhaftes Gefühl von Bildschirmpersonen, wird Ethik zum telegenen Zitat und gibt es Solidarität primär als gemeinsames Benutzerverhalten einer televisionären Solidargemeinschaft. (In der Realität wäre solche Solidarität ja ungleich schwieriger zu praktizieren – zu schwierig. Wie leicht konnte man sich am Bildschirm über die Freiheitsausbrüche in der DDR freuen, wie schwer kam man hingegen mit den Realfolgen schon tags darauf in Berlin, eine Woche später auch in anderen bundesdeutschen Städten zurecht.)
Ich versuche ein erstes Zwischenresümee: Architektonisch wie medial deutet sich ein teuflisches, aber anscheinend realistisches Gesetz an. Seine Formel wäre: Je mehr Ästhetik, desto mehr Anästhetik.
Nehmen Sie noch hinzu, wie derzeit auch im privaten und intimen Bereich das Grundgesetz der Medienwelt, die Ablösung der Wirklichkeit durch ihre simulatorische Über-

bietung, auf dem Vormarsch ist. Die Sexualität beispielsweise scheint heute in ihren avancierten Formen immer mehr zu einem Vollzug zwischen Video-Animation und Prothesen-Aktivität zu werden. Künftig entsteht der bacchantische Taumel, von dem Hegel einst geistbezogen gesprochen hatte, in einem simulatorischen Schaltkreis, in dem nun fürwahr – so Hegel – »kein Glied nicht trunken ist« und in dem auch jede Lücke – und auch davon fehlt keine irgendwelcher Art – geschlossen wird. Technische Apotheose auch hier. Jeder von uns eine Monade, im Vollbesitz aller Potenzen einer androgyn vollequipierten Welt. Tele-Orgasmus.

Mancher mag meinen, ich würde übertreiben. Vielleicht. Aber man vergesse nicht: Übertreibung ist ein Prinzip der Wirklichkeit selbst: Die morgige Wirklichkeit wird die Übertreibung der heutigen sein – das ist es, was man ›Entwicklung‹ nennt.

3. *Anästhetisierung – nur Verlust oder auch Rettung des Ästhetischen?*

Muß jedoch – das wäre eine weiterführende Frage – die geschilderte Anästhetisierung einfach als negativ verbucht werden? Könnte sie nicht auch positiv zu verstehen sein?

Schon mein letztes Beispiel – der elektronische Garten der Lüste, in dem jegliche Sexualform verfügbar ist – könnte eine solch positive Vermutung nahelegen. Handelt es sich nicht um die elektronische Einlösung des erotischen Paradieses? (Schließlich geschehen Einlösungen ja nie genau so, wie man sie sich gedacht hatte; man darf schon froh sein, wenn die Heilsvisionen nicht direkt als Unheilsrealitäten zur Welt kommen.) Wäre also nicht gegenüber dem kleinen Anästhetisierungs-Nachteil zumindest der Universalitäts- und Verfügbarkeits-Vorteil als immens anzuerkennen? »Interminabilis vitae tota simul et perfecta possessio« – so hat man einst die

Seinsweise Gottes charakterisiert.[7] Wird uns heute nicht telekommunikativ ähnliches zuteil? In meinem Beispiel: *Alle* erotischen Wünsche und ästhetischen Hoffnungen der Vergangenheit erlangen in der Welt der Telekommunikation instantane Erfüllbarkeit. Anästhetische Simulation als Hypererotik der Zukunft – welche Vision (und mit welchen Vorteilen im Zeitalter von Aids)!

Sollte Anästhetik am Ende vielleicht generell als Hyperästhetik zu begreifen sein, als Erfüllung und Übererfüllung aller ästhetischen Desiderate von einst?

4. *Anästhetisierung als Lebensvorteil in einer technologisch veränderten Welt*

Ich gehe zu einem scheinbar noch einmal ganz anderen Punkt über. Anästhetik ist in der blank-technischen Realität zu einem obligaten Thema geworden, seit uns allen – mit dem 26. April 1986, dem Tag von Tschernobyl – bewußt wurde, daß die elementaren Bedrohungen unserer Gegenwart anästhetischer Art sind. Sinnlich kann man sie nicht mehr wahrnehmen, erst ihre Schäden betreffen – sprich: zerfressen – auch die Sinnlichkeit. Während man mit dem Kind in der Sonne spielte – ihm etwas ehedem Gutes zu tun glaubte –, hat man zu seiner Verstrahlung beigetragen.

Gewiß gab es immer schon Nichtwahrnehmbares jenseits der Sinne, aber neuartig (und bösartig) an der gegenwärtigen Situation ist, daß auf unsere Sinne *in deren eigenem Bereich* nicht mehr Verlaß ist – und das mit drastischen Folgen.

Früher, als die neue Wissenschaft des 17. Jahrhunderts den Sinnen alle objektive Wahrheit absprach – gerade genuin sinnliche Prädikate wie Farben oder Gerüche, sogar Wärme- oder Kälteempfindungen sollten plötzlich ohne alle objektive Wahrheit sein –, da hat man ihnen doch andererseits wenig-

7 Boethius, *Trost der Philosophie*, hrsg. und übers. von Ernst Gegenschatz und Olof Gigon, Zürich ^{2}1949, S. 262 f. (Buch 5, p.6).

stens die subjektive Wahrheit belassen, ja diese ihnen ausdrücklich attestiert. Darin, daß die Sinne uns über Leibzustände, über subjektive Zuträglichkeiten und Abträglichkeiten, über Nutzen und Schaden für uns als Lebewesen korrekt zu informieren vermögen, sollte ihre Verläßlichkeit und ihr eigentlicher Wert liegen. Aber die entwickelte Neuzeit ist – in ihrer gegenwärtigen, mikroelektronischen Metastase namens ›technologisches Zeitalter‹ – auch darüber hinausgegangen. Heute geben uns die Sinne nicht einmal über solche Zuträglichkeiten und Abträglichkeiten mehr zuverlässig Bescheid. Inzwischen ist ein entsprechendes Vertrauen in die Sinne – von der Kernenergie (dieser für die Sinne, wie eine infame Werbung sagte, »saubersten Energie«) bis zum Supermarkt hin – nicht bloß antiquiert, sondern zur Falle geworden. Was uns angenehm ist, macht uns kaputt. Die Technologisierung hat die Wirklichkeit (die ›Natur‹ von ehedem) so sehr verändert, daß unsere vergleichsweise trägen, naturkonservativen (und das heißt auf eine immer weniger noch bestehende Wirklichkeit geeichten) Sinne nicht bloß unzuverlässig, sondern kontraproduktiv – Agenten des Falschen – geworden sind.[8,9]

Angesichts dieser Situation könnte einem, anästhetisch zu sein, gar zum Vorteil gereichen – man würde nicht mehr zum Schädlichen verführt und glaubte sich nicht irrigerweise dort, wo die Sinne Sicherheit vermelden, auch tatsächlich sicher. ›Anästhetik als Lebensvorteil‹ – dies bringt das Peinigende

8 Ulrich Beck hofft auf die Möglichkeit, die sinnlich verlorengegangene »Wahrnehmbarkeit der Gefahren« kulturell wieder herzustellen. So gewänne man »die Kompetenz des eigenen Urteils zurück« (Ulrich Beck, *Gegengifte. Die organisierte Unverantwortlichkeit*, Frankfurt a. M. 1988, S. 293).

9 Wenn die einst so aufregende Diagnose Wolfgang Fritz Haugs von der waren-ästhetischen Pervertierung und Instrumentalisierung der Sinnlichkeit (vgl. Wolfgang Fritz Haug, *Kritik der Warenästhetik*, Frankfurt a. M. 1977) heute etwas antiquiert anmutet, so liegt das nicht daran, daß sie widerlegt worden wäre, sondern daß sie von der Wirklichkeit verstärkend überholt wurde. Es bedarf gar nicht mehr einer manipulatorischen Ausnützung unserer Sinnlichkeit, um sie gegen unsere Interessen arbeiten zu lassen, dies geschieht vielmehr ganz von allein.

und Paradoxe unserer Situation auf eine Formel. Geht es – während die idealistische und romantische Tradition uns seit 200 Jahren das Ästhetischwerden als Vollendung des Menschen und der Gesellschaft angepriesen hat und während die geläufigen Theorien der Ästhetik noch immer auf Sensibilisierung setzen – inzwischen in Wahrheit um Desensibilisierung, ist Anästhetisierung zu einer *positiven* Aufgabe geworden?

Vielleicht müssen wir heute sogar dem Gedanken nahetreten, daß Strategien der Anästhetisierung Rettungspotentiale enthalten – am Ende noch just solche fürs Ästhetische selbst. Ich will (mit der gebotenen Mischung aus Ironie und Hoffnung) ein Beispiel geben.

Heute wäre eine mediale Simulationsstrategie zur Rettung sämtlicher Sehenswürdigkeiten unserer Welt vor ihrer drohenden massentouristischen Zerstörung denkbar – also eine effiziente Gegenstrategie gegen die Realdialektik der Schönheit, die darin besteht, daß das Schöne attraktiv ist und die Menschen dieser Attraktion auch folgen, mithin massenweise das Schöne aufsuchen, womit sie auf Dauer den Gegenstand ihrer schönen Liebe zerstören.

Vereinzelt gibt es heute schon qualitativ hochwertiges Videomaterial von touristischen Attraktionen. Jack Lang beispielsweise hat zur Schonung der Loire-Schlösser vor den notorischen Omnibuskarawanen eine interaktive Videodisk finanziert, die eine aufwendige und umfassende Führungstournee anbietet – zum Gebrauch im eigenen Wohnzimmer. Dieses Verfahren wäre – etwa der UNESCO – zu globaler Anwendung zu empfehlen. Stellen Sie sich vor: Jeder Haushalt erhielte telekommunikativen Zugriff auf weltweit sämtliche Sehenswürdigkeiten; von staatlicher Seite würde die Versorgung garantiert und auch das entsprechende Equipment bereitgestellt (man muß ja nicht gleich an die Aufnahme derartiger Videorechte in den Katalog der Menschenrechte denken). Die Folgen wären offenbar die erwünschtesten und dringendst benötigten: uneingeschränkter Genuß aller Erlebnisqualitäten sämtlicher Stätten für alle Menschen zu jeder Zeit bei vollkommener Verschonung der betreffenden Orte vor massentouristischer Belastung; dadurch Abwendung der absehbar endgültigen Zerstörung der kulturellen Kultstätten; in der Folge sogar Rekulturalisierungschancen der touristisch schon weithin verwüsteten Regionen; zudem weltweite Reduzierung der immensen Umweltbelastungen durch Verkehr; im ganzen also ein hocheffizienter Beitrag zum Fortleben der Menschheit auf höchstem kulturellen Niveau – und natürlich auch ein Beitrag zum Frieden, global wie regional: Florenz beispielsweise könnte sofort abrüsten – die vor 500 Jahren dort geborene Idee des uomo universale wäre televisionär finalmente Wirklichkeit geworden.[10]

Nun kann ein solches Therapieszenario – die Verlegung des Massentourismus ins medial voll ausgerüstete Eigenheim – nur in einer Zeit funktionieren, in der ohnehin Anästhetisierung im Sinn eines Unempfindlichwerdens für den Unterschied von Simulation und Original auf dem Vormarsch ist. Nur dann ist ja damit zu rechnen, daß die Bequemlichkeitsvorteile der Videopräsentation auch tatsächlich im nötigen Umfang genützt werden. Die Erfahrung lehrt allerdings, daß dies heute kein Problem mehr darstellt: Für die meisten sind bereits jetzt die Originale gegenüber ihren Simulationen bloß noch enttäuschend.

Daher ist die Aussicht realistisch, daß gerade forcierte Anästhetisierung (und vielleicht sie allein) die Rettung ästheti-

10 Natürlich wäre (während die Fünfjahrespläne der östlichen Hemisphäre im Verschwinden begriffen sind) an ein weltweites Fünfjahresprogramm des Videowechsels zu denken. Auf den Videos der ersten Generation kann ja ob der zunächst noch vorhandenen Touristenmassen nur relativ wenig von den Kultstätten zu sehen sein; das könnte sich erst in der zweiten Generation ändern (um in der dritten dann vielleicht schon zu weit zu gehen – denn welcher ehemalige Tourist ertrüge tatsächlich die Menschenleere, nach der er sich angeblich sehnt?); am besten wäre es also wohl, gleich weitergehende Möglichkeiten individueller Modulation einzubauen: stufenlose Variabilität beispielsweise zwischen Menschenfülle und Menschenleere, Morgenrot und Mittagslicht, Normalblick und Froschperspektive, usw.

scher Originalität zu leisten vermöchte – zumindest in solchen Fällen. Ich meine das durchaus ernst. Ich verkenne die Scheußlichkeit des Verfahrens nicht, aber es könnte das einzig praktikable sein – während alle anderen, alle konventionellen Verfahren dies auf Dauer nicht sind, sondern die Zerstörung nur verstärken. Am Ende mag es sich hier wie sonst auch bei operativen Therapien verhalten: Anästhesie dient – richtig angewandt – der Gesundheit.

Wie weit die Bequemlichkeitsvorteile des Surrogats – die Vorteile einer bloß medialen Präsentation anstelle der anstrengenden Wirklichkeit – heute schon genutzt werden, zeigt ein in den USA kommerziell vertriebener Artikel, das ›Video-Baby‹. Es handelt sich um ein 8-Minuten-Band mit interaktiven Komponenten. Der Benutzer hat sein Wunschbaby (Geburtszertifikat und Gesundheitsattest sind der Pakkung beigefügt) vor sich auf dem Bildschirm, kann sich dort also ungestört an ihm erfreuen und mit ihm auch kommunizieren. Es reagiert beispielsweise auf Sätze wie »Iß den Brei«, »Lächle Mammi an« – und man kann sich denken: die Folgsamkeit *dieses* Kindes ist vollkommen. Am Ende der acht Minuten kann man es auch noch in den Schlaf singen.[11]

Auf der Verpackung steht: »Die volle, reiche Erfahrung der Elternschaft ohne das Durcheinander und die Lästigkeit der wirklichen Dinge! Lieben Sie Kinder, haben aber keine Zeit, sich um sie zu kümmern? ›Video-Baby‹ ist für Sie!«

Man sieht: Die mögliche Abkoppelung eines reibungslos funktionierenden ästhetisch-anästhetischen Szenarios von der immer (und im Fall von Babys natürlich besonders) widerspenstigen Realität wird heute schon vollendet genützt – vollendet scheußlich und vollendet signifikant zugleich.

Diese Beispiel- und Problemreihe aus den gegenwärtigen Zeitläuften soll fürs erste genügen. Dreierlei wollte ich deut-

11 Zit. nach: Hans Ulrich Reck, »Imitieren? Klar, immer. Aber wie?«, in: *Basler Magazin*, Nr. 47, 25. 11. 1989, S. 1–5, hier S. 2.

lich machen: daß wir heute auf verschiedenen Ebenen Übergänge von Ästhetisierung in Anästhetisierung antreffen; daß dabei keineswegs überall sicher ist, daß die positiven Aspekte einzig bei der Ästhetisierung, die negativen hingegen bei der Anästhetisierung liegen; und daß eine philosophische Ästhetik heute diesen Fragen sich stellen, daß sie Anästhetik zu einem zentralen Gegenstand ihrer Überlegungen machen muß.

II.

Historischer Teil: Ästhetik und Anästhetik in der Tradition Metaphysik – Moderne – Postmoderne

Ich komme zu Teil II, in dem ich parallel zur *gegenwartsphänomenologischen* Einführung von Teil I eine *historische* Hinführung zur Leitfrage des nachherigen Teils III, zur Frage nach *systematischen* Gründen einer Verkoppelung von Ästhetik und Anästhetik, versuche. Wie ist die Tradition – so frage ich also jetzt – mit diesem Problem, das heute bedrängend wird, umgegangen?
Ich will in einer Art Kurzfilm die idealtypischen Positionen aufzeigen, die dieses Thema in 2500 Jahren angenommen hat. Ich unterscheide drei Epochen: zunächst die der Metaphysik (von den Anfängen der Philosophie bis ins 18. Jh.), dann die der Moderne (vom 18. bis ins 20. Jh.) und schließlich die der Gegenwart – der Kürze halber sei sie ›Postmoderne‹ genannt. Eine sehr schematische Einteilung – gewiß; etliche Verfeinerungen wären möglich. Aber auf der Makroebene scheint mir das Schema gleichwohl zutreffend und aufschlußreich zu sein. Und natürlich kommt es – wie immer bei solchen Typisierungen – auf die Zielperspektive an.

Ich glaube, diesen Teil II kurz halten zu können, weil die typologischen Unterschiede der drei Epochen, was die Frage des Verhältnisses von Ästhetik und Anästhetik angeht, erstaunlich eindeutig sind. Kurz gesagt: Die Metaphysik setzt auf Anästhetik, die Moderne auf Ästhetik, die Gegenwart sucht nach einer komplexeren Figur, eben der von Ästhetik *und* Anästhetik.

1. Metaphysik

Die metaphysische Bestimmung des Menschen besagt, daß er sich vom Sinnlichen weg auf das Übersinnliche ausrichten, zum Übersinnlichen sich erheben solle. Der menschliche Weg führt von Ästhetik zu Anästhetik. Darin sind sich Platoniker und Aristoteliker bei allen sonstigen Differenzen einig; die platonische Bestimmung der Philosophie als Sterbenlernen und die aristotelische Konzeption der Theorie sind Programme solcher Anästhetisierung, und Meta-physik ist der sprechende Projekt-Titel dafür. Metaphysisch geht es um den Aufstieg von der sinnlichen Wesenheit, der *ousia aisthete*, zur über-sinnlichen, zur an-ästhetischen Wesenheit.[12]

Den Unterschied des Sinnlichen und des Übersinnlichen sucht die Metaphysik möglichst groß zu machen. Die Sphären sollen gegensätzlich sein. Daher sind die Prädikate der

12 Platon spricht ausdrücklich von *anaistheta eide* und sagt von ihnen, daß sie allein noetisch zugänglich sind (*Timaios* 51d). Nun gibt es zwar eine Tendenz, dieses geistige Erfassen von Wesenheiten noch einmal nach dem Modell einer Wahrnehmung anzusetzen (das tun alle Formen von ›Intuitionismus‹), so daß es dann in der anästhetischen Sphäre noch einmal eine eigene Art von *aisthesis* gäbe. Eine der größten Leistungen Platons scheint mir aber gerade darin zu liegen, daß er solche Versuche konsequent in Richtung der *Dialektik* und damit der Diskursivität überschritten hat (beispielhaft im *Sophistes*). Denkvollzüge können nur analog und allenfalls vorläufig wie Wahrnehmungsvollzüge behandelt werden. Die konsequente Metaphysik ist die nicht mehr mit solchen Intuitionismen paktierende, sondern die strikt anästhetisch gewordene.

übersinnlichen Sphäre allesamt Negativ-Prädikate gegenüber der sinnlichen Sphäre. Metaphysik handelt vom Un-bewegten, Un-veränderlichen, Un-sinnlichen, vom Nicht-räumlichen und Nicht-zeitlichen.

Allerdings verrät sich darin bei näherer Betrachtung schon, daß die Absetzung vom Sinnlichen eine Art Kuckucksei im Nest der Metaphysik ist. Die Metaphysik kommt für ihre eigenen Bestimmungen nicht ohne Rekurs auf das Sinnliche aus – von dem sie doch eigentlich nichts wissen will.

Dieses Problem ist keineswegs allen Metaphysikern verborgen geblieben. Aristoteles beispielsweise hat von den platonischen Ideen gesagt, sie seien nichts anderes als die Sinnendinge – noch einmal, nämlich bloß mit dem Zusatz »an sich« oder »ewig« versehen.[13] Insofern ist Platons Ideenlehre in Aristoteles' Augen krud und ungenügend. Ihr Übersinnliches ist nur ein unsinnlich gemachter Abklatsch des Sinnlichen. – Allerdings vermochte auch Aristoteles selbst dem Problem nicht zu entgehen. Auch seine Meta-physik ist im Grunde eine Physik, all ihre Leitbegriffe sind der Analyse der sinnlichen Welt entnommen.[14]

Es bleibt also bei einer konstanten ästhetischen Beunruhigung des Projekts metaphysischer Anästhetisierung. Dem tragen besonnene Metaphysiker (wie Aristoteles einer war) denn auch durch eine Teilungsregel Rechnung: Prinzipiell ist der Aufstieg vom Sinnlichen zum Übersinnlichen geboten, und in metaphysischen Dingen soll man unbedingt Anästhetiker sein; aber soweit die Verabschiedung des Sinnlichen nicht zur Gänze möglich ist (und das gehört zur conditio humana), insoweit soll man in den unaufhebbar ästhetischen Dingen dann auch getrost Ästhetiker sein. Grundfalsch wäre die blanke Unterlassung des Aufstiegs zum Anästhetischen, verfehlt wäre aber umgekehrt auch eine metaphysische Auslöschung alles Sinnlichen, eine totale Anästhetisierung.

13 Vgl. Aristoteles, *Metaphysik* III 2, 997b 5–12.

14 Vgl. die Belege hierzu in: Wolfgang Welsch, *Aisthesis. Grundzüge und Perspektiven der Aristotelischen Sinneslehre*, Stuttgart 1987, S. 134 f.

Später hat man dies gleichwohl versucht. Die Stoiker haben für eine metaphysische Strukturierung noch alles Sinnlichen plädiert. Sie haben zu Apathie (Leidenschaftslosigkeit) und Ataraxie (Unerschütterlichkeit) gemahnt – und zwar für den Sinnenbereich selbst. Der wahre Stoiker läßt sich noch im größten Schmerz (wie in der größten Lust) nichts von leidenschaftlicher Bewegtheit anmerken. Daher hat Nietzsche – der von den Leidenschaften groß dachte – diesen Typus des Stoikers einmal als einen »vollkommenen Hornochsen« bezeichnet.[15] Das war bildlich gemeint: Der Stoiker umgibt sich mit einem Panzer, um gegen innere wie äußere Affektionen vollkommen geschützt zu sein. Er ist ein perfekter Anästhet.

Im Geltungszeitraum des metaphysischen Modells, also von der antiken bis zur frühbürgerlichen Anthropologie, ist es jedoch nicht nur zu solchen Rigidisierungen, sondern – gewissermaßen komplementär dazu – auch zu Verfeinerungen des Schemas gekommen, beispielsweise in der Mystik. Mystiker vollziehen den Aufstieg zum Anästhetischen nicht durch Absetzung vom Ästhetischen, sondern auf betont ästhetische Weise. Das heißt freilich zugleich: Sie modifizieren zwar die Strategie – diese wird ästhetisch –, aber sie durchbrechen nicht das Schema – dieses bleibt anästhetisch finalisiert. Mystiker sind methodische Ästhetiker im Rahmen der metaphysischen Anästhetik.

Wenn ich anschließend darlegen werde, wie im 18. Jahrhundert ein anderes Grundmodell – das der Ästhetik – zum Durchbruch gelangt, so meine ich natürlich nicht, daß das metaphysische Projekt damit einfach verschwunden wäre. Es behält vielmehr eine gewisse Permanenz, und seine Nachwirkungen können sich sogar hinter ausgesprochen sinnenfreundlichen Titeln (wie sie mit der Wende zur Ästhetik obligat werden) verbergen.

15 Friedrich Nietzsche, »Nachgelassene Fragmente 1887–1889«, in: F. N., *Sämtliche Werke. Kritische Studienausgabe in 15 Bänden*, hrsg. von Giorgio Colli und Mazzino Montinari, München 1980, Bd. 13, S. 125.

Ich gebe zwei Beispiele. Sie zeigen zugleich, wie das metaphysische Standardmodell gegen seine beiden Auslenkungsformen, die stoische und die mystische, sich zur Wehr setzen kann.

Als Kant 1798 eine »Apologie für die Sinnlichkeit« schreibt, sagt er darin, der Verstand solle »die Sinnlichkeit (die an sich Pöbel ist, weil sie nicht denkt)« nicht schwächen – aber nur deshalb nicht, »weil ohne sie es keinen Stoff geben würde, der zum Gebrauch des gesetzgebenden Verstandes verarbeitet werden könnte«.[16] Die Sinne sollen also – ganz metaphysisch – allenfalls Stofflieferanten sein; zu bestimmen haben sie nichts. Andererseits ist diese Kantische Funktionsbestimmung der Sinne offenkundig moderat metaphysischen und dezidiert anti-stoischen Zuschnitts.[17]

Das andere Beispiel: Jacob Burckhardt urteilt 1855 in einem Buch, das eine »Anleitung zum Genuß der Kunstwerke Italiens« sein will (so nämlich der Untertitel seines berühmten *Cicerone*) geradezu klassisch-metaphysisch, wenn er Berninis *Verzückung der heiligen Theresa* – also eine fürwahr mit sinnlicher Raffinesse vollbrachte Darstellung einer genuin-mystischen Erfahrung – durch den Bannspruch »empörende Degradation des Übernatürlichen« abfertigt.[18] Das ist nicht bloß anti-modern und entschieden metaphysisch, sondern dabei noch einmal strikt anti-mystisch gesprochen.

16 Immanuel Kant, *Anthropologie in pragmatischer Hinsicht* (1798), B 31.

17 Stellt man in Rechnung, daß Kant in anderen Kontexten geradezu der Philosoph einer eminenten Nobilitierung des Sinnlichen ist (in der »transzendentalen Ästhetik« der *Kritik der reinen Vernunft* rückt das Sinnliche gar bis in die Dimension transzendentaler Grundlegung auf), so wird gerade an diesem Beispiel die hartnäckige Permanenz metaphysischer Rasterungen noch im Umbruch zur Moderne deutlich.

18 Jacob Burckhardt, *Der Cicerone. Eine Anleitung zum Genuss der Kunstwerke Italiens*, Neudruck der Urausgabe von 1855, Stuttgart 1978, S. 670 f.

2. *Moderne*

Die Moderne dagegen verkündet insgesamt ein anderes Modell und Ideal des Menschen: das der Ästhetik. Der Moderne zufolge ist volles Menschsein nur durch vollendete Ästhetisierung zu erreichen.

Ästhetik, das ist eben nicht bloß irgendeine neue wissenschaftliche Disziplin der Aufklärung, sondern eine ihrer größten Hoffnungen. Am ästhetischen Wesen sollen – ab etwa 1750 – Mensch und Welt genesen. Der »felix aestheticus« wird zum neuen Idealtyp des Menschen; der »ästhetische Staat« rückt in den Rang des wahrhaften Staates auf; sogar von der Philosophie des Geistes heißt es nun, sie müsse eine »ästhetische Philosophie« sein, weil »der höchste Akt der Vernunft« ein »ästhetischer Akt« sei. So sagen es Baumgarten 1750, Schiller 1794/95 und Hegel 1797.

Der einst metaphysisch-anästhetisch gedachte Olymp der Ideen wird nun ganz und gar von der Ästhetik erobert. Unter diesem neuen Stern sollen sich »Aufgeklärte und Unaufgeklärte« zu einem neuen Bund »ewiger Einheit« die Hand reichen, und ihre Gemeinschaft – Schiller sprach diesbezüglich von einem »dritten, fröhlichen Reiche des Spiels und des Scheins«[19] – soll »das letzte, größte Werk der Menschheit sein« – so Hegel.[20]

Alles Heil, das man früher in Anästhetisierung gesucht hatte, soll jetzt in Ästhetisierung liegen. Anästhetik hingegen gilt bloß noch als Name eines Defizits, als Signatur einer falschen Gesellschaft des Zwangs. Gegen sie hißt die Ästhetik die Flagge der Freiheit.

19 Friedrich Schiller, »Über die ästhetische Erziehung des Menschen in einer Reihe von Briefen«, in: F. Sch., *Sämtliche Werke*, hrsg. von Gerhard Fricke und Herbert G. Göpfert, Bd. 5, München [6]1980, S. 570–669, hier 27. Brief, S. 667.

20 *Mythologie der Vernunft. Hegels ›ältestes Systemprogramm des deutschen Idealismus‹*, hrsg. von Christoph Jamme und Helmut Schneider, Frankfurt a. M. 1984, S. 11–14, hier S. 13 f.

An diesem ästhetischen Traum hält die Moderne selbst dort noch fest, wo – angesichts der industriellen Modernisierung – eine Vollendung der Gesellschaft durch Ästhetisierung längst unglaubhaft geworden ist. Das ästhetische Phantasma der Moderne verschiebt, erneuert oder transformiert sich – nur verschwinden will es nicht. Es verschiebt sich beispielsweise zur Wagnerschen Idee der Erlösung durch ein ›Gesamtkunstwerk‹, das nun zwar nicht mehr alle Schichten der Gesellschaft, aber doch wenigstens – sozusagen stellvertretend – alle Gattungen der Kunst umfassen und vereinigen soll; es erneuert sich in den Bestrebungen von Werkbund und Bauhaus, die – gegen die industrielle Barbarisierung gewandt – noch einmal eine künstlerische Durchgestaltung der Gesamtgesellschaft versuchen (wobei sie freilich ihrerseits ästhetischen Vereinseitigungen Vorschub leisten, die bald die Grenze zur ästhetischen Barbarei überschreiten werden); und es transformiert sich schließlich in die Sensibilisierungsprogramme der sechziger und siebziger Jahre, die manchen noch immer aktuell erscheinen, obwohl sie von einer bald zu benennenden Blindheit geschlagen sind.

Während das metaphysische Anästhetik-Projekt stets daran laborierte, daß das Anästhetische vom Ästhetischen weder ganz loskommen noch es sich lückenlos unterwerfen konnte, reagierte das Ästhetik-Projekt der Moderne darauf, indem es alle Heilsvorstellungen ausschließlich gemäß dem neuen Idiom der Ästhetik zu deklinieren gebot. Das war freilich am Ende nur die umgekehrte Einseitigkeit. Daher nimmt es nicht wunder, daß dieser ästhetisch-moderne Absolutismus ebenso wie jener anästhetisch-metaphysische Totalismus immer wieder von Gegenbewegungen, Fragmentierungen und Auflösungen bedroht war und nie wirklich zur Erfüllung gelangte. Könnte man solcher Einseitigkeit – und solch vorhersehbarem Scheitern – entkommen?

3. *Postmoderne*

Ich habe das dritte Modell das gegenwarts-einschlägige oder ›postmoderne‹ genannt. Nach allem Vorausgegangenen – sowohl nach dem gegenwarts-phänomenologischen Teil, der aktuelle Momente einer Dialektik von Ästhetik und Anästhetik beschrieb, als auch nach diesem historischen Teil, der die verständlichen Motive, aber auch die Misere anästhetischer bzw. ästhetischer Einseitigkeit darzustellen suchte –, dürfte klar sein, daß dies dritte Modell weder für Ästhetik noch für Anästhetik wird plädieren können, sondern daß es sein Augenmerk auf die Verkoppelung, auf das Wechselspiel, auf die Verflechtungen von Ästhetik und Anästhetik wird richten müssen. – Ich versuche im abschließenden Teil III einige systematische Gründe für die bleibende Dialektik von Ästhetischem und Anästhetischem anzugeben.

III.

Systematischer Teil:
Das Doppel von Ästhetik und Anästhetik

Generell bin ich der Auffassung, daß ein Denken, das unserer Zeit sich stellen – nicht über sie hinwegreden – will, sich Phänomenen der Unübersichtlichkeit und Ambivalenz zuwenden und mit Denkfiguren des Umschlags, der Verflechtung, der Divergenz operieren muß. Zumal scheint mir dies bei dem hier gewählten Thema zu gelten. Es ist geradezu meine These, daß man nicht mit einem *einzigen* Begriff des Anästhetischen auskommen oder die Virulenz anästhetischer Momente an einer *einzigen* Phänomenstelle festmachen kann.[21] Elementen des Anästhetischen begegnet man vielmehr an verschiedenen systematischen Punkten jeweils verschieden, und die unterschiedlichen Versionen lassen sich nicht in eine konsistente Reihe, nicht auf einen einzigen – auf *den* – Begriff des Anästhetischen bringen.

Freilich nötigt gerade diese Auffassung zu besonderer Genauigkeit, Trennschärfe und Präzision im Detail. Nur dadurch läßt sich ja die wirkliche Vielfältigkeit und Ambivalenz an den Tag bringen – im Unterschied zur scheinbaren Klarheit, eigentlich aber groben (auch grob fahrlässigen) Konfusion des ›einen‹, pauschalen Begriffs.

Meine Hauptthese ist, daß die Anästhetik der Ästhetik nicht von außen zustößt, sondern aus ihrem Inneren kommt. Alles Ästhetische ist als solches schon unweigerlich mit Anästhetischem verbunden. Dafür will ich eine Reihe von Gründen angeben.

1. *Wahrnehmungspsychologische und wahrnehmungsphänomenologische Befunde – Anästhetik und Objektivismus*

Die Gestaltpsychologie hat uns gelehrt, daß zu jedem Wahrnehmen nicht nur ein Nicht-Wahrnehmen gehört, sondern daß solcher Ausschluß, solche Selektivität für das Wahrnehmenkönnen konstitutiv ist. Neurophysiologische Untersuchungen haben diesen Zusammenhang inzwischen besser verständlich gemacht: Kognitive Systeme können generell nur, weil sie selbstreferentiell geschlossen sind, umweltoffen operieren. Wir sehen nicht, weil wir nicht blind sind, sondern wir sehen, weil wir für das meiste blind sind; entsprechend heißt, etwas sichtbar zu machen, im gleichen Akt etwas ande-

21 Das unterscheidet meine Position beispielsweise von derjenigen Jean-François Lyotards, für den Anästhesie auf den Entzug eines ›Urphänomens‹ verweist, das durch verschiedene Namen wie Kindheit, Materie, Präsenz usw. belegt werden kann.

res unsichtbar zu machen. – Keine *aisthesis* ohne *anaisthesis* – nicht einmal im einfachsten Wahrnehmen.
Was so *innerhalb* eines Sinnes gilt, trifft auch auf das Verhältnis *zwischen* den Sinnen zu. Das Wahrnehmungsfeld des Sehens beispielsweise ist ganz anders strukturiert als das des Hörens. Während das visuelle Feld eines des Überblicks, der Überschau, der Beherrschung ist und eine prinzipiell homogene, isotrope und von einem Punkt aus beherrschbare Struktur aufweist, ist das Feld des Hörens zumindest bipolar verfaßt und überdies vektoriell und ereignishaft strukturiert.
Wegen dieser Unterschiedlichkeit der Sinnesfelder bedeutet die Bevorzugung eines Sinnestyps vor den anderen eine nicht bloß ästhetische, sondern zugleich anästhetische Entscheidung: Sie drängt die andere Struktur ins Abseits, in die Latenz, oft gar ins Vergessen. Die abendländische Bevorzugung des Sehens ist ein klassischer Fall dafür und besonders einschneidend wegen ihrer Fortsetzung im Ideal der Theorie, die ja eben jenes ›Betrachten‹ ist, das *ganz und gar* auf Distanz und Überschau setzt – im Unterschied etwa zum Betroffensein und Involviertsein des Hörens. Infolge dieses Distanz- und Überlegenheitspathos kann sich die Theorie dann ja auch fatal immun verhalten gegen das, was sie der Realität antut. Und das ist nicht wenig. Foucault hat in *Surveiller et punir* (1975)[22] gezeigt, wie nötig eine Kritik am abendländischen Visualprimat und Panoptismus wäre. Denn wo das optische Weltverhältnis regiert, da gerät die Welt zu einer gigantischen Überwachungsanstalt vor dem großen Auge des Geistes (idealistisch dem Auge der Urania), und diese Gesetzlichkeit reicht von den Strafanstalten bis zu den Weltszenarien der Wissenschaft. – Angesichts solcher Wirklichkeitsfolgen von Sinnesentscheidungen und Sinnespräferenzen müßte man auf die Verkoppelung von Ästhetik und Anästhetik kritisch aufmerksam werden. Noch jede Ästhe-

22 Dt. *Überwachen und Strafen. Die Geburt des Gefängnisses*, übers. von Walter Seitter, Frankfurt a. M. 1977.

tik und zumal jede Leitästhetik hat sich durch ihre Gewinne zu empfehlen gewußt – es käme darauf an, ihrer Verluste gewahr zu werden.

Des weiteren ist eine vertikale Ästhetik-Anästhetik-Relation innerhalb einer jeden Wahrnehmungsart zu berücksichtigen. Jeder Wahrnehmungstyp ist zweistufig. Da ist erstens seine Erschließungsleistung mit ihrer spezifischen Typik – beim Sehen etwa die Erschließung des Sichtbaren nach bestimmten Form- und Farbschemata –, und zweitens ist da der einzelne Wahrnehmungsakt – das Sehen dieses Gesichts hier, jener Farbkombination dort. Ich will das erste den horizonthaften, das zweite den aktuellen Sinn des Wahrnehmens nennen.

Die Philosophie ist auf die horizonthaften Momente des Wahrnehmens immer sehr aufmerksam gewesen. So hat sie – beispielsweise bei Kant – transzendentale bzw. reine Anschauungs*formen* von empirischen *Anschauungen* unterschieden, und sie hat generell auf die Originarität und Unsubstituierbarkeit der Einzelsinne geachtet. Deren originärer Charakter wurde ihr sogar zum Anlaß, einen allgemeinen, trans-sensuellen Wahrnehmungsbegriff zu etablieren, der überall dort zur Anwendung gelangt, wo man es mit ersten, unableitbaren Erschließungsleistungen zu tun hat. In diesem Sinn sprach beispielsweise Aristoteles nicht nur von sinnlicher, sondern auch von ethischer oder politischer Wahrnehmung.[23]

Aber über dieser Eröffnungsleistung der Wahrnehmung hat man ein anderes Moment zu wenig beachtet, das für den tatsächlichen Wahrnehmungsvollzug essentiell ist. Die horizonthafte Typik taucht für das aktuelle Wahrnehmen gar nicht auf, sondern liegt ihm konstitutiv im Rücken. Man sieht sichtbare Gegenstände, nicht das Sehen oder die Sichtbarkeit. Aktuelles Wahrnehmen ist objektbezogen, geht nach vorne und ist genau dadurch effizient.

23 Vgl. Aristoteles, *Nikomachische Ethik* VI 12, 1143b 5, sowie *Politik* I 2, 1253a 15–18.

Das bedeutet freilich, daß dem Wahrnehmen selbst eine Art Anästhetik eingeschrieben ist. Seine eigene Spezifität – seine Schemata und Prägungen einschließlich der damit gesetzten Beschränkungen – bleiben ihm eigentümlich verborgen. Und diese interne Anästhetik ist eine notwendige Bedingung der externen Effizienz des Wahrnehmens.

Die Folgen dieser internen Anästhetik aber sind tückisch. Man kann sie auf den Generalnenner des Objektivismus bringen. Weil die Spezifität unbewußt bleibt, können wir meinen, die Dinge seien einfach so, wie wir sie wahrnehmen. Die interne Anästhetik eines jeden Sinnes ist für den objektivistischen Wahrnehmungsglauben konstitutiv.

Überdies kommt es dann zu einer Verkoppelung von interner und externer Anästhetik. Indem das jeweilige Wahrnehmen als objektiv und richtig erscheint, negiert es guten Gewissens die gleichen Rechte anderer oder abweichender Wahrnehmungsformen. Es kann nicht glauben, daß an seine Stelle etwas Anderes, gar Besseres treten könnte, daß seine Perspektive überschreitungsbedürftig wäre. So werden Anästhetik und Absolutismus zum Paar.

2. *Kulturelle Grundbilder*

Was ich bislang bezüglich des einfachen Wahrnehmens dargestellt habe, gilt ebenso für höherstufige, inhaltlich aufgeladene Wahrnehmungsformen. Gerade den Grundbildern, die unseren Wirklichkeitszugang leiten – unseren ›archetypischen‹ Schemata (die ich freilich als durchaus kulturelle und soziale Prägungen verstehen möchte) – ist in drastischer Weise eine immanente Anästhetik gesellt. Und bei diesen Grundbildern wird das Verhältnis von Ästhetik und Anästhetik vollends schmerzlich relevant. Denn wer diese Bilder, die unsere individuelle und gesellschaftliche Wirklichkeit durchherrschen, nicht irgendwann in ihrer Spezifität und Massivität vor Augen bekommen hat, der wird, in ihrem undurchschauten Glanz sich sonnend, ein Leben lang nach ihrer Pfeife tanzen müssen.

Ich denke etwa daran, wie Bilder von Mann und Frau, von Geschlechtlichkeit und idealem Zusammenleben, die uns in der familiären und sozialen Kindheit eingesenkt wurden, unser Wahrnehmen und Verhalten fortan imprägnieren und bestimmen. Stets handeln wir im Duktus solcher Grundbilder. Gerade als unbewußte sind sie wirksam. Eben indem diese Bilder – die doch ihrer Konstitution nach *ästhetisch* sind – die Tarnkappe des Anästhetischen übergezogen, in anästhetische Latenz sich begeben haben, wurden sie ›verbindlich‹, d. h. zwingend.

Solche Bilder sind Fallen. Sie haben zugeschnappt, als man an sie sich hielt. Nachher wird man wie Wittgenstein sagen: »Ein *Bild* hielt uns gefangen. Und heraus konnten wir nicht, denn es lag in unsrer Sprache, und sie schien es uns nur unerbittlich zu wiederholen.«[24] – Aber wie gelangt man ins Nachher, wie kommt man aus diesen Bildern heraus?

Am ehesten wohl über Bilderfahrung und Bildarbeit, die sich daran macht, diese vorgängigen Prägungen zu exponieren und ihre Anästhetik zu durchbrechen. Man darf sich dieses Hervorholen der Grundbilder freilich nicht zu leicht vorstellen. Denn die Bilder sind untereinander verflochten und stützen sich wechselseitig.[25] Man muß mit einem Dickicht dieser Grundbilder und mit lateralen Kraftbeiständen rechnen, sobald das Potential eines dieser Grundbilder bedroht ist. Eine schlagartige Veränderung im Ganzen wird einem in den seltensten Fällen geschenkt, die verbleibende Alternative aber, die sukzessive Durcharbeitung, bleibt schwierig und langwierig. Auch die ästhetische Psychoanalyse hat kein Ende.

24 Ludwig Wittgenstein, *Philosophische Untersuchungen* (1953), Nr. 115.
25 Platons Welt der *symplokai* gilt auch hier.

3. *Moderne Kunst: Anästhetik als Fokus*

Offenbar arbeitet die Kunst dieses Jahrhunderts weithin daran, solche Latenzen aufzubrechen. Und da es sich um Bilder, also um im Grunde ästhetische Prägungen handelt, liegt hier auch eine besondere Kompetenz künstlerischer Arbeit; und wenn man bedenkt, wie sehr die traditionelle Kunst solche Bilder andererseits auch verstärkt und propagiert hat, wird man hierin zudem eine Pflicht der Kunst erkennen.

Wenn beispielsweise Francis Bacon Velazquez' Porträt von Innozenz X. neu bearbeitet, so auch, um in unserem psychischen und sozialen Bilderhaushalt einen Typus von Machtinszenierung dadurch abzuarbeiten, daß er ihn zum Schreien bringt.

Ähnliches gilt von der Kunst von Frauen mit feministischer Zielrichtung. Sie brechen gesellschaftliche Grundbilder oft von Seitenwegen her auf und machen sie dadurch veränderbar. Sie intervenieren (übrigens der Verflechtungen sehr bewußt) in unserem psychosozialen Bilderhaushalt. Subversiv ist ihre bildnerische Arbeit, indem sie die pathetischen Valenzen solcher Grundbilder aktiviert und aus der sicheren Festung ihrer Anästhetik herausholt.[26]

Ebenso denke ich an Werke der arte povera. Sie decken auf, wie auch in uns, die wir uns so stolz tabulos geworden wähnen, noch Standards gesellschaftlicher Primärwahrnehmungen – etwa hinsichtlich der Wertigkeit von Materialien – zumindest subkutan wirksam sind. Ähnlich haben schon Jean Dubuffet und die art brut mit alternativen Wahrnehmungsformen – von Primitiven, Kindern, psychisch Kranken – ope-

26 Valie Export hat eindringliche Arbeiten in diese Richtung unternommen, und Katharina Sykora erhebt die Forderung nach der »Zerstörung patriarchal codierter Weiblichkeitsbilder« sowie nach einem »feministischen Ikonoklasmus« (Katharina Sykora, »Verletzung – Schnitt – Verschönerung. Filmische Freilegungen«, in: *Blick-Wechsel. Konstruktionen von Männlichkeit und Weiblichkeit in Kunst und Kunstgeschichte*, hrsg. von Ines Lindner [u. a.], Berlin 1989, S. 358–367, hier S. 365 bzw. 366).

riert. Auch wenn gegenüber der Meinung, hier werde auf ein ursprüngliches Wahrnehmen rekurriert, Skepsis angebracht ist (meist handelt es sich bei dem, was man solcherart als ursprünglich betrachtet, nur um eine Rückprojektion), so lehrt doch die Konfrontation mit derlei abweichenden Perzeptions- und Gestaltungsformen, wie sehr ästhetische Erwartungshaltungen eingeschliffen sind und in ihrer Selbstverständlichkeit durch eine eigentümliche Anästhetik gedeckt werden. Just diese Anästhetik macht aus Spezifität Objektivität und Selbstverständlichkeit. Dies zu durchbrechen – nicht eine hypostasierte Ursprünglichkeit – macht das ›Wilde‹ dieser Kunst aus.

Am Ende ist eine anästhetische Grundhaltung – gegen all die schönen und etablierten Angebote des Ästhetischen – die Methode der Wahl zur Aufdeckung der Anästhetik alles Ästhetischen. Deshalb hat die Kunst dieses Jahrhunderts, der das Ästhetische als solches suspekt geworden war und die den ästhetischen Gewohnheiten – den alltäglichen der Sinne wie den durch Kunsttradition eingeübten – mißtraute, radikale Schnitte gesetzt. Exemplarisch geschah das in jener berühmten Szene aus Buñuels *Andalusischem Hund* von 1928, wo ein Rasiermesser durch ein Auge schneidet. Und prototypisch steht für die Anästhetik der modernen Kunst Marcel Duchamp, der von seinen ›Readymades‹ sagte, daß ihre Wahl »nie von einer ästhetischen Lust diktiert wurde«, sondern auf einer »Reaktion *visueller* Indifferenz« beruhte, »bei einer gleichzeitigen totalen Abwesenheit von gutem oder schlechtem Geschmack ... in der Tat eine völlige Anästhesie«.[27] Da ist mein Thema erstmals bei einer Hauptfigur der Kunst dieses Jahrhunderts Aussage und Bekenntnis geworden. Seither arbeitet diese Kunst an Überschreitungen des Sinnenhaften, am Bruch mit dem Ästhetischen, am Übergang zu komplexen Doppelbewegungen von Ästhetik und Anästhetik. Das scheint mir in diesem Jahrhundert geradezu ihren Pulsschlag

27 Marcel Duchamp, »Hinsichtlich der ›Readymades‹«, in: M. D., *Die Schriften*, Bd. 1, hrsg. von Serge Stauffer, Zürich 1981, S. 242.

und ihre Relevanz auszumachen. Auf diese Kunst muß man die Frage von Ästhetik und Anästhetik nicht erst projizieren – sie bildet längst ihren Nerv.

4. Plädoyer für eine Kultur des blinden Flecks

Aber vielleicht möchte mancher von Ihnen seit einiger Zeit einen Einwand erheben: Rede ich in diesem Teil III nicht letztlich doch wieder einer Ästhetisierung von allem, einer ästhetischen Eroberung nun auch noch des Anästhetischen und damit einer Art neuer Gesamt-Erlösung durch Ästhetik das Wort – falle ich also nicht erneut ins sehr *moderne* Projekt der Ästhetik zurück?
Dazu eine abschließende Klarstellung: Gewiß geht es auch in der von mir vorgeschlagenen Perspektive um die Vielfalt ästhetischer Möglichkeiten, Paradigmen und Versionen – aber nicht um ihres akkumulierten Reichtums und einer vollendeten Integration willen, sondern im klaren Bewußtsein ihrer konstitutiven Divergenz und Unversöhnbarkeit, also angesichts des unbeendbaren Doppelverhältnisses von Erschließung und Ausschluß, Gewinn und Verlust, Bekundung und Verdrängung – angesichts dieser ästhetisch-anästhetischen ratio essendi alles Ästhetischen.
Der typisch modernen Perspektive der Entfaltung der vollen Möglichkeiten des menschlichen Wesens, der Bildung des Individuums zum uomo universale und der Gesellschaft zum ästhetischen Staat, diesem modernen Programm ästhetischer Akkumulation entgegen geht es um Sensibilisierung für Pluralität und Differenz, Einschnitte und Ausschlüsse und um die Einsicht in die Unübersteigbarkeit und Unbeendbarkeit dieser Komplexion von Ästhetik und Anästhetik.
Gegen die moderne Utopie einer total-ästhetischen Kultur käme es heute darauf an, eine *Kultur des blinden Flecks* zu entwickeln. Kritische Kultur müßte darin eine ihrer wichtigsten Aufgaben sehen. Kritisches Philosophieren – und welch

anderes verdiente den Namen der Philosophie? – müßte dem zuarbeiten und dabei auch zur Befragung der eigenen leitenden Bildlichkeit bereit sein. Philosophische Ästhetik müßte Anästhetik zu einem ihrer thematischen Pole machen.

Eine solch anästhetisch akzentuierte Ästhetik würde zu einer Schule der Andersheit. Blitz, Störung, Sprengung, Fremdheit wären für sie Grundkategorien. Gegen das Kontinuum des Kommunizierbaren und gegen die schöne Konsumption setzte sie auf Divergenz und Heterogenität. Buñuels Schnitt durch das Auge bleibt aktuell.

*

Wenn ein Klassiker der Moderne wie Paul Valéry die Überschreitung der ästhetischen zu einer – wie er sagte – ›ästhesischen‹ Wahrnehmung forderte, die alle Sinne global und überlegt einbezieht, so scheint mir das noch immer nicht genügend zu sein. Es bleibt einer Perspektive des Reichtums und der reinen Positivität des Ästhetischen verhaftet.[28] Spätere Künstler wurden für die fatalen Kehrseiten einer weiterhin nur auf Aneignung ausgerichteten Ästhetisierung sensibler. Sie haben Werke der Verweigerung geschaffen, Werke, deren Aneignung fehlschlägt.

Ebenso: Wenn Paul Klee sagte, Kunst gebe nicht das Sichtbare wieder, sondern mache sichtbar, so blieb auch das – wie Valérys Option – unter der Schwelle der neuen Anästhetik. Klee setzt eher jenen Zug der traditionellen Kunst fort, der sich die Darstellung des Unvorstellbaren – des Heiligen Gei-

28 Ähnliches gilt für Richard Rortys Idee einer ›ästhetisierten Kultur‹: »Eine ästhetisierte Kultur wäre eine, die nicht darauf beharrt, daß wir die echte Wand hinter den gemalten Wänden finden, die echten Prüfsteine der Wahrheit im Gegensatz zu Prüfsteinen, die nur kulturelle Artefakte sind. Sie wäre eine Kultur, die gerade dadurch, daß sie zu schätzen weiß, daß *alle* Prüfsteine solche Artefakte sind, sich die Erschaffung immer vielfältigerer und vielfarbigerer Artefakte zum Ziel setzte« (Richard Rorty, *Kontingenz, Ironie und Solidarität*, Frankfurt a. M. 1989, S. 99). – Diese Vorstellung bleibt ganz und gar akkumulatorisch.

stes etwa oder der Apokalypse – zutraute, darin aber dem imperialen Gestus unserer Kultur verbunden blieb. Traditionelle Kunst hat uns gemeinhin – im Medium des Scheins – unserer Macht versichert: »Wir können alles zeigen, alles vergegenwärtigen« – so lautete die implizite Botschaft. Dieses Macht-Phantasma aber zerstiebt heute angesichts der Realität der Industriegesellschaft. Künstler haben es schon lange nicht mehr geteilt. Sie haben ›unsichtbare Objekte‹ geschaffen, Werke der Unbemächtigbarkeit. Ich denke etwa an Walter de Marias *Vertikalen Erdkilometer* – ein exemplarisches Werk des Entzugs; oder an Werke der Minimal art – an diese Maxima von Anästhetik bei minimalem ästhetischem Aufwand; oder auch an manches in den heutigen Tendenzen dekonstruktivistischer Architektur. – Darin tritt Kunst als Instanz des Anästhetischen der schwülen Sensitivität einer Aneignungsgesellschaft gegenüber.

*

Ich habe mich – in diesem Versuch, die Richtung von Arbeiten anzudeuten, die ich in den nächsten Jahren unternehmen möchte – mehr auf die bildende Kunst als auf die sprachlichen Künste bezogen. Ich finde meine Perspektive aber auch dort bestätigt und schließe mit Worten des Büchner-Preisträgers dieses Jahres, Botho Strauß. Er sagte vom Dichter: »Inmitten der Kommunikation bleibt er ... zuständig für das Unvermittelte, den Einschlag, den unterbrochenen Kontakt, die Dunkelphase, die Pause. Die Fremdheit.«[29]

29 Botho Strauß, »Die Erde ein Kopf. Rede zum Büchner-Preis 1989«, in: *DIE ZEIT*, Nr. 44, 27. 10. 1989, S. 65 f., hier S. 65.

Zur Aktualität ästhetischen Denkens

Jean Paul konnte 1804 in seiner *Vorschule der Ästhetik* sagen: »Von nichts wimmelt unsere Zeit so sehr als von Aesthetikern.«[1] Adorno hatte mehr als anderthalb Jahrhunderte später Anlaß festzustellen: »Was den gegenwärtigen Geisteswissenschaften als ihre immanente Unzulänglichkeit: ihr Mangel an Geist, vorzuwerfen ist, das ist stets fast zugleich Mangel an ästhetischem Sinn. Nicht umsonst wird die approbierte Wissenschaft zur Wut gereizt, wann immer in ihrem Umkreis sich regt, was sie der Kunst attribuiert, um in ihrem eigenen Betrieb ungeschoren zu bleiben; daß einer schreiben kann, macht ihn wissenschaftlich suspekt.«[2]

Zwei Jahrzehnte nach diesem Diktum Adornos hat die Lage sich verändert: Was Adorno wünschte – daß »Differenziertheit als eine ästhetische Kategorie sowohl wie eine der Erkenntis« erfaßt würde,[3] ist eingetreten. Das Denken, das heute dominiert, ist ein ästhetisches Denken. Ich behaupte nicht, daß unsere Zeit von Ästhetikern wimmle, aber ich meine, daß viele der führenden Köpfe heute ästhetisch geprägt sind, und ich glaube vor allem, daß man dies heute nicht ironisch kommentieren muß, wie Jean Paul es tat, sondern anerkennend konstatieren kann, wie Adorno es gerne getan hätte.

Ich frage im folgenden zunächst: Inwiefern besteht eine solche Dominanz ästhetischen Denkens? Sodann: Was ist ›ästhetisches Denken‹? Des weiteren frage ich, warum dieses Denken heute dominant wird und wie es sich zu einer zunehmend ästhetisch und zugleich anästhetisch geprägten Realität verhält. Ich werde darüber hinaus fragen, welche Be-

1 Jean Paul, *Vorschule der Ästhetik*, in: J. P., *Sämtliche Werke*, hrsg. von Norbert Miller, Bd. 5, München 1963, S. 22.

2 Theodor W. Adorno, *Ästhetische Theorie*, Frankfurt a. M. 1970, S. 344.

3 Ebd.

deutung der Kunsterfahrung für ein solch ästhetisches Denken zukommt, und schließlich, wozu ein solches Denken gut ist.

1. *Die Denker, die ›an der Zeit‹ sind, sind ästhetische Denker*

Zunächst sei anhand einer Beispielreihe in Erinnerung gerufen, in welch auffallendem Maße prominente Denker der Gegenwart ästhetische Denker sind.

Ich beginne mit JEAN-FRANÇOIS LYOTARD, zweifellos einem der gewichtigsten Denker der Zeit. Schon sein erstes großes Buch – *Discours, figure* (1971) – war Fragen der Kunst gewidmet, und auch weitere Schriften befaßten sich mit Künstlern – mit Duchamp beispielsweise oder mit Newman und Buren oder neuerdings mit Adami und Arakawa. Dabei ist Lyotards ästhetische Reflexion stets zugleich eine philosophische. Dieser Zusammenhang reicht bis ins Herz dieses Denkens. Denn so wie Lyotard ästhetisch zu einem Protagonisten des Erhabenen wurde – die gegenwärtige Konjunktur dieser alten ästhetischen Kategorie verdankt sich Lyotards Intervention[4] –, so bewegte sich auch sein Denken auf das kategoriale Pendant, auf die Thematik des Ereignisses zu. Es ist für Lyotards eigenes Philosophieren charakteristisch, wenn er den Maler und den Philosophen als »Brüder im Experimentieren« bezeichnet.[5]

Bei JACQUES DERRIDA ist es auf den ersten Blick nicht die Malerei, sondern die Literatur, die dem Kern des Denkens nahesteht. Er hat sein Denken in Texten über Artaud, Bataille, Genet, Blanchot oder Kafka entwickelt, und solche

4 Vgl. zur neueren Diskussion den Sammelband *Das Erhabene. Zwischen Grenzerfahrung und Größenwahn*, hrsg. von Christine Pries, Weinheim 1989.

5 Jean-François Lyotard [u, a.], *Immaterialität und Postmoderne*, übers. von Marianne Karbe, Berlin 1985, S. 102.

Affinität zur Literatur imprägniert sein Philosophieren – bis hin zur Verwischung der Grenzen zwischen Philosophie und Literatur. Philosophische Reflexion und literarische Praxis durchdringen (die Kritiker sagen: verschlingen) einander. Darüber hinaus hat sich Derrida – etwa in *La vérité en peinture* (1978) – auch explizit mit Fragen der Malerei befaßt, und vor allem besteht in seinem Denken eine untergründige Entsprechung zur Malerei des Informel. Spur, Marke, Fährte, Verstreuung, Bahnung, der Aufschub des Sinns und ein generalisierter Schriftbegriff sind Hauptkategorien Derridas und Kennzeichen der informellen Malerei zumal. Bedenkt man, daß sich Derridas Denken in den fünfziger Jahren, also in der Blütezeit des Informel, herauskristallisiert hat, so liegt die Annahme einer zumindest untergründigen Inspiration durch jene Malerei mehr als nahe.

Auch bei Michel Foucault, einem weiteren Protagonisten zeitgenössischen Denkens, ist der Einfluß sowohl der Malerei als auch der Literatur und generell ein ästhetischer Grundzug des Denkens unübersehbar.[6] Sein berühmtes Buch *Les mots et les choses* (1966) ist seiner Struktur nach durch ein Bild von Velazquez und seinem Ziel nach durch die Sprache Mallarmés bestimmt; und in seinen spätesten Werken hat Foucault gar eine ›Ästhetik der Existenz‹ skizziert, wo das Ästhetische nun den engen Bezug zur Kunst überschreitet und als Grundform des Daseins verstanden wird – ein für die gegenwärtige Bedeutung und Konjunktur des Ästhetischen eminent bezeichnender Zug.

Aber nicht nur die französischen Paradedenker der Gegenwart – unter denen natürlich auch noch Jean Baudrillard zu erwähnen wäre, der die Analyse ästhetischer Phänomene, etwa der Graffiti, zur Diagnose von Wirklichkeitsbeständen

6 Gilles Deleuze hat auf Foucaults Vorliebe für Tableaus hingewiesen und gesagt, daß Foucault »Beschreibungen vornimmt, die als Gemälde gelten können: ... die bewunderungswürdigen Beschreibungen der Kette der Sträflinge oder des Asyls, des Gefängnisses, des Zellenwagens, als ob es Gemälde wären und Foucault ein Maler« (Gilles Deleuze, *Foucault*, übers. von Hermann Kocyba, Frankfurt a. M. 1987, S. 112 f.).

eingesetzt hat –, sondern auch ihre italienischen, deutschen und amerikanischen Kollegen zeigen eine auffallende Affinität zu ästhetischen Problemstellungen und Verfahrensweisen.
So hat sich GIANNI VATTIMO immer wieder mit Fragen der Kunst befaßt, und sein ›pensiero debole‹ ist schier zur kanonischen Basis italienischer Kunstkommentare und Künstlerkataloge geworden.
Ähnlich ist MASSIMO CACCIARI einem breiteren Publikum durch die Zusammenarbeit mit Emilio Vedova und Luigi Nono bekannt geworden; zudem dürfen von ihm vorgelegte Bildinterpretationen – beispielsweise zu Hogarths *Der Tod der Zeit*[7] – für vorbildlich gelten; ob Cacciari Platon interpretiert oder die Ikonen des Gesetzes beschreibt, ob er den Jahrhundertbeginn vom Wiener Steinhof aus betrachtet oder die traditionelle Angelologie ausleuchtet – jedesmal hat man ein Denken von offenkundig ästhetischem Zuschnitt vor sich.
Das gleiche gilt im deutschen Sprach- und Denkraum von Autoren wie DIETMAR KAMPER oder PETER SLOTERDIJK. Kampers Denken bewegt sich ganz im Erfahrungsbereich von Bild, Einbildungskraft und Imagination. Noch wo er in dieser Sphäre dubiose, ja tödlich bedrohende Tendenzen diagnostiziert, setzt er gegen diese auf die besseren Seiten derselben Mächte: »Gegen das Imaginäre hilft nur die Einbildungskraft.«[8]
Sloterdijk schließlich hat nicht bloß über die Bedeutung eines ›Denkens auf der Bühne‹ – also eines im Kern theatralischen Denkens – geschrieben und eines seiner Bücher als »ästhetischen Versuch« untertitelt, sondern er hat dort überdies die These vertreten, daß die Schranke zwischen dem Ästhetischen und dem Logischen heute hinfällig wird: »Etwas mer-

7 Massimo Cacciari, »Der Tod der Zeit«, in: M. C., *Zeit ohne Kronos. Essays*, hrsg. und übers. von Reinhard Kacianka, Klagenfurt 1986, S. 14–26.
8 Dietmar Kamper, »Aufklärung – was sonst?«, in: *Merkur* 436 (1984) S. 535–540, hier S. 539.

ken ist Wahrnehmung, ist Ästhetik im weitesten Sinne und bleibt bis in die letzte Instanz die Angelegenheit des Denkens.«[9] Offenbar ist Sloterdijks eigenes Denken solcherart ästhetisch in jeder Faser: Man kann seine musikalisch-melodische Imprägnierung geradezu hören – nicht das schlechteste Zeichen übrigens, so hätte Nietzsche gesagt, daß es sich um einen veritablen Philosophen handelt.

Ferner zeigen sich auch zeitgenössische amerikanische Denker immer stärker ästhetisch inspiriert und zu ästhetischen Positionen gedrängt. Ich verweise nur auf NELSON GOODMANS *Sprachen der Kunst* und seine Rede von der Erzeugung vielfältiger Welten oder auf RICHARD RORTYS Plädoyer für den Übergang zu einer ›bildenden Philosophie‹ – mitsamt der These, »daß die Selbstbeschreibungen, die wir in einer der Naturwissenschaften finden, mit den verschiedenen anderen Beschreibungen gleichrangig sind, die wir Dichtern, Romanciers, Tiefenpsychologen, Bildhauern, Anthropologen und Mystikern verdanken«.[10] Schließlich ist auch PAUL FEYERABEND zu erwähnen, der uns sagt, daß wir, auch wenn wir Wissenschaft treiben, eine Form von Kunst betreiben.[11]

Diese Beispielreihe zeigt: In der aktuellen Debatte besteht eine auffällige Prominenz ästhetischen Denkens. Etliche Paradedenker der Gegenwart sind ästhetische Denker. Gewiß: Prognostiziert ward das schon lange, von Nietzsche nämlich, der 1886 in der Vorrede zur *Geburt der Tragödie* die Forderung erhob, fortan »die Wissenschaft unter der Optik des Künstlers zu sehn«.[12] Eingelöst aber wird dieses Nietzschesche Projekt erst in der Gegenwart. Zu fragen ist: Warum gerade heute? Und mit welchen Gewinnen?

9 Peter Sloterdijk, *Kopernikanische Mobilmachung und ptolemäische Abrüstung. Ästhetischer Versuch*, Frankfurt a. M. 1987, S. 125.

10 Richard Rorty, *Der Spiegel der Natur. Eine Kritik der Philosophie*, übers. von Michael Gebauer, Frankfurt a. M. 1981, S. 392 f.

11 Vgl. Paul Feyerabend, *Wissenschaft als Kunst*, Frankfurt a. M. 1984.

12 Friedrich Nietzsche, *Sämtliche Werke. Kritische Studienausgabe in 15 Bänden*, hrsg. von Giorgio Colli und Mazzino Montinari, Bd. 1, München 1980, S. 14.

2. *Was heißt ›ästhetisches Denken‹?*

Zunächst will ich den Begriff ästhetischen Denkens präzisieren. Die Beispiele, die ich gegeben habe, weisen bereits auf das Entscheidende hin: Ästhetisches muß, damit von ›ästhetischem Denken‹ gesprochen werden kann, nicht bloß Gegenstand der Reflexion sein, sondern den Kern des Denkens selbst betreffen. Das Denken muß als solches eine ästhetische Signatur aufweisen, muß ästhetischen Zuschnitts sein. Das heißt vor allem: Es muß in besonderer Weise mit Wahrnehmung – *aisthesis* – im Bunde sein.[13] Ästhetisches Denken ist eines, für das Wahrnehmungen ausschlaggebend sind. Und zwar sowohl als Inspirationsquelle wie als Leit- und Vollzugsmedium.

Welche genaue Bedeutung hat dabei ›Wahrnehmung‹? Wahrnehmungen welcher Art sind im Kern eines ästhetischen Denkens wirksam? – Zunächst ist wichtig, daß keineswegs nur an Wahrnehmungen visuellen Typs zu denken ist. Gerade der traditionelle Vorrang des Sehens wird hier durchbrochen. Auditive Phänomene werden mindestens ebenso wichtig wie visuelle. Man hört auf den Ton einer Rede, ist auf den Rhythmus eines Schreibens aufmerksam, wendet sich ›Unerhörtem‹ zu. Denktypologisch gesprochen: Man knüpft nicht nur an die griechische Tradition des Abendlandes an, sondern nimmt verstärkt auch Motive der jüdischen Tradition wieder auf. Lyotard, Derrida, Sloterdijk sind Beispiele sowohl für eine solche Aktivierung des Hörens wie für eine neue Nähe zu Elementen der jüdischen Tradition.

Auch anderen Sinnesvollzügen wird neue Aufmerksamkeit geschenkt; nicht zufällig schreibt Michel Serres ein Buch über die fünf Sinne und legt Dietmar Kamper eine Analyse der Einhorn-Teppiche vor. Auch ist eine gesteigerte Aufmerk-

13 Eine Analyse des philosophischen Konzepts von *aisthesis* – insbesondere auch hinsichtlich seiner Verbindungen mit dem *logos* – habe ich versucht in: *Aisthesis. Grundzüge und Perspektiven der Aristotelischen Sinneslehre*, Stuttgart 1987.

samkeit auf ästhetische Implikationen von Argumentationstypen und Denkstilen charakteristisch. Wie ist die Physiognomie einer Weltsicht, eines Ansinnens, eines Vorschlags beschaffen? Ist sie rigid, weiblich, gekünstelt, elegant, dialektisch? Die Beachtung dieser scheinbaren Sekundär- oder Tertiärqualitäten, die in Wahrheit Grundqualitäten sind – drückt sich doch in ihnen die leitende Sicht und Welthaltung aus, in deren Kontext die einzelnen Aussagen erst einen Sinn ergeben –, ist für dieses neuere Denken charakteristisch. Schon Heidegger hat, als er das neuzeitliche Denken als »rechnendes Denken« kennzeichnete, der Wahrnehmung eines Grundcharakters Ausdruck gegeben, der in diesem Denken auch dort noch bestimmend ist, wo gar nicht im wörtlichen Sinn gerechnet wird. Ebenso verraten das mechanische Schulbegriffsgeklapper, das strenge Letztbegründungskorsett, die zwanghaft triadische Welteinteilung oder die monomanische Selbstreflexionsiteration mehr über ihre Betreiber als deren einzelne Sätze. Gleichermaßen gilt das von der assoziativen Lockerheit eines Gedankengewebes, vom polternden Stil eines Unversöhnlichen, von Nietzsches Meisterschaft im Setzen von Gedankenstrichen. All das sind Signaturen des Denkens, die man wahrnehmen, für die man die Sinne öffnen muß. Man kann geradezu sagen, daß die neueren Denker ihre Sinne im Denken mobilisieren, daß sie ein Denken praktizieren, das über Sinne verfügt und mit ihnen Sinn macht. Ein ästhetischer Denker sieht und hört nicht bloß in umweltlicher Orientierung, sondern er wittert eine Einsicht, ist einem schal schmeckenden Einfall gegenüber skeptisch, tastet das Gewebe eines Gedankens ab. Man könnte diese Denker geradezu durch ihre sensuellen Eigentümlichkeiten charakterisieren: Derrida traktiert die Sinnblasen – bis zu ihrem Platzen in der dissémination; Lyotard differenziert, bis Verbindung nur noch durch ein weises (manchmal auch maliziöses) Lächeln möglich ist; Kamper führt die Wahrnehmungen ins Patt der Indifferenz; von anderen gilt, daß sie ihre Einsichten liebkosen, überreizen oder hinter Gazeschleiern verhüllen.

Von besonderer Bedeutung ist ein zweites: ›Wahrnehmung‹ ist ein weiterer Begriff als ›Sinneswahrnehmung‹. Für ästhetisches Denken sind gerade Wahrnehmungen ausschlaggebend, die nicht bloße Sinneswahrnehmungen sind. ›Wahrnehmung‹ ist hier vielmehr in dem zugleich fundamentaleren und weiterreichenden Sinn von ›Gewahrwerden‹ zu verstehen. Dieser bezieht sich auf ein Erfassen von Sachverhalten, das zugleich mit Wahrheitsansprüchen verbunden ist. Derlei Wahrnehmung ist wörtlich als ›Wahr-nehmung‹ aufzufassen, hat den Charakter von Einsicht. Und solches Wahrnehmen gibt es sowohl sinnlich wie unsinnlich. Genauer gesagt: Imaginative Momente besitzt es immer, aber sein Vollzug ist nicht auf Sinneswahrnehmungen beschränkt.

Was sich in einem Stierkampf im einzelnen abspielt, kann man sehen. Aber daß darin der alte Kampf von Finsternis und Licht, Böse und Gut, Rohheit und Kultur, Gewalt und List sich wiederholt, daß diese urtümlichen Kräfte hier erneut aufstehen und ihren Kampf vollführen, dessen muß man innewerden, das muß man wahrnehmen. Oder: ›Licht‹ im Sinn der Beleuchtungsindustrie gehört zum Sehen und zur Sinneswahrnehmung, ›Licht‹ im umfassenden Sinn der Helle aber – vom Hellwerden des Tages über die Erhellung einer Situation bis zum aufklärerisch erhofften Lichtwerden der Welt – gehört zu einem umfassenderen Wahrnehmen. Ähnlich kann man erotische Attribute zwar feststellend sehen, die erotische Aura einer Person aber gilt es wahrzunehmen. Oder daß zwei Diskutanten Mühe miteinander haben, läßt sich objektiv feststellen, aber daß sie aus einer Stimmung der Feindseligkeit heraus sprechen und eigentlich nicht um Worte und Aussagen, sondern um die Führung in der Gestaltung und Ausnützung dieser feindseligen Atmosphäre streiten, muß man wiederum wahrnehmen.

Man könnte diese beiden Wahrnehmungsformen terminologisch als ›Sinneswahrnehmung‹ und ›Sinnwahrnehmung‹ unterscheiden. Die erstere ist relativ trivial, die letztere anspruchsvoll und bedeutsam. Auf sie kommt es hier an.

Die folgende Analyse sucht die Schritte deutlich zu machen, die für ästhetisches Denken im Ausgang von einer Wahrnehmung des ersten Typs und im Übergang zu einer Wahrnehmung des zweiten Typs charakteristisch sind.

Insgesamt kann man vier Schritte unterscheiden. Stets stellt eine schlichte Beobachtung den Ausgangspunkt und die Inspirationsquelle alles Folgenden dar. Von ihr aus bildet sich dann zweitens – imaginativ – eine generalisierte, wahrnehmungshafte Sinnvermutung. Diese wird anschließend reflexiv ausgelotet und geprüft. Daraus resultiert schließlich eine Gesamtsicht des betreffenden Phänomenbereichs, die durch ästhetische Grundierung mit reflexivem Durchschuß gekennzeichnet ist. – Ich will diese vier Momente an einigen Beispielen deutlich machen.

Ich gehe von einer Beschreibung bei Peter Sloterdijk aus. Er hat einmal von der Einweihungszeremonie des Münchener Kulturzentrums am Gasteig gesprochen und ist dabei von einer Detailbeobachtung zu einer Gesamtdeutung unseres gegenwärtigen Sozial- und Weltzustands vorgedrungen. Die Ausgangsszene ist die folgende: Eine Trachtenkapelle zieht ins Foyer ein, spielt festliche Weisen und setzt dieses Spiel eine Rolltreppe hochfahrend fort, schwenkt oben zur abwärtsfahrenden Rolltreppe um, fährt diese – immer noch spielend – herunter, begibt sich wieder zur ersten Rolltreppe, fährt hoch, und so weiter und so fort: Festmusik auf einem perpetuum mobile als symbolischer Ausdruck unserer Kultur.

Sloterdijk hat darin zunächst einmal eine bildhafte Realisation des Posthistoire-Theorems gesehen: Wir stehen heute auf dem endlos rollenden Förderband eines autonom und unbeeinflußbar gewordenen industriell technischen Komplexes, und jede unserer Bewegungen ist Bewegung auf diesem Boden. Das gilt gerade auch von unseren kulturellen Inszenierungen: Alles ist Theater auf einer Bühne, deren Konstruktion und Bewegungsgesetze unserem Einfluß entzogen sind.

Schon diese Sloterdijksche Wahrnehmung der konkreten Situation ist charakteristisch für den Prozeßmodus ästhetischen Denkens: Die Wahrnehmungsgehalte der Situation werden forciert, werden ausgereizt und zugespitzt, und dabei ergibt sich: die Einzelsituation vermag in der Tat symbolisch für die Gesamtsituation zu stehen. Aus einer einzelnen Beobachtung geht ein Bild der Welt hervor.

Die schlichte Beobachtung also ist das erste, die ästhetisch-imaginative Expansion im Ausgang von ihr das zweite. Dann kommen aber noch zwei Folgeschritte hinzu, reflexive Kontrolle nämlich und Stabilisierung des Bildes. Während diese Schritte in diesem Beispiel durch das Theorem des Posthistoire gleichsam schon vorweg elaboriert und abrufbar waren, werden sie in einer zweiten Variante von Sloterdijks Auslegung der Szene eigens erkennbar.

Sloterdijk erprobt nämlich noch eine weitergehende Erschließungskraft des Rolltreppenbildes. Er reizt dessen metaphorische Potenzen aus und entdeckt dabei, daß dem Bild eine raffinierte – eine sowohl augenfällige wie gravierende – Kritik dessen zu entnehmen ist, was man gegenwärtig als philosophische Handlungstheorie kennt.

Die Philosophen sprechen heute, wenn sie Fragen paktischer Philosophie diskutieren, von ›Handlungstheorie‹. Auf diesen akademischen Usus fällt von der geschilderten Situation und ihrer Sloterdijkschen Wahrnehmung aus ein schneidendes Licht: ›Handlungstheorie‹ impliziert bereits terminologisch eine Verkürzung wirklicher Praxis – und zwar eine, die sowohl unreflektiert wie aufschlußreich ist. Handlungstheoretiker denken bloß an die Hände, nicht an die Füße, haben also, auf das Ganze der Praxis bezogen, Entscheidendes vergessen. Gleichwohl: Wenn das Posthistoire-Theorem zutrifft, so stimmt es ja gerade, daß wir nicht mehr vollumfänglich agieren, sondern bloß noch gestikulieren, daß unsere Praxis in der Tat auf eine Art Marionettentheater – auf bloßes ›Handeln‹ – reduziert ist, während das, was in Wahrheit ›läuft‹, durch das geschichtslose Weiterrollen der automatisierten Rolltreppe bestimmt ist, auf der unsere Pseudopraxis sich – wörtlich – bloß noch abspielt. Die Handlungstheoretiker reproduzieren in ihrer Theorie blind diese Verkürzung unserer Praxis – der ästhetische Denker hingegen deckt sie in seiner Wahrnehmung auf.

An diesem Beispiel kann man die volle Palette der vier Schritte erkennen, also: den Ausgang von einer Beobachtung, die imaginative und experimentelle Expansion von deren Gehalt, die reflexive Prüfung, ob dieser imaginative Fund denn auch wirklich einer ist, und schließlich die Konsolidierung der reflexiv erhärteten Wahrnehmung.

Diese Schritte seien noch an einem anderen Beispiel exemplifiziert. Es war zufällig auch in München, Ende der sechziger Jahre. Die Stadt erlebte einen enormen Modernisierungsschub. Die Olympischen Spiele standen bevor, und allenthalben wurde den modernen Olympiern durch gigantische Baumaßnahmen das Terrain bereitet und obenan die Modernisierungsflagge gehißt: allerorten prangte die selbstbewußte Fortschrittsparole »MÜNCHEN WIRD MODERN«. – Eines Morgens aber las ein Passant an denselben Orten einen ganz anderen Satz. Gewiß, die Tafeln und die Lettern waren noch die gleichen wie vorher. Aber der Text lautete anders. Da stand nicht mehr die Fortschrittsparole »MÜNCHEN WIRD MODERN«, sondern da war plötzlich eine Fäulnisprophetie zu lesen: »MÜNCHEN WIRD MODERN« (in Moder übergehen).

Durch einen kleinen Akzentwechsel hatte sich der Modernisierungssatz als Palimpsest erwiesen und war ein Menetekel hervorgetreten: München wird sich – dereinst, in absehbarer Zeit, bald, es hat schon begonnen – in Fäulnis und Verwesung auflösen.

Dieser Wahrnehmungssprung – ein Umschlag des Hörens, Lesens, Auffassens – bildete die Initialzündung. Von da aus tauchte die Frage und Vermutung auf: Könnte es sein, daß zwischen ›Moderne‹ und ›Moder‹ (und nicht nur, wie man immer schon sagte, zwischen ›Moderne‹ und ›Mode‹) ein innerer Zusammenhang besteht? Könnte am Ende der Modernisierungsprozeß als solcher ein Moderprozeß sein? Denn dies war ja das Bestürzende und möglicherweise Aufschlußreiche dieser Wahrnehmung: daß man kein Jota ändern mußte, um von dem einen Sinn zum andern, vom Fortschrittspathos zur Desaster-Imagination zu gelangen. ›Modern‹ schlug – buchstäblich identisch bleibend, durch eine bloße Akzentversetzung – in ›Moder‹ um. Schrie hier der Fortschrittsprozeß seine – bislang ungehörte – Wahrheit heraus? Dies war die Vermutung, zu der ein wahrnehmungsoffenes Denken angesichts der geschilderten Umschlag-Erfahrung gelangen konnte.

Dann brauchte es drittens eine reflexive Prüfung der Hypothese. Vielleicht war der Gleichklang ja nur Zufall und führte, ernst genommen, nur zu Unsinn. Oder handelte es sich doch um einen veritablen Wink, um das Aufblitzen einer Sinnkonstellation, um eine Goldader für den Explorateur? Das wollte geprüft sein. Machte man sich nun an die Analyse, so entdeckte man zuhauf Indizien und schließlich strukturelle Gründe für den vermuteten Zusammenhang. Das ist heute, wo wir die Krisen der Moderne nicht mehr als Nebeneffekte bagatellisieren, sondern zunehmend als systematische Produkte ungebremster Modernisierung erkennen, geläufiger, als es damals war. Aber was durch eine einzelne Beobachtung veranlaßt war, konnte sich schon vor Jahrzehnten zur reflexiv bestätigten Wahrnehmung eines Wirklichkeitszusammenhangs verdichten.

Von da aus konnte der Kernpunkt – die plötzlich wahrgenommene Konjunktion von Moderne und Moder – schließlich viertens zu jener kritischen Gesamtsicht der Moderne sich entwickeln und stabilisieren, die in der Rede von der Postmoderne ihren Ausdruck gefunden hat.

Ästhetisches Denken geht solcherart von einzelnen Beobachtungen oder Wahrnehmungen aus. Diese sind dann als Nukleus imaginativer Prozesse wirksam und weiten sich zu einem Grundbild, das Einsicht verspricht. Ein vor Augen (oder Ohren, allgemein: vor Sinn und Gemüt) Tretendes bringt vor die Frage, ob es vielleicht wie ein Blitz eine Lage zu erhellen, für ein Ganzes aufschlußreich zu sein, unerwartete Einsicht zu schenken vermag. Dem geht ästhetisches Denken nach.

*

Hält man sich die genannten Schritte vor Augen, so ist klar, daß hier nicht Wahrnehmung gegen Denken oder Imagination gegen Reflexion ausgespielt werden kann. Diese Strategie beruht ohnehin stets auf falschen Voraussetzungen. Diesbezüglich kann ein Blick auf den Ursprung des abendländischen Geistbegriffs lehrreich sein. Kurt von Fritz hat in mehreren Untersuchungen seit den vierziger Jahren dargelegt, daß der griechische Terminus *nous* von der indogermanischen Wurzel *snovos* abstammt (mit ihr hängt auch das deutsche *schnüffeln* zusammen), und daß diese Ableitung einen guten und verständlichen Sinn hat.[14] Geist ist jenes Vermögen, das über das unmittelbar Gegebene und das kategorial Ausgelegte hinaus den weitergehenden, tieferen bzw. hintergründigen Sinn einer Situation zu erfassen vermag. So erkennt in der *Ilias* Helena, daß das alte Weib, das ihr gegenübertritt, in Wahrheit eine Göttin ist – Athene. Solch weitergreifendes Wahrnehmen – man wittert hinter dem Offenbaren etwas anderes und vermag dieses schließlich auch zu erfassen – ist ein typischer Akt des *noein*. In derlei Passagen bekundet sich bis in die Vorsokratik hinein ein lebendiger Zusammenhang von Wahrnehmen und Denken. Umgekehrt kann man daran, daß der ursprünglich für geistige

14 Kurt von Fritz, »*noos* and *noein* in the Homeric Poems«, in: *Classical Philology* 38 (1943) S. 79–93; »*nous, noein*, and their derivatives in pre-Socratic philosophy (excluding Anaxagoras)«, in: ebd., 40 (1945) S. 223–242; 41 (1946) S. 12–34; »Der *nous* des Anaxagoras«, in: K. v. F., *Grundprobleme der Geschichte der antiken Wissenschaft*, Berlin / New York 1971, S. 576–593.

Vollzüge paradigmatische Sinn, der Geruchssinn, nachher als der niedrigste Sinn klassifiziert wurde, das Ausmaß der späteren Verdrängung und Verstellung dieses Zusammenhangs ablesen.

Ganz untergegangen aber ist das Konnubium von Wahrnehmung und Denken nie. Aristoteles beispielsweise sprach überall dort, wo es um das Erfassen irreduzibler Erstverhalte geht – und zwar durchaus auch jenseits der Sinne, etwa in ethischen oder politischen Fragen – von *aisthesis*. So hat er an jener berühmten Stelle, wo er die Definition des Menschen als *zoon logon echon* einführte, klargestellt, daß diese Auszeichnung des Menschen eigentlich darauf beruht, daß der Mensch eine besondere *aisthesis* besitzt: die *aisthesis* für Prädikate wie gut und schlecht, gerecht und ungerecht (und nicht bloß, wie die Tiere, für angenehm und unangenehm).[15] Zugleich macht Aristoteles dort aber deutlich, daß diese *aisthesis* auf die weitere Entfaltung durch den *logos* angewiesen ist: kraft des *logos* vermag man sich über die konkrete Ausmünzung des Guten und Schlechten, Gerechten und Ungerechten zu verständigen.

Und in speziell ästhetischem Kontext hat Kant in seiner Rede von ›ästhetischen Ideen‹ der Denktätigkeit der Einbildungskraft als eines produktiven Erkenntnisvermögens Rechnung zu tragen versucht – ohne dabei freilich den Hinweis zu unterlassen, daß diese genialische Produktivität dann auch einer Disziplin durch die Urteilskraft bedarf.[16]

Schon von der einfachsten sinnlichen Wahrnehmung gilt, daß reflexive Strukturen in sie eingebaut sind, und zumal bei emphatischen Wahrnehmungen ist offenkundig, daß sie von sich aus Reflexionen anstoßen und einer solchen Fortsetzung auch bedürfen. Daher bedeutet das Votum für ein ›ästhetisches Denken‹ keineswegs ein simples Plädoyer für Empfindung, Gefühl, Affekt und dergleichen – jedenfalls so lange nicht, wie man diese Phänomene noch tradi-

15 Aristoteles, *Politik* I,2.

16 Immanuel Kant, *Kritik der Urteilskraft* (1790), § 49 bzw. § 50.

tionell also im Schema einer Gegenüberstellung zu Reflexion, Gedanke, Begriff denkt. Es käme aber darauf an, diesem Schema nicht länger zu willfahren, sondern die inneren Wahrnehmungspotenzen des Denkens zu mobilisieren und die Reflexionsanstöße der Wahrnehmung zu entfalten. Dann wäre ›ästhetisches Denken‹ keine contradictio in adiecto, sondern Ausdruck und Beleg einer unabweisbaren Komplexion.

Man kann diese neuartige Akzentuierung zusammen mit ihrer behutsamen Begrenzung auch so ausdrücken: Die entscheidenden Gehalte sind von Grund auf ästhetisch signiert und bleiben es; vor allem können sie durch Reflexion nicht substituiert werden (es handelt sich ja nicht, wie die traditionelle Philosophie dachte, um bloß ästhetische Ausdrucksformen eigentlich reflexiver Gehalte). Sie können und müssen jedoch durch Reflexionen weiter geklärt und präzisiert werden. Ausgeschlossen sind der strikte, reflexionsfeindliche Intuitionismus einerseits und der vermeintlich wahrnehmungsunabhängige Logizismus andererseits.

Das läßt sich kurz noch durch eine Konfrontation von Kant und Adorno verdeutlichen. Kant hat sich in dem Text »Von einem neuerdings erhobenen vornehmen Ton in der Philosophie« gegen die Berufung auf höhere Gefühle erklärt, die sich der Pflicht zur argumentativen Explikation enthoben wähnen; gegen den »Philosophen der Vision« hat er nach der »Polizei im Reiche der Wissenschaften« gerufen.[17] Das hieß gegen einen blanken Intuitionismus recht haben und dabei doch des Guten zuviel und damit nicht mehr ein Gutes, sondern ein Schlechtes tun. Denn wohl gilt die Verpflichtung zur Explikation, aber die Unterstellung, daß alles auch wirklich von Grund auf und bis ins letzte kommunizierbar wäre – Adorno hat dies kritisch »die Fiktion der beliebigen, allgemeinen Kommunizierbarkeit eines jeden Gedan-

17 Immanuel Kant, »Von einem neuerdings erhobenen vornehmen Ton in der Philosophie« (1796), in: I. K., *Werke in zehn Bänden*, hrsg. von Wilhelm Weischedel, Bd. 5, Darmstadt 1968, S. 375–397, hier S. 395.

kens« genannt[18] – ist sachlich unhaltbar. Kant aber wollte allenfalls »eine ästhetische Vorstellungsart« von Sachverhalten zulassen, die man zuvor »auf deutliche Begriffe von logischer Lehrart« gebracht habe. In solcher Einstellung ist das Ästhetische inferiorisiert und sekundarisiert. Es hat nur Dienst-, nicht Entdeckungsfunktion. Jede Wahrheit soll von Grund auf Eigentum des Logos, nicht der Aisthesis sein.

Genau das gilt für ästhetisches Denken nicht mehr. Es erkennt der Wahrnehmung vielmehr originäre Wahrheit zu. Dafür ist es im Gegenzug dann auch bereit, letztlich den Preis der Nicht-Kommunizierbarkeit zu entrichten. Eben das hatte Adorno im Sinn, als er sich (Habermas avant la lettre kritisierend) gegen das Kommunikationskriterium wandte.[19] Ästhetisches Denken hat wesentlich *ästhetische* Überzeugungs- und Evidenz-Bedingungen.

3. *Warum ist solch ästhetisches Denken heute dominant geworden?*

Warum dringt ein solch ästhetisches Denken, das von Wahrnehmungen lebt, sämtliche Wahrnehmungskapazitäten nützt und zu Einsichten führt, die insgesamt wahrnehmungshaft getönt bleiben, heute in der Philosophie vor? Warum findet gerade es gegenwärtig auch über die Philosophie hinaus besondere Resonanz?

18 Theodor W. Adorno, *Minima Moralia. Reflexionen aus dem beschädigten Leben*, Frankfurt a. M. 1951, Nr. 50.

19 Erst wenn der Begriff der Kommunikation entschieden als »Kommunikation des Unterschiedenen« gefaßt würde, meinte Adorno, »käme der Begriff von Kommunikation, als objektiver, an seine Stelle. Der gegenwärtige ist so schmählich, weil er das Beste, das Potential eines Einverständnisses von Menschen und Dingen, an die Mitteilung zwischen Subjekten nach den Erfordernissen subjektiver Vernunft verrät« (Theodor W. Adorno, »Zu Subjekt und Objekt«, in: Th. W. A., *Gesammelte Schriften*, Bd. 10.2, Frankfurt a. M. 1977, S. 741–758, hier S. 743).

Wir scheinen in einer Zeit zu leben, in der Nietzsches These vom Fiktionscharakter alles Wirklichen zunehmend plausibel wird. Das liegt daran, daß die Wirklichkeit selbst immer fiktionaler geworden ist. Um eine solche Wirklichkeit zu erfassen, bedarf es dann gerade eines ästhetischen Denkens. Darin ist der Grund für seine gegenwärtige Prominenz innerhalb der Philosophie und für die verstärkte Nachfrage nach ihm auch im außerakademischen Bereich zu sehen.

Meine These lautet, daß ästhetisches Denken gegenwärtig das eigentlich *realistische* ist. Denn es allein vermag einer Wirklichkeit, die – wie die unsrige – wesentlich ästhetisch konstituiert ist, noch einigermaßen beizukommen. Begriffliches Denken reicht hier nicht aus, eigentlich kompetent ist – diagnostisch wie orientierend – ästhetisches Denken. Ausschlaggebend für diese Veränderung in der Kompetenz eines Denktypus – für diese Verlagerung von einem logozentrischen zu einem ästhetischen Denken – ist die Veränderung der Wirklichkeit selbst. Heutige Wirklichkeit ist bereits wesentlich über Wahrnehmungsprozesse, vor allem über Prozesse medialer Wahrnehmung konstituiert.

Ich will dies an einem Beispiel erläutern, das ich Jean Baudrillard entnehme. Es findet sich in seiner Schrift mit dem bezeichnenden Titel *Agonie des Realen*. Baudrillard berichtet dort von einer amerikanischen Fernsehserie, wo man die Familie Loud, eine Familie der upper-middle class in Kalifornien, 300 Stunden lang ohne Script und Scenario aufnahm – also nicht nur O-Ton, sondern O-Life. Am Ende der 300 Stunden sprach der Aufnahmeleiter den triumphalen Satz: »Sie haben so gelebt, als ob wir nicht dabei gewesen wären.«[20] – Zunächst einmal reproduziert (oder beschwört) dieser Satz nur die naive Ideologie des Mediums, wonach dieses seine Gegenstände nicht verändere, sondern bloß registriere und wiedergebe. Aber natürlich kann, gut 20 Jahre nachdem Marshall McLuhan uns gelehrt hat, daß das Me-

20 Jean Baudrillard, *Agonie des Realen*, übers. von Lothar Kurzawa und Volker Schaefer, Berlin 1978, S. 45.

dium selbst die Botschaft ist, niemand mehr so naiv sein, an diesen Mythos bloßer Reproduktion noch zu glauben. Gleichwohl ist der Satz des Aufnahmeleiters wahr – bitter wahr, nur eben ganz anders, als er selbst ihn gemeint hatte. Denn es stimmt wohl: Die Menschen – und nicht nur die der upper-middle class in Kalifornien – sind heute in so hohem Maße über televisionäre Prozesse sozialisiert, daß sie sich in ihrem Alltag tatsächlich zu jeder Stunde so benehmen, als wäre das Fernsehen dabei. Daher macht es dann keinen Unterschied mehr, ob das Fernsehen faktisch dabei ist oder nicht – es ist (wie traditionelle Philosophen zu sagen pflegen) »immer schon dabeigewesen«. Das Verhalten der Menschen ist durch und durch schon televisionär kodiert. Wirklichkeit – nicht nur die äußere, sondern schon die innere des Selbstverständnisses und der Sozialprogrammierung – ist heute weithin über massenmediale Wahrnehmung konstituiert. (Daher ist ja auch das beste Mittel, fremde Länder kennenzulernen, zunehmend nicht mehr die Reise, sondern das Studium ihrer Fernsehprogramme.)

Zudem gilt in unserer Gesellschaft als real tendenziell nur noch das, was medial produziert oder reproduziert wird. So werden kulturelle Ereignisse von vornherein auf ihre mediale Attraktivität hin konzipiert (und finanziert). Die Ereignisse der Kulturgesellschaft sind inszenierte Ereignisse – aber inszeniert nicht für den Moment oder für die Teilnehmer, sondern für die Übertragung, für die Sendung, für die Konserve. Platon hat wieder recht bekommen: die Höhlensituation von Bann, Projektion und Bildglaube hat sich erneuert. Die »Glotze« rückt zum ens realissimum der Epoche auf, und die Ontologie der Medien ist die Physik der Gesellschaft. Auf sie – in erster Linie auf sie – muß ein Begreifen der Wirklichkeit heute sich verstehen. Dazu ist aber – gerade auch kritisch – nur ein Denken imstande, das von Grund auf Wahrnehmung zum Ausgangspunkt und Vollzugsmedium hat.

Im Zeitalter der Mikroelektronik ist nicht nur technisch allenthalben die Software entscheidend, sondern Realität selbst zur Software geworden. Wo – wie heute – neue Werkstoffe industriell bis zum Endprodukt hin rein simulatorisch erprobt werden, wo also die Simulation nicht mehr mimetisch, sondern produktiv zu verstehen ist, da greifen die alten Kategorien von Sein und Schein und die entsprechenden Denkformen von Realismus und Fiktionalismus nicht mehr. Wo Wirklichkeit aus weichen Mäandern und ununterscheidbaren Übergängen von Schein und Realität oder Fiktion und Konstruktion besteht, da braucht es, um solchen Prozessen auf die Spur zu kommen und einigermaßen gewachsen zu sein, ein ähnlich bewegliches und geschmeidiges Denken, da ist nur noch ein ästhetisches Denken navigationsfähig. Darin scheint mir ein Grund für sein gegenwärtiges Vordringen zu liegen. Genau, weil es zunehmend das einzig realistische – das einzige dieser Realität noch einigermaßen gewachsene – Denken ist, wird es dominant. Seine Konjunktur ist Effekt nicht einer Mode, sondern dieses Wirklichkeitswandels.

4. Intermezzo: ›Museumsboom‹ und ›inszenatorische Ausstellungen‹

Im allgemeinen Bewußtsein wird heute deutlicher als in manch wissenschaftlichem Rigorismus empfunden, daß unsere Welt zunehmend ästhetisch geprägt ist und daß es eine Kompetenz genau dafür zu entwickeln und die Chancen dieses Trends zu entfalten gilt. Ich denke an weithin bekannte und oft als spezifisch ›postmodern‹ verbuchte Phänomene wie den ›Museumsboom‹ oder die Konjunktur inszenatorischer Ausstellungen. Ich will im Moment einmal nur von den positiven Elementen darin sprechen. (Und vielleicht spreche ich nicht von Ausstellungen, die wir gesehen haben, sondern von solchen, die zu ersinnen heute möglich wird.)

Offenbar geht es nicht mehr darum, Werke der Kunst als Objekte des Wissens (gar bloß kunsthistorischer Gelehrsamkeit) zu präsentieren, sondern sie als die Medien ästhetischer Erfahrung, die sie sind, zu inszenieren und zur Geltung zu bringen. Die Kunstwerke werden als Generatoren ästhetischer Erfahrung wirksam, anstatt galerieneutral stillgestellt zu werden.

Museen werden zu Orten, wo ästhetische Erfahrung im weitesten Sinne möglich ist. Deren Ausgriff reicht von Sinnlichkeit und Imagination über Reflexion und Kritik bis zu Appell und Vision und erstreckt sich vom Einzelwerk über das Ensemble und die Architektur bis zu Gesamtatmosphären und deren Kollisionen und Irritationen. In derartigen Präsentationen wird erkennbar: daß das Ästhetische eine Erfahrungsart sui generis ist; daß es ganze Dimensionen und Welten zu eröffnen vermag; und daß es einen Plural unterschiedlichster Ästhetiken gibt. Museen sollten solche Erfahrungsorte wirklicher und möglicher ästhetischer Welten sein.

Dann gelten die alten Gegensätze nicht mehr. Begeisterung geht mit Reflexion, Werkerfahrung mit Vergnügen, Belehrung mit Belebung zusammen, und Aura und Kritik widerstreiten einander so wenig wie Detailversenkung und Ganzheitserfahrung. Was man ›Zerstreuung‹ nennt, kann eine eigenständige Wahrnehmungsweise sein, und Alltagskritik ist dieser Exploration der ästhetischen Möglichkeiten ständig gesellt.

Die Begeisterung und der Zulauf zu den neuen Museen erklären sich überwiegend daraus, daß es diesen Museen gelingt, die sinnenhaft-imaginative Welterschließung, die wir suchen, zumindest ansatzweise zu vermitteln. Daher ist es abwegig und vordergründig, diesen Erfolg durch Vokabeln wie »populistische Anbiederung«, »Animation« und »Vergnügungspark« zu diskreditieren. Wer so spricht, kritisiert unter bequemer Verwendung alter und überholter Schemata und Gegensätze.

Zudem müßte er sich klar machen: Die Autonomie des Kunstwerks kann nicht das letzte Wort sein, die Autonomie der Architektur wäre ein falsches. Keineswegs alle Kunstwerke sind geschlossen, monadisch, auratisch, autonom; gerade modern gibt es andere Werktypen: offene, entmystifizierte, vernetzte. Daher wäre heute ein ausschließlich am Typ des autonomen Kunstwerks orientiertes Museum doktrinär und obsolet. Viele Attacken gegen die neuen Museen gehen jedoch – aufklärerisch redend und restaurativ denkend – unverändert vom Monopol des autonomen Kunstwerks aus.

Gewiß sind die Präsentationsanforderungen heterogener Werktypen unterschiedlich und schwerlich unter einen Hut zu bringen. Auch die traditionelle ›neutrale‹ Präsentation leistet das nicht. Und in Wahrheit gibt es keine neutrale Präsentation, sondern jede als neutral prätendierte bevorzugt schon einen bestimmten Werktyp und unterwirft die anderen dessen Maßstab. Allzu leicht kommt es dabei zu einer Diktatur der ›Sachlichkeit‹. Auch das ist Manipulation – im Gewand von Objektivität. Zudem: Unweigerlich streiten Werke miteinander, das bessere mit dem schlechteren, der eine Typ mit dem anderen. In diesem Bilderstreit, den nur Anästheten nicht wahrhaben wollen, wirkt die ›neutrale‹ Präsentation als Tranquilizer. Eine durchgängige Orientierung an Autonomie wäre mit einer Ghettoisierung der Energie der Werke verbunden.

Besser als die ›neutrale‹ Präsentation vermag die bewußte und gelungene ›Inszenierung‹ mit der Diversität der Werke zurechtzukommen. Sie schafft charakteristische Ensembles, in denen ergänzungsfähige Werke untereinander sowie mit Architektur und szenischen Elementen (Atmosphäre, Licht, Bewegung) zusammenwirken. Das Verfahren ist schwierig und risikoreich, es verlangt viel Fingerspitzengefühl, Phantasie und Klugheit, ist aber, genau genommen, alternativlos, denn es gibt, wie gesagt, keine Nicht-Inszenierung, sondern nur unterschiedliche Arten von Inszenierung. Je nach Werktyp kann eine unauffällige ›neutrale‹ oder eine drastische oder eine didaktische angezeigt sein.

Solches Arbeiten mit verschiedenen Ästhetiken könnte außerhalb der Sammlungsräume fortgeführt werden. Ein Museumsbau muß primär, aber nicht ausschließlich ein Präsentationsort von Werken sein. Er kann mit zusätzlichen Ästhetiken operieren, kann weitere Wahrnehmungsweisen anregen. Eine komplexe Museumslandschaft vermag die Signatur unserer Epoche – hochgradige Pluralität – intensiver zu vermitteln als andere Orte. In diesem Sinn könnte das Museum ein beispielhafter Ort unserer Identität werden.

Die gestiegene Zuwendung zu solchen Museen und inszenatorischen Ausstellungen zeugt von der Ahnung, daß ästhetische Erfahrung und Reflexion heute mehr an Wirklichkeitszugängen zu erschließen vermögen, als man bislang glauben mochte. Dabei will ich die Ambivalenzen dieses Trends zu Ästhetik und Ästhetisierung (des Lebens, der Museen, des Denkens) keineswegs übersehen. Mir scheint es nur wichtig zu sein, diesen Trend auch in seiner Kraft und in seinen gewichtigen – und auch sehr realistischen – Motivationen überhaupt wahrzunehmen. Man darf nicht eine Sache, nur weil sie auch ins Schlechte entwickelt werden kann, insgesamt verwerfen. Dann müßte man alles verwerfen. Es käme darauf an, ihre besseren Seiten wahrzunehmen und zu entfalten. Daß eine inszenierte Ausstellung miserable Züge zeigt, daß die Ästhetisierungspropaganda der Lifestyle-Zeitschriften zynisch und widerlich sein kann, daß Ästhetisierung in Indifferenz zusammenschlagen oder in Gewalt überschlagen kann, ist nicht zu übersehen, aber auch nicht zur Pauschalverdammung zu mißbrauchen. Gerade der Ästhetiker muß einen wachen Sinn für Ambivalenzen haben. Daß er das kann, zeigt sich verstärkt im nächsten Punkt, wo es um eine Ambivalenz des Ästhetischen selbst und um eine prinzipielle Grenze von Wahrnehmungsmöglichkeiten geht.

5. *Ästhetik und Anästhetik*

Die Gegenwart ist nicht nur durch Ästhetisierung, sondern ebenso durch Anästhetisierung gekennzeichnet. Dann entsteht die Frage, was ästhetisches Denken angesichts dieser Anästhetisierung auszurichten vermag, ob es an ihr nicht seine Grenze findet und scheitert, oder ob es auch hier noch relevant und kompetent sein kann.

Das gesellschaftliche und reale Vordringen anästhetischer Züge ist unübersehbar. Es beginnt schon im Feld des Ästhetischen selbst, und das nicht beiläufig, sondern schier systematisch. In der Informationsgesellschaft wird die Wahrnehmung standardisiert, präformiert und oktroyiert. Der Wahrnehmungsflut ist Wahrnehmungsverlust gesellt.

Zwei alltägliche Beispiele: Viele Touristen bringen heute aus Urlaubsorten als ihre eigenen Erinnerungsbilder Remakes der Werbephotos der Fremdenverkehrsindustrie mit; je größer die Übereinstimmung ist, für desto gelungener gelten dann das Dokument und der ganze Urlaub; daß die Blumen des Schloßparks rot statt wie auf dem Prospekt gelb sind, wird mit einem entschuldigenden Hinweis auf die Jahreszeit erklärt – so drastisch ist die Herrschaft des vorgegebenen Anschauungsideals und die Sehnsucht nach dessen identischer Reproduktion geworden. Der Idealpark wäre der jahreszeitneutrale: synthetisches Gras, synthetische Blumen, synthetische Menschen.

Und noch einmal der gleiche Wirkungskreis, nur ex post: Oft wissen Reisende Stätten, die sie besucht haben, erst im nachhinein zu schätzen, dann nämlich, wenn diese auch im heimischen Fernsehen präsentiert worden sind; nicht der Ort selbst enthält den Ausweis seiner Schönheit oder Bedeutung, und nicht die direkte Wahrnehmung ist fähig, diese aufzunehmen, sondern erst die Medienrelevanz nobilitiert das Übersehene, erst vor dem Bildschirm sieht man »richtig«.

In solcher Regulierung verkümmert Wahrnehmen zum Konstatieren. Was eine Fähigkeit individueller Aneignung sein sollte, wird in ein Instrument gesellschaftlicher Uniformierung verkehrt. Das Wahrnehmen orientiert sich an der banalsten Form des Rationalen. Ästhetisches wird anästhetisch exekutiert.

Anästhetik tritt aber auch anders auf: notwendiger und unausweichlicher. Notwendiger dort, wo das Wegsehen, wo die Verweigerung eindringlicher Wahrnehmung schier zur Bedingung von Selbsterhaltung geworden ist. So bei zahlreichen gesellschaftlichen, umweltlichen, menschlichen Phänomenen ästhetischer Unerträglichkeit, von denen wir in der heutigen Massengesellschaft umgeben sind. Viele Politikerreden, zahllose urbane Bestände, etliche soziale Situationen sind nur durch Ignorierung, Wahrnehmungsverweigerung, Panzerung zu bestehen. Wir haben nicht nur Müllberge, sondern auch Schrottgerede, haben nicht nur Abraumhalden, sondern betreiben schon Abrißbau und bewegen uns oft inmitten unseresgleichen mitsamt allen anderen wie in einer Kloake. Kein Zufall, daß hochmoderne Untergrundinstallationen permanent nach Scheiße stinken. Wahrnehmungs- und Kommunikationsverweigerung gegenüber solchen Situationen hat nichts Elitäres an sich, sondern ist lebensnotwendig geworden.

Unausweichlich tritt uns Anästhetik schließlich an den gravierendsten Problemstellen der industriegesellschaftlichen Entwicklung entgegen. Nicht bloß, daß der Datenverarbeitungswelt generell eine Tendenz zur Entsinnlichung innewohnt, wie das schon Adorno kritisch gegen die vergeblichen und lächerlichen Versuche einer Rückübersetzung abstrakter Prozesse in simple Anschauungszeichen konstatiert hat.[21] Sondern Anästhetik gibt sich in katastrophischen Bedrohungen unverblümt als die ratio essendi der fortgeschrittenen Industriegesellschaft zu erkennen. Das war der allgemeine Erkenntniseffekt von Tschernobyl: daß die entscheidenden Zerstörungskräfte heute nicht mehr wahrnehmbar sind.

21 Adorno, *Minima Moralia*, Nr. 92.

Während man mit dem Kind in der Sonne spielte und ihm ein Gutes zu tun meinte, trug man zu seiner Verstrahlung bei. Die Wahrnehmung ist mitsamt ihren Bedürfnissen zur Falle geworden. Das gilt nicht mehr bloß ökonomisch – wie es vor Jahren Wolfgang Fritz Haug in seiner *Kritik der Warenästhetik* gezeigt hat[22] –, sondern vital und generell. Wer an schlichte Wahrnehmung sich hält, überliefert sich den zerstörerischen Zügen gegenwärtiger Wirklichkeit. Dieser Anästhetik der heutigen Realität müßte man gewachsen sein.

Es ist nun meine These, daß genau ein entwickeltes ästhetisches Denken dieser Anästhetisierung Rechnung zu tragen – in Maßen auch: Paroli zu bieten – vermag. Ein erster Grund dafür liegt darin, daß ästhetisches Empfinden immer auch kritisch gegenüber sich selbst ist. Adorno: »Geschmack ist der treueste Seismograph der historischen Erfahrung ... Gerade den ästhetisch avancierten Nerven ist das selbstgerecht Ästhetische unerträglich geworden.«[23] Dies lehrt, daß ästhetische Sensibilität ein Organ noch ihrer Selbstkritik ist. Sie vermag ihrer Vorlieben und Grenzen gewahr zu werden; sie bemerkt, wo sie allzu gerne bei sich sein und wovor sie sich wegstehlen möchte. Entwickelte Ästhetik ist auf die Grenzen des Gefälligen und Wahrnehmbaren aufmerksam. Das macht fürs erste schon erklärlich, warum Anästhetik nicht bloß das Gegenteil, sondern stets auch ein Fluchtpunkt der Ästhetik ist.

Zudem kann man geradezu sagen: Die moderne Ästhetik hat in solcher Anästhetik nicht nur eine ihrer Sehnsüchte, sondern den essentiellen Pol ihrer Antriebe, ihres Verlangens, ihrer Innovationen. Sie zielt eher auf das Unsinnliche als auf das Sinnliche. Mindestens arbeitet sie daran, ständig die Grenzen des Wahrnehmens zu thematisieren und zu verschieben.

Ich will das durch ein Beispiel erläutern, durch Bruce Nau-

22 Wolfgang Fritz Haug, *Kritik der Warenästhetik*, Frankfurt a. M. 1971.
23 Adorno, *Minima Moralia*, Nr. 95.

mans Arbeit *Taperecorder.*[24] Auf einem Endlosband, das über einen Kassettenrecorder abgespielt wird, sind Schreie eines Gefolterten aufgezeichnet. Allerdings: zu hören sind sie nicht, denn Band und Abspielgerät sind in einen Betonklotz eingelassen, der wie ein Bunker jeden Ton abschirmt. Das Wahrnehmbare ist nicht wahrnehmbar. Nur aus der Beschreibung weiß man, was hier ›gespielt‹ wird – und ist entsetzt über die eigene Gefühllosigkeit angesichts solcher Menschenschreie. Genau darin liegt der Erkenntniseffekt. Denn in dieser Weise sind wir jeden Tag indifferent gegenüber dem millionenfachen Leid und den tausendfachen Hilferufen von Menschen in dieser Welt. Naumans Installation arbeitet mit der Bewußtmachung der Differenz zwischen konkret Wahrnehmbarem (Betonklotz, Elektrokabel, Beschreibung) und an sich, aber nicht für uns Wahrnehmbarem (Schreie). Er schärft das Bewußtsein dafür, daß das Entscheidende der Wahrnehmung systematisch entzogen sein kann und daß es sich genau für dieses Verhältnis zu sensibilisieren gilt. Damit operiert Nauman in einem bevorzugten Experimentierfeld moderner Kunst: an der Kluft zwischen Wahrnehmbarem und Nichtwahrnehmbarem, Anschaulichem und Ideellem, Ästhetischem und Anästhetischem.[25] Zahllose andere haben seit Duchamp in diesem Problembereich gearbeitet, ob Cage in der Musik, Walter de Maria in der Skulptur oder Twombly in der Malerei. Balzacs Frenhofer, für den letztlich nur das Unsichtbare zählt, ist eine emblematische Figur der modernen Kunst.

In Lyotards Reflexionen zur Kunst ist diese Neigung der Moderne zum Unfaßlichen, Nicht-Wahrnehmbaren und Nicht-Darstellbaren am deutlichsten ausgesprochen worden.

24 Bruce Nauman, *Taperecorder* (Tonband einbetoniert), Sammlung Dr. J. Herbig, Irschenhausen.

25 Im Katalog der Ausstellung *Was die Schönheit sei, das weiß ich nicht – Künstler, Theorie, Werk* (Nürnberg 1971) heißt es von Naumans Arbeiten, daß ihnen der Versuch zugrunde liege, »Phänomene zu produzieren, die sonst zwar denkbar, aber kaum erfahrbar sind« (S. 198).

Lyotard unterscheidet diese Kunst als eine des Erhabenen von der älteren, auf das Schöne konzentrierten Kunst. Den Abschied vom Schönen hat unter dem Titel »Die nicht mehr schönen Künste« auch die Forschungsgruppe ›Poetik und Hermeneutik‹ vor etlichen Jahren verzeichnet.[26] Aber erst die neuerliche Rede vom Erhabenen bringt den Richtungssinn dieses Abschieds auf den Begriff. Es geht nicht – als Gegenpol zum Schönen – um Häßliches, Widriges oder Sinnloses, sondern es geht – über das Schöne, Gefällige, Korrespondierende hinaus – um die Befragung der Grenzen der Sinne, des Geschmacks, der Wahrnehmung. Man zielt auf eine Ästhetik, die auf ihre Rückseite, auf ihre Anästhetik, aufmerksam ist. Genau das kennzeichnet die Ästhetik des Erhabenen. Und in diesem Sinn kann sie die Ästhetik nicht bloß der modernen Kunst, sondern der modernen Welt genannt werden. Sie macht begreifbar, was die Traditionalisten des Schönen nie und nimmer begreifen werden: daß es heute, paradox gesprochen, auf die Wahrnehmung des Nicht-Wahrnehmbaren ankommt, daß es um Aufmerksamkeit auf die Grenzen und das Jenseits der unmittelbaren Wahrnehmung geht. Die moderne Kunst und die moderne Ästhetik treiben in zahlreichen, hartnäckigen und intensiven Schritten unsere Wahrnehmungsfähigkeit über das bloß sinnliche Wahrnehmen, über das Wahrnehmen im engeren Sinn, schier systematisch hinaus. Gerade dadurch befähigen sie uns zum Umgang mit der Anästhetik dieser Welt.[27]

Daher können ästhetisches Denken und ästhetische Erfahrung Wirklichkeitskompetenz für eine Welt gewinnen, die sowohl durch Ästhetisierung wie durch Anästhetisierung geprägt ist. Denn nur ein solches Denken bemerkt diese

26 *Die nicht mehr schönen Künste. Grenzphänomene des Ästhetischen*, hrsg. von Hans Robert Jauß, München 1968 (Poetik und Hermeneutik, 3).

27 Näher ist dies in vorliegendem Band ausgeführt in den beiden Aufsätzen »Ästhetik und Anästhetik« sowie »Die Geburt der postmodernen Philosophie aus dem Geist der modernen Kunst«.

Anästhetisierung überhaupt und vermag auf sie sensibel zu reagieren. Dem reinen Rationalisten käme die Anästhetisierung allenfalls zupaß, und er würde weiterhin (nur jetzt mit dem endgültig guten Gewissen, nichts übersehen zu haben) das betreiben, womit er uns blindlings von einer Katastrophe zur anderen treibt. Der ästhetisch Sensibilisierte hingegen erkennt die Kehrseite des Prozesses und bahnt einem anderen, auf die Anästhetik reagierenden, nicht ihr verfallenden Handeln den Weg. Gerade dort, wo die Dynamik der Technowissenschaften und einer durch sie geprägten Zivilisation wahrnehmungslos und fühllos geworden ist und wo diese Abkoppelung katastrophische Effekte heraufgeführt hat, wurde solche Wahrnehmung vordringlich. Gegen systematische Anästhetik hilft nur gezielte Ästhetik. (Und vielleicht sind alle Probleme in ihrer Grundschicht eigentlich Wahrnehmungsprobleme.)

6. *Kunsterfahrung als Modell ästhetischen Denkens*
Stichwort eins: Pluralität

Ich habe meine These, daß ästhetisches Denken zur Erfassung gegenwärtiger Wirklichkeit besonders geeignet sei und daher derzeit dominant werde, bislang vor allem damit begründet, daß dieses Denken von Grund auf wahrnehmungsverbunden und wahrnehmungsfähig und daher wie zugeschnitten sei auf unsere durch Wahrnehmungsformen konstituierte, fiktional verfaßte oder auch anästhetisch bedrohte Wirklichkeit. Ich habe das ästhetische Denken also als *aisthetisches* ausgezeichnet. Dabei ist freilich zugleich deutlich geworden, daß dies keinen Gegensatz gegen ästhetische Operationen im engeren Sinn des Kunstbezugs bedeutet. Nur der Akzent ist ein anderer. Formelhaft gesagt: Es kommt darauf an, daß die ästhetische Erfahrung nicht in Ästhetizismus abgleitet, sondern in aisthetisches Erkennen umgesetzt wird. Dann kann Kunsterfahrung geradezu als

Modell ästhetischen Denkens fungieren. Das ist zu präzisieren.

Dies soll exemplarisch an einem Zug erfolgen, der ebenfalls für heutige Wirklichkeit essentiell ist und den man sich in keiner Sphäre so nachdrücklich klar machen kann wie eben in der Kunst. Ich meine den Grundzug der Pluralität – der einschneidenden, radikalen Pluralität.

Mit dieser ist ein durch Kunsterfahrung inspiriertes Denken von Grund auf vertraut. Denn die Kunst ist eine exemplarische Sphäre solcher Pluralität. Das gilt schon bezüglich der Vergangenheit. In der Kunst ist das Merkwürdige ja – es hat schon Karl Marx verwundert –, daß vergangene Gestalten zwar abgelöst, aber nicht überholt werden, sondern uns auch, nachdem ihre geschichtliche Stunde abgelaufen ist, noch immer zu faszinieren vermögen.[28] In der Wissenschaft ist die Phlogistontheorie out, wenn man eine bessere Erklärung der Verbrennungsprozesse gefunden hat, ein Rembrandt aber ist dadurch, daß nach ihm andere kommen und größeren Erfolg haben, keineswegs erledigt.

Das gilt, obwohl die Kunst eine Sphäre des Streits ist. Nur Blinde könnten ja den Streit der Werke gegeneinander übersehen. Der Streit hat auch nicht etwa peripheren, sondern durchaus prinzipiellen Charakter, man denke etwa an die Querelle zwischen Poussinisten und Rubenisten, ob der Zeichnung oder dem Kolorit der Primat zuzuerkennen sei. Ein solcher Streit wird erbittert ausgefochten – auch mit Theorien, aber deren beste Argumente sind doch allemal die Werke. Diese aber löschen und vernichten einander nicht. In der Kunst gilt vielmehr eine Koexistenz des Heterogenen, des radikal Verschiedenen. Das Diktat der Chronologie ist hier weniger unerbittlich als anderswo. Während Chronos seine Kinder frißt, bleiben die Töchter der Kunst am Leben.

Zumal die moderne Kunst ist dann geradezu eine Werkstatt und Schule vollendeter Pluralität, des Nebeneinander hoch-

28 Vgl. Karl Marx, *Grundrisse der Kritik der politischen Ökonomie* (1857/58), Hamburg 1967, S. 35.

gradig differenter Gestaltungen geworden. Sie hat unterschiedlichste Ansätze und Möglichkeiten in ihrer jeweils eigenen Logik entfaltet und verschiedenartigste Werkformen und Anschauungsweisen generiert. Wer für diese Kunst ein Sensorium hat, dem wird an ihr exemplarisch dreierlei klar, was für Pluralität insgesamt ausschlaggebend ist. Man muß erstens jeweils den springenden Punkt und spezifischen Ansatz entdecken. Man muß zweitens die eigentümliche Gestaltungslogik und die spezifischen Regeln des betreffenden Kunsttypus erfassen und beachten. (Beispielsweise gilt für konstruktivistische Werke eine Regel der logischen Entwicklung, für surrealistische hingegen eher das Gegenteil: Dort muß gerade Heterogenes eingebracht werden – auch dies freilich nicht beliebig, sondern gemäß der Bedingung, daß sich daraus eine ›Zündung‹ ergibt.) Von daher wird man drittens allergisch, aber auch gefeit sein gegen banausische und beckmesserische Übergriffe, gegen die Bemessung des einen Typus am Maß des anderen, gegen diesen Elementarfehler in einer Situation der Pluralität – gegen diesen kleinen Anfang von Terror, dessen Ende unabsehbar groß sein kann.

So genommen, stellt Kunsterfahrung eine exemplarische und mustergültige Einübung in Pluralität dar. Freilich muß man die Kunst – das soll durch diesen Rekurs auch deutlich gemacht werden – zu diesem Zweck nicht einfach kunstkennerlich oder ästhetizistisch, sondern reflektiert rezipieren. Man muß auf diesen Grundzug elementarer Pluralität sein Augenmerk lenken, muß sein Wahrnehmungsrepertoire daran erweitern und schulen. Dann können ästhetische Phänomene zu Modellen aisthetischer Erfahrung werden.

Bedenkt man, daß für die Gegenwart die Einsicht in den Elementarcharakter und die Unüberschreitbarkeit von Pluralität wichtig und leitend geworden ist, so daß uns deutlich wurde, daß jedes Sprachspiel, jede Lebensform, jeder Weltentwurf und jedes Wissenskonzept im Grunde spezifisch und partikular ist, so begreift man, daß diese Wirklichkeitseinsicht, die an der Kunst längst ein exemplarisches Demonstrations- und Schulungsfeld hatte, heute von ihr her paradigmatisch zu entwickeln wäre.[29] Kunsterfahrung plaudert – ich variiere einen Adorno-Satz – aus der Schule dieser aktuellen Einsicht. Kunsterfahrung kann geradezu als Exerzitium unserer heutigen Lage und ihrer Verbindlichkeiten betrachtet werden. Eben daher vermag sie für ein ästhetisches Denken, das sich als Denken der Gegenwart in besonderer Weise auf diese Pluralität einlassen muß, vorbildlich und inspirierend zu sein. Oder umgekehrt gesagt: Deshalb ist ein von solcher Kunsterfahrung inspiriertes ästhetisches Denken heute in besonderer Weise wirklichkeitskompetent. Pluralität, das Elixier heutiger Wirklichkeitsverfassung und -anforderungen, sitzt ihm als einem ästhetisch inspirierten längst in den Poren.

In genau diesem Sinn ist Hegels Diktum vom Vergangenheitscharakter der Kunst geschichtlich überholt. Die Kunst hat erneut weitreichende Bedeutung gewonnen, indem sie uns unsere Grundverfassung – eben die der Pluralität – so nachdrücklich zur Erfahrung bringt, wie sonst kein Medium das vermag. Die Kunst war dem modernen Gesetz der Reflexion nicht bloß ausgesetzt, wie Hegel feststellte, und war das nicht zu ihrem Nachteil, wie er meinte, sondern hat genau als reflektierende und experimentelle Kunst avancierte Leistungen der Selbstverständigung übernommen.

7. Kunst am Problemnerv der Zeit
Stichwort zwei: Transversalität

Der Rückbezug auf Erfahrungen und Errungenschaften der modernen Kunst reicht heute jedoch nicht mehr aus. Die moderne Kunst unterliegt ihrerseits Beschränkungen, die es zu überschreiten gilt. Ein Denken dieser Zeit muß sich gerade

29 Ausführlicher habe ich dies dargestellt in: *Unsere postmoderne Moderne*, Weinheim ²1988.

auch Kunstformen zuwenden, die in einem gewichtigen, für aktuelle Gegenwartsverständigung ausschlaggebenden Punkt über die moderne Kunst hinausgegangen sind. Nachdem die moderne Kunst die Verfassung der Pluralität als solche herausgearbeitet und erobert hat, thematisiert die postmoderne Kunst die Form dieser Verfassung, wendet sich in betonter Weise dem *Verhältnis* der pluralen Gestaltungen, Möglichkeiten und Ansätze zu. Damit gewinnt auch sie noch einmal Vorbildfunktion für eine über die Kunst hinausreichende Problematik. Denn in der Tat ist es das Problem einer aus hochgradig pluralen Lebensformen zusammengesetzten Gesellschaft, daß sie Wege finden muß, wie diese Formen zu verbinden sind. Die Negativ-Vorschriften, deren Normenkatalog der Verfassung der Pluralität als solcher zu entnehmen ist, reichen dafür nicht aus. Es braucht zusätzlich positive Hinweise, wie in dieser Pluralität – statt ins ›anything goes‹ zu verfallen und in Indifferenz zu versanden – Verbindungen, Kooperationen und Auseinandersetzungen möglich werden. Nicht mehr die Situation der Pluralität, sondern der mögliche Verkehr der pluralen Formen untereinander ist zum generellen Problemfokus der Gegenwart geworden und stellt zugleich ein Grundthema der postmodernen Kunst dar. Während die Moderne das Plurale erprobt hat, erobert die Postmoderne das Transversale. Dem muß sich auch die philosophische Reflexion zuwenden. Nach der Thematisierung von Pluralität und Heterogenität steht uns ein Denken der Transversalität bevor.[30]

Kunst kann darin noch einmal Avantgarde-Funktion haben, indem sie neue Modelle und Wahrnehmungsformen für solche Verknüpfungen des Differenten und für Übergänge inmitten der Heterogenität entwickelt. Unter diesem Gesichtspunkt sind bestimmte Kunstrichtungen gegenwärtig auszuzeichnen. Während monologische Verfahren – etwa der

30 Einen ersten Versuch dazu habe ich im 11. Kapitel von *Unsere postmoderne Moderne* unternommen. Eine detaillierte Analyse wird demnächst unter dem Titel *Vernunft heute – inmitten ihrer Kritik* erscheinen.

bloß antiquarische Rückgriff auf Vergangenes oder der rein affirmative Einsatz der Neuen Technologien – kontraindiziert sind, dürfen als besonders gewichtige Kunstformen diejenigen gelten, die verschiedene Bildsprachen aufeinander beziehen. In der Perspektive gegenwärtiger Ästhetik besteht eine Präferenz für mehrfachkodierte Werktypen, wo verschiedene Sprachen einander ergänzen oder bestreiten oder etwas Neues generieren. Dabei sind im einzelnen noch einmal recht differente Formen zu unterscheiden.

Gemeinsam ist ihnen, daß sie die unterschiedlichen Bildsprachen nicht um der reinen Kollision willen zusammenführen, sondern daß sie ein interikonisches oder interdiskursives Geschehen auslösen und in seinen Möglichkeiten erproben wollen. Das unterscheidet sie beispielsweise vom modernen Collage-Prinzip. Auch dort wurden verschiedene Möglichkeiten kombiniert – aber um des Sprachbruchs, der Sprachunmöglichkeit, des demonstrativen Endes des Bildes willen. Wenn die moderne Kunst mit solcher Pluralität operierte, so vornehmlich, um die Unmöglichkeit gelingender Darstellung zu demonstrieren. Deren Scheitern – »die Male der Zerrüttung« – galt als »Echtheitssiegel von Moderne«.[31] Die postmoderne Kunst und ihre Instrumentierung des Vielen hingegen ist nicht mehr auf ein solches Scheitern der Sprache fixiert, sondern ist auf neue und andere Möglichkeiten des Sprechens aus. Sie operiert nicht destruktiv und negatorisch, sondern konstellativ und konspirativ.

Man kennt die mittlerweile klassischen Beispiele dafür. Stellvertretend weise ich auf Stirlings *Neue Staatsgalerie* in Stuttgart hin, einen Bau, der verschiedenste Sprachen – von der klassischen Museumsarchitektur Schinkels über den Code des Konstruktivismus und die moderne Sprache der Sachlichkeit bis hin zu den Idiomen von Pop oder Giulio Romano – kombiniert, dies aber so tut, daß nicht ein Wirrwarr entsteht, sondern eine Kommunikation von Gegensätzen mit Erläute-

31 Adorno, *Ästhetische Theorie*, S. 41.

rungen, Ironisierungen und Widerstreit zustande kommt – man darf vielleicht sagen: ein Bild der Grundverfassung unserer Gesellschaft. An diesem Bau konnten ästhetisch wache Menschen deutlicher als in manch soziologischen oder philosophischen Abhandlungen erfahren, was die ratio essendi der heutigen Gesellschaft ausmacht.

Ästhetische Reflexion kann inmitten dieser Pluralität zugleich als kritische Instanz wirksam werden – beispielsweise gegenüber jenen Potpourris, wo in bloß oberflächlichem Eklektizismus heterogene Elemente versammelt werden, ohne auf ihre Herkunft und ihr Funktionieren im Zusammenhang einer *Sprache* zu achten, wobei es, auch wenn man von Resemantisierung spricht, in Wahrheit zu einer vollendeten Desemantisierung kommt. Das mittlerweile klassische Negativbeispiel hierfür ist Charles Moores *Piazza d'Italia* (New Orleans, 1977–78). Moore hat einen Italoburger mit Hollywood-Dressing kreiert: Nicht kommen verschiedene Sprachen zu Wort, sondern alle Elemente tanzen nach der Pfeife einer einzigen, der ohnehin schon überall herrschenden Sprache des exaltierten Konsums.

Pluralität und das Plädoyer für Mehrfachkodierung bedeuten das Gegenteil eines Votums für ›anything goes‹. Ästhetisches Denken, das mit seinem Wahrnehmungsbezug Wahrheitsansprüche verbindet – und ohne dies wäre es trivial und zynisch – birgt gerade in einer Situation der Pluralität kritische Potenzen und wendet sein Sensorium gegen das aufgedrehte Potpourri, das plural tut, während es in Wahrheit alles in eine Einheitssauce verwandelt. Ästhetik bleibt unter den geschilderten Bedingungen nicht nur ein kritisches Geschäft, sondern muß es verstärkt werden und wird es in Sachen der Kunst nicht weniger sein dürfen als im Blick auf die Wirklichkeit.[32]

32 Dies findet sich in vorliegendem Band näher ausgeführt in dem Aufsatz »Für eine postmoderne Ästhetik des Widerstands«.

8. *Ästhetik in Politik und Lebensformen*

Ästhetisches Denken der skizzierten Art ist heute – so meine generelle These – in besonderer Weise wirklichkeitskompetent. Zwei Konsequenzen daraus seien abschließend dargestellt; zuerst die scheinbar wichtigere – die einer politischen Relevanz eines solchen Denkens; dann die scheinbar weniger wichtige – die einer Relevanz dieses Denkens für das individuelle Leben.

Die gegenwärtige Gesellschaft ist keine einheitliche Truppe, sondern gleicht einem losen Netz heterogener Formen. Das ist ihre Realität und bezeichnet zugleich ein Ideal. Dessen Möglichkeiten gilt es zu erproben. Ästhetisches Denken gibt hierfür das Nötige an die Hand. Es sensibilisiert für Differenzen und für die Irreduzibilität und Inkommensurabilität von Lebensformen. Und es macht andererseits auch empfindbar und aufzeigbar, wo Überherrschung vorliegt, wo Verstöße geschehen, wo es für das Recht des Unterdrückten einzutreten gilt. Funktionen des Spürens, Bemerkens und Wahrnehmens kommt hier besondere Bedeutung zu. Die politische Kultur bedarf auch einer Kultivierung solcher Wahrnehmungsfähigkeit. Diese wäre eine Bedingung sachgerechter Orientierung und Praxis in einer einschneidend pluralen Welt. Ich habe zuvor angedeutet, wie reflektierter Kunstumgang dem zuarbeitet. In ihm bildet sich Vertrautheit mit einem Normenkatalog heraus, der Aufmerksamkeit aufs Einzelne und Beachtung der Eigenlogik gebietet sowie Übergriffe und Monopolisierungen verbietet. In bezug auf Kunstformen ist uns das vertraut; in bezug auf Lebensformen – wo dies heute eminent wichtig wird – wäre es analog auszubilden. Kunsterfahrung kann hierfür Modellfunktion haben. Politik geht anästhetisch glatter, einzig ästhetisch aber könnte sie den heute gestiegenen Anforderungen von Gerechtigkeit Rechnung tragen.

Abschließend möchte ich auf die Bedeutung von ästhetischem Denken im allgemeinen und von Kunsterfahrung im besonderen für die Konturierung zeitgemäßer individueller Lebensformen eingehen. Kunsterfahrung vermag meines Erachtens Handlungskompetenz auszubilden. Denn wer mit der Verfassung und den Geboten der Pluralität von Grund auf vertraut ist – wozu Kunsterfahrung die beste Schule ist –, vermag sich in einer Situation radikaler Pluralität angemessen zu bewegen; er muß sie nicht perhorreszieren, sondern kann sie wahrnehmend durchdringen und in ihr agieren. Daher werden Kunsterfahrung und ästhetisches Denken zu probaten Orientierungsmitteln der Gegenwart.

Wer durch die Schule der Kunst gegangen ist und in seinem Denken der Wahrnehmung Raum gibt, der weiß nicht nur abstrakt um die Spezifität und Begrenztheit aller Konzepte – auch seines eigenen –, sondern rechnet mit ihr und handelt demgemäß. Er urteilt und verurteilt nicht mehr mit dem Pathos der Absolutheit und der Einbildung der Endgültigkeit, sondern erkennt auch dem anderen mögliche Wahrheit grundsätzlich zu – noch gegen die eigene Entscheidung. Er ist nicht nur prinzipiell davon überzeugt, daß die Lage aus anderer Perspektive sich mit gleichem Recht ganz anders darstellen kann, sondern dieses Bewußtsein geht in seine konkrete Entscheidung und Praxis ein – und bewirkt nicht etwa deren Stillstellung, sondern versieht sie mit einem Schuß Vorläufigkeit und einem Gran Leichtigkeit. Seine Handlungswelt wird im einzelnen spezifischer und im ganzen durchlässiger sein. Er achtet den Unterliegenden, vermutet einen Rechtskern im Unrecht Scheinenden, rechnet wirklich mit Andersheit. Er lockert die Sperren eingefahrener Wirklichkeitsauffassungen zugunsten der Potentialität des Wirklichen und entdeckt Alternativen und Öffnungen ins Unbekannte.

Auch unter diesem Aspekt kommt mehrfachkodierten Kunstformen noch einmal besondere Bedeutung zu. Sie gewinnen geradezu Vorbildfunktion für die individuelle Existenz. Denn in der postmodern entwickelten Moderne bewegen sich die meisten Individuen zwischen verschiedenen Lebensformen, und es kommt für sie daher im besonderen auf die Fähigkeit zum transversalen Übergang zwischen heterogenen Sinnwelten und Lebenskonzepten oder zur Integration von Elementen unterschiedlichster Herkunft an. Genau das machen mehrfachkodierte Kunstformen beispielhaft vor. Sie sind nicht einäugig, sondern vielsprachig, und sie repräsentieren kein bloßes Potpourri, sondern intelligente Verknüpfungen. In dieser Richtung zeichnen sich heute die avanciertesten Lebensmöglichkeiten sowohl wie die höchsten künstlerischen Ränge ab.

*

Ich habe hier insgesamt mit Blick auf die Aktualität einem gar nicht so jungen, aber immer wieder virulent gewordenen und nie überholten, sondern stets neu fälligen Konzept das Wort geredet: dem einer Übersetzung von Kunstformen in Lebensformen, einer Transformation von Ästhetik in Aisthetik, der Generierung aisthetisch kompetenter Lebensweisen. Genau dies war der tiefere Sinn schon der Ausbildung der Ästhetik im 18. Jahrhundert. Es war erneut ein Dauerthema der Avantgarden des 20. Jahrhunderts. Es ist – wie mir scheint – ein unabgegoltenes Projekt, und eines, das heute nicht mehr elitär ist, sondern allgemeiner wird und an vielen Stellen unserer Lebenswirklichkeit vordringt. Zunehmend entstehen Lebensformen, die durch Wahrnehmungen konturiert sind und auf Erweiterungen der Wahrnehmungsfähigkeit und -relevanz zielen. Es kommt zu einem »Einbau von Aufmerksamkeit in Lebensformen«.[33] Wohlgemerkt: Es geht nicht bloß um diese oder jene Wahrnehmung zusätzlich zu den gewohnten, sondern um die prinzipielle Anerkennung des Einsichtscharakters und der Orientierungsrelevanz von Wahrnehmungen. Genau dies bahnt sich heute an. Das Denken steht – aus guten Gründen, wie ich hoffe, gezeigt zu haben – dem Wahrnehmen nicht mehr (feindlich) gegenüber,

33 Sloterdijk, *Kopernikanische Mobilmachung und ptolemäische Abrüstung*, S. 126.

sondern ein erweitertes Wahrnehmen wird für das Denken selbst essentiell und ihm innerlich. Eben das will der Terminus ›ästhetisches Denken‹ ausdrücken. Ein solch ästhetisches Denken vermöchte – aber nicht, weil es das absolut wahre wäre, sondern weil es nötiger wurde denn je – vielleicht einige Zukunftswege zu öffnen.

Die Geburt der postmodernen Philosophie aus dem Geist der modernen Kunst

1. *Scheinklarheiten*

Was postmoderne Philosophie sei, glaubt man im allgemeinen nicht wissen zu müssen, denn da nicht einmal sicher ist, ob es eine ›Postmoderne‹ gibt, ist der mögliche Sinn der Rede von ›postmoderner Philosophie‹ vollends zweifelhaft. Hingegen glaubt man sehr genau zu wissen, was moderne Kunst sei. Ehedem ein Skandalon, ist diese Kunst inzwischen zu einem fest etablierten Bestandteil der Kultur geworden – auf dem Kunstmarkt lukrativ und in den Reflexionen der Philosophie attraktiv. Ebenso zählt die Moderne insgesamt, die sich in dieser Kunst exemplarisch artikulierte, mittlerweile zu den unbestrittenen Grundlagen und Aktivposten unseres Selbstverständnisses. Kein Aufklärer oder Gegenaufklärer, kein Progressiver oder Konservativer, kein Pragmatiker oder Visionär, der sich nicht auf die Moderne beriefe oder zumindest beteuerte, daß man deren Errungenschaften nicht preisgeben dürfe. Nur jene dubiosen Postmodernisten scheinen fahrlässigerweise zu dergleichen bereit zu sein – ein Grund mehr, sie nicht ernst zu nehmen, sondern zu bekämpfen.

Allerdings: Da alledem, was man dabei für ausgemacht hält, in Wahrheit nicht so ist – da also weder der Begriff der Moderne unproblematischer ist als der der Postmoderne; da zudem jede Berufung auf ›die‹ Moderne unweigerlich die Ablehnung einer anderen Moderne impliziert; und da schließlich die Postmoderne nicht die Verabschiedung der Moderne, sondern deren radikale Befragung bedeutet und nicht durch einen Bruch von der Moderne getrennt, sondern durch spezifische Verflechtungen mit ihr verbunden ist –, da alledem also anders ist, als es sich von der Galerie selbstgefälliger Zufriedenheit aus darstellt, sei im folgenden der Versuch unternommen, die liebgewordenen Mißverständnisse zu korrigieren, indem just das nachgewiesen wird, was dem geläufigen Schema zufolge ausgeschlossen sein müßte: eine Kongruenz postmodernen Denkens mit spezifischen Errungenschaften der Moderne. Ich will dies insbesondere anhand der künstlerischen Moderne tun – man könnte es ähnlich in bezug auf die wissenschaftliche und soziale Moderne zeigen. Ich beginne diesen Versuch, indem ich einen bedeutenden Künstler der Moderne – Jean Dubuffet, einen Hauptvertreter des Informel – als Postmodernen avant la lettre zur Geltung bringe.

2. *Jean Dubuffet – ein Postmoderner avant la lettre*

1951 schrieb Jean Dubuffet: »Unsere Kultur ist ein Kleid, das uns nicht paßt.«[1] »Gegenwärtig vollzieht sich, in der Kunst wie in allen möglichen anderen Bereichen, eine tiefgreifende geistige Wandlung und Neuorientierung.«[2] Dubuffet nennt vier Hauptpunkte des anstehenden Wandels:

1. Wir rücken vom abendländischen Anthropozentrismus, von der Sonderstellung des Menschen, ab.[3] Dubuffet spricht diesbezüglich von »Enthumanisierung« – und meint dies positiv.[4]

2. Wir rücken vom Primat der Vernunft und der Logik ab. Die Ideen, die uns wirklich bewegen, sind mit rationalen Mitteln nicht zu erfassen, sondern werden durch sie allenfalls kaserniert oder erstickt. Unsere wesentlichen Ideen »sind wie ein Dampf, der bei der Berührung mit dem Bereich der Ver-

1 Jean Dubuffet, »Positions anticulturelles«, in: J. D., *L'homme du commun à l'ouvrage*, Paris 1973, S. 67–75, hier S. 68.

2 Ebd., S. 67.

3 Ebd., S. 68 f.

4 Jean Dubuffet, *Prospectus et tous écrits suivants*, 2 Bde., Paris 1967, Bd. 2, S. 131.

nunft und Logik zu bloßem Wasser wird. Ich glaube nicht, daß sich das Beste des Denkvorgangs auf dieser Ebene abspielt. ... Ich trachte vielmehr danach, das Denken an einem Punkt seiner Entwicklung zu fassen, der dieser Ebene der ausgearbeiteten Begriffe vorausliegt.«[5] – Das ist zwar keine Generalabsage an Rationalität, wohl aber bedeutet es eine einschneidende Relativierung derselben; wichtiger als rationale Gehalte werden fortan nicht-rationale Momente und prä-rationale Vollzüge.

3. Für die Kunst kommt es darauf an, nicht eindeutige, sondern vieldeutige Werke zu schaffen; zudem soll sich diese Polysemie nicht bloß nebenbei ergeben, sondern sie soll bewußt initiiert werden.[6]

4. Schließlich soll die Kunst nicht nur schöne Objekte mit kunstvoll arrangierten Formen und Farben zum Vergnügen der Augen produzieren, sondern Gebilde von tieferer und reicherer Faszination hervorbringen. Diese wenden sich – so Dubuffet – nicht an die Augen, sondern an den Geist.[7]

Dubuffet macht diese kulturdiagnostischen und philosophieeinschlägigen Aussagen als Künstler – als moderner, reflektierender Künstler. Als ihn ein Interviewpartner einmal darauf anspricht, ob sich ähnliche Äußerungen nicht auch bei Heidegger fänden, winkt Dubuffet ab: »Lassen Sie Heidegger in Ruhe.«[8] Eigentlich meint er wohl: Lassen sie mich mit Heidegger in Ruhe. Er fügt hinzu: »Ich mag die Philosophie nicht, es sei denn als implizite.«[9]

Dubuffet weiß also sehr wohl, daß sein künstlerisches Denken philosophisch Relevantes enthält – jedoch in impliziter Form. Die explizite, die akademisch real existierende Philosophie empfindet er dagegen als ärgerlich uninteressant, weil sie von den obengenannten bewegenden Impulsen nichts

5 Dubuffet, »Positions anticulturelles«, S. 69.
6 Vgl. ebd., S. 55.
7 »L'art s'adresse à l'esprit, et non pas aux yeux« (ebd., S. 73).
8 Dubuffet, *Prospectus et tous écrits suivants*, Bd. 2, S. 221.
9 Ebd.

mehr enthält.[10] – Muß das so sein, und mußte es so bleiben? Könnte nicht inzwischen eine andere Philosophie zutage getreten sein, die den impliziten philosophischen Gehalten der modernen Kunst sehr wohl gerecht wird, ja diese explizit formuliert? Ist seit den Äußerungen Dubuffets von 1951 eine derartige Philosophie entstanden?

3. Postmoderne als Nachhut

Man wird unschwer erraten, worauf ich mit diesen Bemerkungen ziele: Die vier Momente, die Dubuffet – als exemplarischer Künstler der Moderne – herausgestellt hat, also das Abrücken vom Anthropozentrismus, das Abrücken vom Primat der Logik, das Abrücken von der Monokultur des Sinns und das Abrücken von der Prävalenz des Sehens, diese vierfache Kritik an Anthropozentrismus, Logozentrismus, Monosemie und Visualprimat formuliert Kernpunkte des Poststrukturalismus und damit Definitionsmarken dessen, was man inzwischen ›postmoderne Philosophie‹ nennt. Namen wie Foucault, Derrida, Lacan und Lyotard stehen heute für die Gesichtspunkte, die Dubuffet 1951 programmatisch verkündete.

Dubuffet hat also als moderner Künstler Leitvorstellungen postmodernen Denkens ausgesprochen. Damit hoffe ich fürs erste die im Titel ausgedrückte These von der Geburt der postmodernen Philosophie aus dem Geist der modernen Kunst diskutabel gemacht zu haben. Im folgenden muß ich sie nun erhärten, und ich suche das in vier Abschnitten zu tun.

Zuerst möchte ich meine Auffassung an einem prominenten Autor der philosophischen Postmoderne belegen, an Lyo-

10 Einen ersten Versuch, Dubuffets Arbeiten für philosophische Fragestellungen fruchtbar zu machen, habe ich unternommen in: »An den Grenzen des Sinns. Ästhetische Aspekte der Malerei des Informel (Dubuffet)«, in: *Philosophisches Jahrbuch* 86/1 (1979) S. 84–112.

tard. Zweitens will ich sie durch Einbeziehung anderer Autoren – Foucault und Derrida – ergänzen. Drittens werde ich fragen, was die ästhetische Herkunft für das postmoderne Denken auf Dauer bedeutet. Bleibt es in besonderer Weise ästhetisch geprägt? Und ist es das – wenn ja – in einem eher dubiosen oder in einem vorteilhaften Sinn?

Eine letzte Vorbemerkung noch: Natürlich kann ich die angesprochene Problematik nicht erschöpfend behandeln, sondern bloß anschneiden. Ich kann nicht einmal das Gebotene tun, nämlich: einen Begriff von postmoderner Philosophie geben, dann einen Begriff der modernen Kunst entfalten und schließlich noch die Beziehung beider diskutieren. Ich kann das nicht nur aus Platz-, sondern schon aus Sachgründen nicht, denn die genannten Phänomene sind keineswegs so einheitlich, wie die Bezeichnungen ›*die* moderne Kunst‹ und ›*die* postmoderne Philosophie‹ es suggerieren. Vielmehr muß man gerade hier mit beträchtlichen internen Divergenzen, Brüchen und Unvereinbarkeiten rechnen. Dazu wäre viel zu sagen. Im Moment sei nur die methodische Direktive genannt, die für meine Ausführungen daraus folgt: Ich kann lediglich *eine* Perspektive exponieren, in der die genannten Fragen sich stellen und beantwortbar werden. Ich wähle diejenige, die ich verteidigen würde – im Unterschied zu anderen, die ich nur darstellen könnte.

I.

Lyotard oder Die künstlerischen Avantgarden und das postmoderne Denken

Lyotard ist *der* Autor des Postmodernismus in der Philosophie. Kein anderer hat vergleichbar früh, vergleichbar präzis und ähnlich explizit ein Konzept von postmoderner Philosophie entwickelt. An Lyotard gilt es Maß zu nehmen.

1. *Lyotards Kunstnähe*

Die Nähe zu ästhetischen Fragen ist bei Lyotard von Anfang an unverkennbar. Er hat mit Künstlern zusammengearbeitet, über Künstler geschrieben und selber kunstnahe Tätigkeiten ausgeübt. Schon sein erstes großes Buch – *Discours, figure* (1971) – war Fragen der Kunst gewidmet. Weitere Schriften befaßten sich mit Künstlern wie Duchamp, Newman, Buren oder Adami und Arakawa.[11] Dabei sind Lyotards Reflexionen zur Kunst für ihn stets auch philosophisch von entscheidender Bedeutung. Im Blick auf Lyotard glaube ich die These von der Geburt der postmodernen Philosophie aus dem Geist der modernen Kunst bestens belegen und verständlich machen zu können.

Zuvor möchte ich allerdings noch einen hermeneutischen Kniff eingestehen. Ich betrachte die moderne Kunst – wer könnte es anders? und wer könnte ohne Selbstblindheit daraus einen Einwand schmieden? – nicht neutral, sondern bereits durch eine bestimmte Brille. Ich weiß und sage es ausdrücklich: Ich visiere sie aus der Perspektive postmodernen Denkens an, blicke sozusagen mit Lyotards Augen auf sie. Das ist für mein Vorhaben doppelt günstig: Es erspart interpretatorische Umwege und zeitraubende Erklärungen. Denn daran, wie eine postmoderne Philosophie die moderne Kunst sieht, vermag schon deutlich zu werden, wie sie sich von ihr inspiriert wissen kann. Zudem wird man bemerken: Diese postmoderne Perspektive auf die moderne Kunst ist nicht extravagant, sondern bringt mittlerweile geläufige Interpretationsstandards auf den Begriff.

Außerdem würde der Einwand, daß sich unter Zugrundele-

11 Vgl. Jean-François Lyotard, *Discours, figure*, Paris 1971; ders., *Die Transformatoren Duchamp*, übers. von Regine Bürkle-Kuhn, Stuttgart 1986; ders., »Der Augenblick, Newman«, in: *Zeit. Die vierte Dimension in der Kunst*, hrsg. von Michel Baudson, Weinheim 1985, S. 99–105; ders., *Über Daniel Buren*, übers. von Alexandre d'Alleux und Patricia Schwarz, Stuttgart 1987; ders., *Que peindre? Adami, Arakawa, Buren*, 2 Bde., Paris 1987.

gung dieser Perspektive eine Kongruenz von postmoderner Philosophie und moderner Kunst natürlich als schlichter Perspektiveneffekt ergeben müsse, so daß das Ergebnis von vornherein präjudiziert sei, auf einer logischen Verwechslung beruhen. Denn zwar muß eine generelle Entsprechung zwischen der postmodernen Perspektive und ihren kunstbezogenen Aussagen bestehen, aber das bedeutet noch lange nicht, daß diese Aussagen eine inhaltliche Kongruenz dieser Philosophie und jener Kunst zum Gehalt haben müßten – das Gegenteil, eine drastische Verwerfung der modernen Kunst durch eine solche Philosophie, wäre mit dieser generellen Bedingung vielmehr ebenso verträglich. Im einzelnen ist also nichts präjudiziert.

Um Lyotards Sicht der modernen Kunst zu umreißen, greife ich auf Publikationen aus den Jahren 1982–86 zurück. An erster Stelle steht dabei sein programmatischer Essay *Beantwortung der Frage: Was ist postmodern?*, also seine Replik auf Habermas' Adorno-Preis-Rede von 1980. Während sich Habermas gegen die postmodernen Strömungen auf das »Projekt der Moderne« berufen hatte, verteidigte Lyotard das postmoderne Denken gerade unter Berufung auf die Ästhetik der Moderne.[12] Des weiteren beziehe ich mich auf den Vortrag *Das Erhabene und die Avantgarde*, ferner auf die Aufsatzsammlungen *Immaterialität und Postmoderne* sowie *Philosophie und Malerei im Zeitalter ihres Experimentierens*, schließlich auf die älteren *Essays zu einer affirmativen Ästhetik*.[13] Wenn man diese Stellungnahmen Lyotards bündelt, ergibt sich ein Bild der modernen Kunst, das ich im folgenden

12 Gegenübergestellt finden sich die beiden Texte erstmals in: *Wege aus der Moderne. Schlüsseltexte der Postmoderne-Diskussion*, hrsg. von Wolfgang Welsch, Weinheim 1988, S. 177–192 (Habermas) und S. 193–203 (Lyotard).

13 Jean-François Lyotard, »Das Erhabene und die Avantgarde«, in: *Merkur* 424 (1984) S. 151–164; ders. [u. a.], *Immaterialität und Postmoderne*, übers. von Marianne Karbe, Berlin 1985; ders., *Philosophie und Malerei im Zeitalter ihres Experimentierens*, übers. von Marianne Karbe, Berlin 1986; ders., *Essays zu einer affirmativen Ästhetik*, übers. von Eberhard Kienle und Jutta Kranz, Berlin 1982.

sukzessive anhand der fünf Aspekte Dekomposition, Reflexion, Ästhetik des Erhabenen, Experiment und Pluralität darstellen möchte.

2. *Grundzüge der modernen Kunst – postmodern betrachtet*

a) Dekomposition

Die moderne Kunst nimmt Lyotard zufolge eine Dekomposition des traditionellen Wesens der Kunst vor. Sie schafft nicht mehr Kunstwerke im Sinn des überlieferten, integralen Kunstbegriffs, sondern führt isolierte *Elemente* des Bildnerischen, *Momente* des Kunstbegriffs, *Teile* des Integralphänomens Kunst vor Augen. Die moderne Malerei bestimmt sich durch eine »Auflösung der Objekte, der Zustände, der Konfigurationen, der Orte, der Arten ..., welche bis jetzt die Institution Malerei ausmachten«.[14] Lyotard beschreibt diesen Prozeß einerseits als »Auflösung der Malerei«. So spricht er vor allem in den siebziger Jahren von einer Lyse des traditionellen pikturalen Raumes und drängt – weitergehend – auf eine Lyse des Werkes selbst.[15] Andererseits bezeichnet er diesen Vorgang (vorwiegend in späteren Texten) auch als *Analytik* der Malerei. Hinsichtlich der Auflösung weist er auf Adornos These hin, daß der Niedergang der Metaphysik die moderne Kunst ermöglicht habe: »Schönberg und Beckett aufgrund von Hegels Erbenlosigkeit«.[16] Hinsichtlich der Analytik gebraucht er hingegen die Formel vom Reflexivwerden der Kunst (die man freilich sehr gut an Hegel anschließen könnte).

14 Lyotard, *Essays zu einer affirmativen Ästhetik*, S. 51.
15 Ebd., S. 50, 52 bzw. S. 88, 92.
16 Lyotard, *Über Daniel Buren*, S. 20.

b) Reflexion

Der Zug zur Reflexion ist Lyotard zufolge das entscheidende Moment für die Veränderung der Kunst. Traditionelle Kunst vertraute auf eine Wirklichkeit, die sie wiedergeben, überhöhen oder beschönigen konnte. Die moderne Kunst tut das nicht mehr. Ihr liegt vielmehr ein veritabler Nihilismus zugrunde. Sie hat erkannt, daß es mit der Wirklichkeit nichts ist und daß die Malerei folglich nicht von einer Realität, sondern von sich selbst ausgehen, mithin reflexiv verfahren muß, will sagen: sich je auf die Suche nach der Regel ihres Tuns begeben und immer neue Regel-Experimente durchführen muß. Das ist – um Mißverständnissen vorzubeugen – nicht gleichbedeutend mit l'art pour l'art. Anders als bei derlei artistischer Selbstgenügsamkeit bildet hier die dramatische Erfahrung einer »geborstenen Realität« den Ausgangspunkt der künstlerischen Experimente.[17] Das Zerplatzen der Wirklichkeit war ihre Initialzündung.[18] Wenn die moderne Malerei sich noch einmal auf Wirklichkeit bezieht, dann gerade, um zu zeigen, »wie *wenig wirklich* die Wirklichkeit ist«,[19] anders gesagt: um Nietzsches Lektion vom Fiktions-Charakter alles Wirklichen bis in ihre äußersten Konsequenzen auszutragen.

Dadurch gelangt diese Malerei zu einer permanenten Infragestellung und Überschreitung aller scheinbaren Verbindlich-

17 »Ödipus oder Don Juan? Legitimierung, Recht und ungleicher Tausch. Ein Gespräch zwischen J.-F. Lyotard und J. P. Dubost«, in: Lyotard, *Das postmoderne Wissen. Ein Bericht*, übers. von Marianne Kubaczek [u. a.], Bremen 1982, S. 127–150, hier S. 127.

18 Insofern trifft Alfred Hrdlicka mit seiner Polemik gegen die abstrakte Malerei etwas Richtiges. In der Kunst ist in der Tat, wie er sagt, die Atom- bzw. Neutronenbombe längst explodiert. Nur irrt Hrdlicka sich in seiner Wertung und Schuldzuweisung. Die Malerei *reflektiert* dieses Zerbersten der Wirklichkeit (das übrigens den philosophischen Gründungsurkunden der Neuzeit längst folgenreich eingeschrieben war), keineswegs propagiert sie es zynisch. Angesichts dieser Sachlage ist es auch abwegig, wenn Hrdlicka umgekehrt durch Wirklichkeitsbeschwörung noch einmal Realismus zur Basis guter Kunst erklären möchte.

19 Lyotard, »Beantwortung der Frage: Was ist postmodern?«, S. 199.

keiten. »Alle Definitionsversuche der ›Avantgarden‹ sind von *einer* Frage geleitet: Was ist Malerei? Was ist dazu nötig: Farbe, Zeichnung, Perspektive, Formgebung, Rahmung, das Bedecken eines Trägers mit Farbsubstanzen, ein besonderer Ausstellungsort, Beständigkeit an einem Ort oder Transportierbarkeit, z. B. die Unabhängigkeit vom Körper des Künstlers etc.? Jede Form von Malerei hat versucht, am einen oder anderen jener Zwänge etwas zu ändern, die seit drei Jahrhunderten als konstitutive Regeln der Malerei gegolten haben. Die Malerei ist wesentlich reflexiv geworden.«[20]

c) Das Erhabene

Diese Umstellung der Malerei zieht den Wechsel von einer Ästhetik des Schönen bzw. der Beschönigung zu einer Ästhetik des Erhabenen nach sich. Als reflektierende ist die Kunst der Moderne ein Unternehmen nicht mehr nur der Sinne, sondern auch des Geistes und Denkens. Sie wendet sich ausdrücklich gegen die Beschränkung aufs bloße Sehen und aufs bloß sinnliche Wahrnehmen überhaupt. So war Buñuels Schnitt durch das Auge (*Un Chien andalou*, 1928) eine exemplarische Tat dieser modernen Kunst. »Die ›modernen‹ Maler entdecken, daß sie etwas darzustellen haben, das ... nicht darstellbar ist. Sie beginnen die vermeintlichen ›Gegebenheiten‹ des Visuellen in einer Weise umzuwälzen, die sichtbar macht, daß das Gesichtsfeld Unsichtbares verstellt, und die verlangt, daß das Bild nicht nur im Auge entsteht, sondern auch im Geist.«[21] Durch diesen Zug zum Denken und durch die Aufmerksamkeit auf das Unsichtbare wird diese Kunst – zumindest tendenziell – zu einer Kunst des Erhabenen. Denn indem sie Momente ins Spiel zu bringen sucht, die nicht sichtbar, sondern nur denkbar sind, knüpft sie ihrer Struktur nach an das Erhabene an, das schon Kant ein »Geistesgefühl«

20 Lyotard [u. a.], *Immaterialität und Postmoderne*, S. 38.
21 Ebd., S. 97.

genannt hat,[22] weil es die »Erweckung des Gefühls eines übersinnlichen Vermögens in uns« bedeutet, welches die Fähigkeiten der Einbildungskraft prinzipiell überschreitet.[23] Eine derartige Kunst ist – mit einem Wort von Paul Klee gesagt – rein diesseitig nicht zu fassen;[24] sie spielt vielmehr ständig auf etwas an, was nicht dargestellt, sondern nur im Ausgang von der künstlerischen »Darstellung« (die eigentlich eine Nicht-Darstellung ist) gedacht werden kann.[25]
Kunstgeschichtlich gesprochen, hat hier die Kunst selbst einen ikonoklastischen Zug angenommen. In ihr wird etwas vom alttestamentarischen Bilderverbot lebendig. Man könnte dafür auch sagen, daß diese Kunst grundsätzlich auf Anästhetisches bezogen ist.[26] Das gehört zu jeder Erfahrung des Erhabenen, sofern es dabei um das Gefühl eines sinnlich nicht mehr Faßbaren bzw. das paradoxe ästhetische Gefühl eines Anästhetischen geht. Daher spricht Lyotard neuerdings auch davon, daß die Phänomene »anästhesieren«.[27]
Beides zusammen, den Duktus des Erhabenen und den Gestus des Denkens, könnte man mit und gegen Hegel auch so formulieren: Wohl stimmt es, daß »der Gedanke und die Reflexion ... die schöne Kunst überflügelt« haben[28] – aber eben nur die *schöne* Kunst. Und diese Überflügelung voll-

22 Immanuel Kant, Erste Einleitung in die *Kritik der Urteilskraft*, Originalhandschrift H 67.

23 Immanuel Kant, *Kritik der Urteilskraft* (1790), B 85. – Lyotard hält die Entsprechung sogar für so eng, daß er sagen kann, der Avantgardismus sei »keimhaft in der kantischen Ästhetik des Erhabenen enthalten« (Lyotard, »Das Erhabene und die Avantgarde«, S. 158).

24 Vgl. Paul Klees Selbstcharakterisierung »Diesseitig bin ich gar nicht faßbar« (Paul Klee, *Gedichte*, hrsg. von Felix Klee, Zürich ²1980, S. 7).

25 Ein Paradebeispiel dafür ist »Das große Glas« von Marcel Duchamp.

26 Daraus erklärt Lyotard übrigens die Entstehung der abstrakten Malerei: »In dieser Erfordernis indirekter, fast ungreifbarer Anspielung aufs Unsichtbare im Sichtbaren liegt der Ursprung der ›abstrakten‹ Malerei seit 1912« (Lyotard [u. a.], *Immaterialität und Postmoderne*, S. 99).

27 Vgl. Jean-François Lyotard, *Das Inhumane. Plaudereien über die Zeit*, übers. von Christine Pries, Wien 1989, S. 317.

28 Georg Wilhelm Friedrich Hegel, *Ästhetik*, hrsg. von Friedrich Bassenge, 2 Bde., Frankfurt a. M. [o. J.], Bd. 1, S. 21.

zieht sich nicht – wie Hegel meinte – ausschließlich in der Wissenschaft, sondern – wie die Geschichte gegen Hegel gezeigt hat – in der Kunst selbst, und zwar genau in deren Übergang zu einer Kunst des Erhabenen. Die Kunst der Avantgarde ist eine Kunst des Erhabenen und des Denkens zumal.

Lyotards Bezugnahme auf das Erhabene, die in der zeitgenössischen Debatte so hohe Wellen schlägt – kein Vorlesungsverzeichnis, das nicht in Kunstgeschichte, Philosophie, Literaturwissenschaft und manchmal sogar Theologie Lehrveranstaltungen zum Erhabenen aufwiese[29] – setzt die Distanzierung von einer traditionellen, nämlich von der monumentalischen Form des Erhabenen voraus. Damit haben es die Franzosen leichter als die Deutschen. Das französische ›le sublime‹ enthält von vornherein nicht die bombastischen Assoziationen, die den deutschen Ausdruck ›das Erhabene‹ belasten. Es ist eher mit Konnotationen des Feinen, Feinsinnigen und Hohen – eben Sublimen – verbunden.

d) Experiment

Lyotard will das Erhabene nicht erbaulich verstanden wissen, sondern – und damit komme ich zum nächsten Punkt seiner Charakterisierung der modernen Kunst – experimentell. Sowohl die Experimentalität wie die nachher zu erörternde Pluralität folgt aus der Prägung dieser Kunst durchs Erhabene. Dabei geht es wohlgemerkt nicht um die Darstellung einer Entität namens Undarstellbares, sondern um die Erfahrung, daß keine Darstellung hinreichend, endgültig, definitiv ist. Auf das Nicht-Darstellbare kann man nur anspielen und die Unmöglichkeit seiner Präsentation fühlen lassen.[30] Damit

29 Die Substanz der Debatte ist mittlerweile dokumentiert in: *Das Erhabene. Zwischen Grenzerfahrung und Größenwahn*, hrsg. von Christine Pries, Weinheim 1989.

30 Vgl. Lyotard, »Beantwortung der Frage: Was ist postmodern?«, bes. S. 202.

verliert die Bezugnahme aufs Erhabene das mögliche falsche Pathos. Lyotard bemüht sich – so hat es Christine Pries formuliert – nicht um das Metaphysisch-, sondern um das Kritisch-Erhabene.[31] Lyotard vertritt keine Metaphysik der Transzendenz, sondern eine Ontologie der unabsehbaren Möglichkeiten, und das Erhabene ist nicht vertikal, sondern horizontal zu deklinieren und gewinnt genau dadurch kritische Funktion. Denn in der Vielfalt der Realisationen gilt: Kein Kunstwerk ist *das* Kunstwerk, kein Stil *der* Stil, kein Ansatz *der* Ansatz. Alle Gestaltung bewegt sich vielmehr auf einem ›Boden‹ von Nihilismus und in einem Raum unabschließbarer Potentialität. Diese Verfassung gilt es gegen alle Kurzschlüsse zu bezeugen und zu verteidigen. Dies und nichts anderes meint das Erhabene im postmodernen Sinn. Es ist nicht retrograd, sondern kritisch und experimentell. Noch einmal Lyotard: »Zugleich führen die Avantgarden aus der romantischen Sehnsucht heraus, denn sie suchen das Undarstellbare nicht als einen verlorenen Ursprung oder Zweck in der Ferne im Sujet des Gemäldes zu repräsentieren, sondern in der Nähe, in den Bedingungen künstlerischer Arbeit selbst«.[32] Sie »widmen sich ... der Aufgabe des Experimentierens«.[33] »Ihr Erhabenes ist kaum nostalgisch; es richtet sich eher aufs Unendliche der durchzuführenden plastischen Versuche als auf die Vorstellung eines Absoluten, das verloren ist.«[34] So wird das Erhabene in Lyotards Verständnis zur Matrix und zum Motor einer unabsehbaren Reihe von Möglichkeits- und Wirklichkeitsexperimenten.[35]

Diese Version des Erhabenen – seine Transformation in eine Serie von Experimenten – wendet sich kritisch gegen jegliche

31 Christine Pries, »Einleitung«, in: *Das Erhabene. Zwischen Grenzerfahrung und Größenwahn*, S. 1–30, hier S. 28.

32 Lyotard [u. a.], *Immaterialität und Postmoderne*, S. 99.

33 Ebd.

34 Ebd.

35 Die »Aufgabe bleibt das immanent Erhabene, nämlich anzuspielen auf ein Undarstellbares, das nichts Erbauliches an sich hat, sondern im Unendlichen der sich wandelnden ›Realien‹ liegt« (ebd., S. 101).

Endgültigkeitsbehauptung, gegen den Positivismus des Realen, gegen alle offenen oder verdeckten Absolutheitsanmaßungen. So ist wohl auch der folgende Herzsatz Lyotards zum Erhabenen zu verstehen: »Die Frage des Undarstellbaren ... ist in meinen Augen ... die einzige, die im kommenden Jahrhundert den Einsatz von Denken und Leben lohnt.«[36]

e) Pluralität

Ist schon der experimentelle Charakter eine Konsequenz des Erhabenen, so ist es die Pluralität noch einmal. Sie entfaltet den Möglichkeitscharakter positiv. Als Grundzug der modernen Kunst ist solche Pluralität unübersehbar. Angelegt ist sie schon in der Dekomposition, sofern diese nicht naiv oder nostalgisch, sondern konstruktiv betrieben wird. Denn dabei werden einzelne Momente des traditionellen Kunstbegriffs ins Extrem ihrer bildnerischen Möglichkeiten verfolgt. Was kann man aus einer einzigen Farbe wie Rot machen? Gibt es eine Gestalt aus Weiß – oder vielleicht auch aus Nichtweiß? Läßt sich der Bildrand zum Thema machen, läßt er sich sprengen? Wie können Bilder Unsichtbares zur Erfahrung bringen? Ist Frenhofer verrückt oder unser aller Bruder, sofern wir Moderne sind? So lauten die Fragen, Experimente, Unternehmungen der modernen Künstler.

Damit wird die Skala der künstlerischen Möglichkeiten – angefangen vom bildnerischen Ausgangspunkt über die jeweilige Entwicklungslogik bis hin zu den Gestaltungsregeln und Kriteriensätzen – in höchstem Maße plural. Um ein Beispiel zu geben: Man kann ein konstruktivistisches Bild nicht mit surrealistischer Bildlogik fortsetzen (und umgekehrt). Während das erstere eine gleichsam mathematische Entwicklung verlangt, erfordert das letztere gerade den Gegenschlag,

36 Ebd., S. 100.

den Zusammenstoß, das unerwartete Einbrechen des Heterogenen, verlangt Zündung statt Konsequenz – freilich auch dies nicht in beliebiger Weise, sondern nach Maßgabe des erzielbaren Spannungspotentials.
Diese heterogenen Ansätze bedingen eine Unterschiedlichkeit nicht nur der Bildfakten und ihrer Darstellungsgesetze, sondern noch der Beschreibungs- und Beurteilungsformen. Das gilt in der ganzen Breite der diversen Stile, Ismen und Richtungen. Die verschiedenen künstlerischen Möglichkeiten verkörpern Grundmöglichkeiten, die heterogen und inkommensurabel sind, weshalb das Feld der modernen Kunst plural nicht in einem oberflächlichen, sondern in einem einschneidenden und radikalen Sinne ist.

3. Moderne und Postmoderne – Einheitssehnsucht versus Vielheitsoption

Die *Bewertung* dieser pluralen Verfassung – die als *Signum* der Moderne unstrittig ist – kann freilich recht unterschiedlich ausfallen. Man muß die Pluralität nicht positiv bewerten wie Lyotard, sondern kann sie auch kritisch sehen – wie beispielsweise Adorno. Anhand des konträren Votums dieser beiden Protagonisten läßt sich der generelle Unterschied zwischen moderner und postmoderner Option erfassen. Lyotard sagt wie Adorno, ja mit Adorno, daß die moderne Kunst plural sei, weil sie aus der Auflösung des Ganzen, dem »Niedergang der Metaphysik«, hervorgegangen sei.[37] Doch für Adorno war dies eine Feststellung von tiefer Ambivalenz. Er hielt die Befreiung des Vielen – das Glücksversprechen der Moderne – für ein eher trügerisches und gleisnerisches Versprechen. Verheißen wird die Befreiung der »Partialtriebe«.[38] Aber selbst wenn diese Befreiung wirklich gelänge, würde sie

37 Lyotard, *Über Daniel Buren*, S. 20.
38 Theodor W. Adorno, *Minima Moralia. Reflexionen aus dem beschädigten Leben*, Frankfurt a. M. 1973, S. 318.

keineswegs das Heil bedeuten. Adornos Grund dafür: Heil kann nur im Ganzen, in der vollständigen Versöhnung, nicht in der Fremdheit eigenentfalteter Teile liegen. Dieser Einheits- und Ganzheitswunsch ist eine Grundprämisse des modernen Denkers Adorno. Das postmoderne Denken hingegen hat sich gerade von dieser Einheits- und Ganzheitsokkupation befreit. Es bejaht den Übergang in die Pluralität und bewertet ihn positiv. Warum sollte man das Nebeneinander konstruktivistischer und surrealistischer Werke als Zustand von Entfremdung diskreditieren müssen? Könnte nicht umgekehrt gerade die Entfaltung des Vielen eine eigene und zukunftsträchtige Glücksvision darstellen? Einheit – der Ansätze, Durchführungen und Kriterien – wäre auf dem Stand der entwickelten Moderne ohnehin nur noch über Maßnahmen der Unterdrückung zu erreichen. Das gesteht auch Adorno zu. Aber warum dann ein Bannspruch gegen diesen Zustand? Warum soll das Heil partout in Einheit liegen müssen? Wenn etwas die Postmoderne von Prämoderne und Moderne unterscheidet, dann ihre von Grund auf andere Vision: die Utopie von Vielheit als Glücksgestalt. – Woraus man nebenbei ersehen kann, daß es in der Postmoderne nicht so sehr um neue Inhalte als vielmehr um eine andere Grundeinstellung geht.[39] Das *Bewertungsraster* hat sich geändert. Der Wechsel von der Einheitssehnsucht zum Vielheitsplädoyer ist die einschneidendste dieser Veränderungen.[40]

39 »›Postmodern‹ bezeichnet einfach einen Gemüts- oder vielmehr einen Geisteszustand« (Lyotard, *Philosophie und Malerei im Zeitalter ihres Experimentierens*, S. 97).

40 Näher habe ich dies dargestellt in: *Unsere postmoderne Moderne* (Weinheim ^{2}1988). Dort finden sich auch genauere Erläuterungen zum Verhältnis von Einheit und Vielheit. Es geht nicht um das törichte Plädoyer für reine Vielheit; es genügt aber auch nicht der konventionelle Hinweis auf die Unumgänglichkeit von Einheit; vielmehr ist der anspruchsvolle Gedanke einer Einheit gefordert, die Vielheit nicht ›befaßt‹, sondern mit ihr ›einig‹ ist. – Ich habe mir erlaubt, Platons *Sophistes* als Trainings-Programm vorzuschlagen. Die Kritik scheint den Vorschlag nicht aufgegriffen zu haben.

Übrigens hat Lyotard sein Plädoyer für Pluralität schon früh in pointierter Wendung gegen Adorno formuliert (mit dem ihn sonst vieles verbindet). Er hat seinen ästhetischen Entwurf als *affirmative* Ästhetik bezeichnet – in Absetzung von der negativen Ästhetik Adornos. Und wenn Lyotard dabei ebenso wie Adorno auf die Sprache der Psychoanalyse rekurrierte und die moderne Kunst als »polymorph-pervers« charakterisierte,[41] so meinte er dies eben ganz und gar positiv: Wie Freud zufolge für das Kind die gesamte Körperoberfläche eine Sphäre möglicher erotischer Einschreibungen ist, so experimentiert die plurale Kunst der Moderne mit der Gesamtheit der medialen Möglichkeiten.[42] Das belegt noch einmal den Grundunterschied von moderner Einheitssehnsucht und postmoderner Vielheitslust.

4. *Die Homologie von moderner Kunst und postmodernem Denken*

Wenn ich mit den letzten Überlegungen längst von der Bestimmung der modernen Kunst zur Kennzeichnung der postmodernen Philosophie übergegangen bin, so war dies just aufgrund der Kongruenz beider möglich. Diese Entsprechung sei noch durch einige Äußerungen Lyotards untermauert. Ihr Generalnenner lautet: Die postmoderne Philosophie artikuliert diskursiv, was die moderne Kunst künstlerisch vorexerziert hat.

Signifikant dafür ist schon ein Buchtitel wie *Philosophie und Malerei im Zeitalter ihres Experimentierens*. Er zeigt an, daß das Entscheidende in der modernen Kunst, das Experimentieren, zugleich die Bestimmung heutiger Philosophie ausmacht. Entsprechend hat Lyotard die Künstler und Philosophen als »Brüder im Experimentieren« bezeichnet.[43]

41 Lyotard, *Essays zu einer affirmativen Ästhetik*, S. 91.
42 Vgl. ebd.
43 Lyotard [u. a.], *Immaterialität und Postmoderne*, S. 102.

Beide betreiben ein wesentlich reflektierendes Geschäft: Sie machen sich immer wieder auf die Suche nach der Regel ihres Tuns.

Ebenso unterstreicht Lyotard die Parallelität von moderner Kunst und postmodernem Denken, wenn er auf die Entsprechung zwischen der Pluralität der künstlerischen Ansätze und der gegenwärtigen Ontologie der Potentialität hinweist,[44] oder wenn er programmatisch sagt: »Was seit einem Jahrhundert in der Malerei oder in der Musik geschehen ist, antizipiert gewissermaßen die Postmoderne, die ich meine«.[45]

Vor allem zwei hervorstechende Züge der modernen Kunst bilden Leitmotive in Lyotards Denken: Heterogenität und Inkommensurabilität. Was Lyotard bezüglich der verschiedenen Sprachspiele, Diskursarten, Denkformen und kulturellen Codes zu zeigen versucht, daß nämlich zumindest manche von ihnen im Kern heterogen und inkommensurabel sind, das hat die moderne Kunst in ihrer Domäne der Wahrnehmung und der Grenzen der Wahrnehmbarkeit längst demonstriert. Entsprechend sagt Lyotard denn auch, Duchamp habe »Material, Werkzeuge und Waffen für eine Politik des Inkommensurablen« geliefert,[46] und generell stellt er bezüglich der Avantgarden fest: »All die Forschungen der wissenschaftlichen, literarischen, künstlerischen Avantgarden gehen seit hundert Jahren dahin, die gegenseitige Inkommensurabilität der Spracharten aufzudecken.«[47]

Mir scheint, daß Lyotards Denken in allen zentralen Punkten als Übersetzung von Charakteristika der modernen Kunst in

44 Vgl. Lyotard, *Philosophie und Malerei im Zeitalter ihres Experimentierens*, S. 70.

45 Lyotard [u. a.], *Immaterialität und Postmoderne*, S. 38.

46 Lyotard, *Die Transformatoren Duchamp*, S. 22. Überhaupt betrachtet Lyotard Duchamp als ein Exempel dessen, worum es heute auch im Denken geht (vgl. Lyotard, *Philosophie und Malerei im Zeitalter ihres Experimentierens*, S. 62).

47 Jean-François Lyotard, *Tombeau de l'intellectuel et autres papiers*, Paris 1984, S. 84.

philosophische Optionen aufgefaßt werden kann. Der Dekomposition der Kunst entspricht das Ende der Meta-Erzählungen; die künstlerische Reflexivität hat ihre Parallele in der Grundverfassung des Denkens, stets auf der Suche nach seiner Regel zu sein; das Pendant zur Ästhetik des Erhabenen ist die Offenheit des Denkens für Paradoxien und Unfaßliches; im Experimentieren sind die Künstler und Philosophen »Brüder«; und Pluralität – im einschneidenden, durch Heterogenität und Inkommensurabilität bestimmten Sinn – bildet den Kern von Lyotards Konzeption. Bei Lyotard ist zudem nicht nur die Homologie von postmodernem Denken und moderner Kunst offenkundig, sondern wird auch die genealogische Inspiration dieses Denkens durch jene Kunst deutlich.

5. *Moderne Kunst als Kriterium im Streit zwischen Moderne und Postmoderne*

Zum Abschluß dieses Lyotard-Teiles möchte ich unter Bezugnahme auf die Kontroverse mit Habermas noch einmal deutlich machen, wie postmodernes Denken sich für seine Absetzung von modernem Denken gerade auf die moderne Kunst berufen kann. Habermas hat in der schon erwähnten Adorno-Preis-Rede die Idee Albrecht Wellmers aufgegriffen, daß die Kunst eine Versöhnung zwischen den ausdifferenzierten Rationalitätskulturen einerseits und der Lebenswelt andererseits leisten könne. Lyotard hingegen hält die Idee einer solchen Versöhnung für dubios und betont vor allem, daß eine solche Idee mit dem Charakter der modernen Kunst unvereinbar sei. Denn diese Kunst ist dissoziativ und plural verfaßt und hat Versöhnung weder zu ihrem Ideal noch zu ihrer Regel. Wer daher der modernen Kunst noch einmal die Aufgabe der Versöhnung zuschreiben möchte, der hat sie offenbar noch immer nur unter dem einigermaßen anachronistischen Blickwinkel des Schönen, nicht des Erhabenen aufgefaßt und damit elementar verfehlt.[48] Die »nicht mehr schönen Künste« der Moderne widmen ihre Energie eher der Sprengung als der Synthese und sind an der Schaffung von Diskontinuitäten, nicht an der Erzeugung eines Amalgams interessiert. Man sollte sie nicht an die Kette altmoderner Einheitsintentionen zurücklegen.

Das Interessante an dieser Kontroverse ist, daß hier ein postmoderner Denker gerade für den Kernpunkt seines Unterschieds von einem dezidiert modernen Denken, für das Motiv der Heterogenität, die moderne Kunst als Zeugen aufzurufen vermag. Daran wird noch einmal klar, wie innerlich diese postmoderne Philosophie mit Motiven der modernen Kunst verbunden ist.

II.

Erweiterungen

Bevor ich die anhand von Lyotards Konzeption gewonnenen Einsichten in einem weiteren Abschnitt vertiefe, möchte ich sie zunächst in einem Zwischenabschnitt erweitern. Ich will noch einmal auf Dubuffets Bestimmungen der modernen Kunst und ihre Parallelen in der postmodernen Philosophie zurückkommen, um anschließend zu zeigen, wie sich diese Kongruenz auch bei anderen Autoren im Spektrum der Postmoderne – etwa bei Foucault und Derrida – bestätigt.

48 Das konnte Adorno nicht passieren. Er hatte erkannt, daß in der Moderne »das Erhabene ... zum geschichtlichen Konstituens von Kunst selber« geworden ist (Theodor W. Adorno, *Ästhetische Theorie*, Frankfurt a. M. 1970, S. 293). Vgl. meinen Aufsatz in vorliegendem Band S. 144–156.

Bei Dubuffet war von vier Abschieden die Rede: Abschied vom Anthropozentrismus, vom Logozentrismus, von der Monosemie und vom Visualprimat. Alle vier Abschiede finden sich bei Lyotard, also im Schnittfeld postmodernen Denkens und moderner Kunst, wieder. Der Abschied vom Primat des Sehens und der Sichtbarkeit erfolgt durch die Hinwendung zum Nicht-Darstellbaren und durch die Anstrengung der postmodernen Philosophie, vom Nicht-Darstellbaren Zeugnis abzulegen. Der Abschied von der Monosemie und deren ganzem Denkhorizont (dem Denken der Repräsentation und Präsenz) wird in den verschiedenen Weisen der Dekonstruktion vollzogen. Der Abschied vom Logozentrismus ergibt sich daraus, daß die Rationalität in der Postmoderne plural geworden ist und der traditionelle Logos-Begriff mit seinem zentristischen und hierarchischen Vernunftverständnis dieser Pluralität nicht mehr gerecht zu werden vermag; darüber hinaus wird sich zeigen, daß in der Postmoderne die traditionelle Herrschaft des Logos durch eine stärkere Berücksichtigung der Aisthesis durchkreuzt wird. Schließlich ist auch der Abschied vom Anthropozentrismus bei den Poststrukturalisten offenkundig. Wie die moderne Kunst das Menschliche zu überschreiten suchte – ins Kosmische (Malewitsch), ins Intentionslose (Surrealismus), ins Materiale (arte povera) –, so zielt auch das postmoderne Denken auf eine Überwindung der ›humanistischen‹ Konzeptionen des Menschen. Schon der Ausdruck ›Postmoderne‹ signalisiert ja (unter anderem) den Abschied vom menschenbezogenen Fortschrittskonzept und verweist auf eine »Desidentifizierung« des Menschen;[49] vollends ge-

49 Jean-François Lyotard, »Die Immaterialien«, in: *Das Abenteuer der Ideen. Architektur und Philosophie seit der Industriellen Revolution*, Katalog der gleichnamigen Ausstellung in der Neuen Nationalgalerie zum Berichtsjahr 1984 der Internationalen Bauausstellung, Berlin 1987, S. 185–194, hier S. 189.

schieht dergleichen in der Zuwendung zum Inhumanen. Daß der letztere Ausdruck ein Schlüsselbegriff sowohl bei Apollinaire und Adorno als auch bei Dubuffet und Lyotard ist,[50] bezeugt einen Zusammenhang, der verständlich macht, warum die Verächter der Postmoderne im Grunde zugleich Verächter der Moderne sein müssen.

2. *Foucault: Bekenntnis zur Literatur und Nähe zur Malerei*

Schließlich sei noch anhand von Foucault und Derrida kurz dargelegt, wie sich auch bei anderen postmodernen Autoren die These einer Kongruenz postmodernen Denkens mit Intentionen moderner Kunst bestätigen läßt.[51] Foucaults Inspiration durch Ideale der modernen Kunst ist offensichtlich. Explizit ist dies dort der Fall, wo Foucault selbst der Literatur eine Leitfunktion zuschreibt, so z. B. gegen Ende seiner berühmten Schrift *Die Ordnung der Dinge*, wo er das Telos des Abschieds vom Menschen durch ein Ideal von Sprache, durch die Sprache Mallarmés bestimmt sein läßt: Im reinen »Sein der Sprache« soll »der Mensch verschwinden wie am Meeresufer ein Gesicht im Sand«.[52]

Insgeheim scheint mir aber auch Foucaults späteres Denken, das von dieser früheren Konzeption abgerückt ist, ästhetisch inspiriert und signiert zu sein – diesmal aber nicht von der

50 Apollinaire sagte von den Künstlern, sie seien vor allem »Menschen, die inhuman werden wollen«. Adorno hielt fest: »Kunst wird human in dem Augenblick, da sie den Dienst kündigt. Unvereinbar ist ihre Humanität mit jeglicher Ideologie des Dienstes am Menschen. Treue hält sie den Menschen allein durch Inhumanität gegen sie« (Adorno, *Ästhetische Theorie*, S. 293). Dubuffet hat, wie schon erwähnt, in zustimmendem Sinn von »Enthumanisierung« gesprochen. Und eine der letzten Veröffentlichungen Lyotards ist dem Thema des Inhumanen gewidmet (*Das Inhumane. Plaudereien über die Zeit*, Wien 1989).

51 Einen vorzüglichen Überblick gibt David Carroll, *Paraesthetics. Foucault – Lyotard – Derrida*, New York / London 1987.

52 Michel Foucault, *Die Ordnung der Dinge*, übers. von Ulrich Köppen, Frankfurt a. M. 1971, S. 457 bzw. 462.

Literatur, sondern von der Malerei her. Man kann nämlich Foucaults Konzeption der Mikrophysik der Macht und der vielfältigen Verzweigung der Rationalitäten als macht- bzw. rationalitätstheoretische Transposition von Motiven der modernen Kunst und insbesondere der Malerei des Informel auffassen – wobei noch einmal Dubuffet anklingt, womit ich aber (nach einem kurzen Zwischenverweis auf Deleuze, für den das Informel ebenfalls Schlüsselbedeutung besaß, hat er doch selbst die Vorstellung eines »informellen Chaos« als Matrix seines Hauptwerks *Différence et répétition* bezeichnet[53]) nun gleich zu Derrida übergehen möchte, und zwar ebenfalls zu der weniger bekannten Seite seiner Beeinflussung durch die moderne Kunst.

3. Auch Derrida: Mallarmé und Informel

Denn gewiß, es ist bekannt, daß Derrida an literarischen Autoren wie Artaud, Bataille, Blanchot und Kafka sein Denken entwickelt, ja anhand ihrer sich recht eigentlich erklärt hat und daß die tiefste Beeinflussung wohl durch Mallarmés *Un coup de dés jamais n'abolira le hasard* erfolgte; das führte bei Derrida bis zur Verwischung der Grenzen zwischen Philosophie und Literatur.[54] Kunstnahes Schreiben und philosophische Reflexion durchdringen – die Kritiker sagen: verschlingen – einander in seinen Schriften. Die unbekannte Seite dieser Nähe von Kunst und Philosophie aber ist mindestens ebenso interessant: Das Denken Derridas weist in seinen elementarsten Kategorien eine auffällige Affinität zur

53 Gilles Deleuze, *Différence et répétition*, Paris 1968, S. 356.

54 Insgesamt bezieht sich die Homologie von postmoderner Philosophie und moderner Kunst nicht nur auf die Malerei, sondern auch auf die Literatur. Ähnliches gilt für andere Kunstarten (Musik, Film usw.). Meine Ausführungen legen der Kürze halber den Akzent überwiegend auf die Malerei. Selbst dabei muß ich allerdings darauf verzichten, wichtige strukturelle Differenzen (z. B. von impliziter und expliziter Collage, Mehrfachkodierung und Hybridbildung) zu diskutieren.

Kunst des Informel auf. Spur, Marke, Fährte, Verstreuung, Bahnung, der Aufschub des Sinns und ein generalisierter Schriftbegriff – alles Schlüsselbestimmungen Derridas Werk – signalisieren essentielle Gemeinsamkeiten seines Denkens mit gestalterischen Eigenarten des Informel.[55]

*

Durch die bisherigen Ausführungen hoffe ich, die These von der Geburt der postmodernen Philosophie aus dem Geist der modernen Kunst einleuchtend gemacht und durch verschiedene Anknüpfungspunkte gesichert zu haben.[56] Die Homologie ist in jedem Fall unbestreitbar. Die Genealogie mag nicht überall so deutlich sein wie bei Lyotard; aber dieser ist immerhin der postmoderne Denker par excellence, und im übrigen ist bei Geburten aus dem Geist die Homologie gewichtiger als die unmittelbare Ableitbarkeit.

4. *Moderne und Postmoderne: Verflechtungen und Verlagerungen*

An dieser Stelle sind einige Klarstellungen zum Verhältnis von Moderne und Postmoderne angezeigt. Der These meiner Ausführungen und den inzwischen erbrachten Nachweisen zufolge besteht eine Kongruenz zwischen der Sphäre der

55 Bedenkt man noch, daß sich Derridas Denken in den fünfziger Jahren, also gerade in der Blütezeit des Informel formiert hat, dann wird die hier erwogene Genealogie geradezu wahrscheinlich. Gesprächsweise hat Derrida die Hypothese auch bestätigt.

56 Ein weiterer Punkt muß hier vorerst noch unerörtert bleiben: der Schritt von der Beachtung der Pluralität zur Aufmerksamkeit auf Verflechtungen. Bei der postmodernen Kunst liegt – im Unterschied zur modernen – der Akzent auf dem letzteren Pol. Das bedeutet freilich nicht, daß die postmoderne Philosophie nun bald bezüglich solcher Verflechtungen ein weiteres Mal Nachholarbeit zu leisten haben wird. Vielmehr hat das postmoderne Denken – obgleich um das Motiv der Pluralität zentriert – von Anfang an auch auf Verflechtungen geachtet. Das ist insbesondere bei Deleuze und Derrida der Fall.

Kunst und dem Bereich der Philosophie: Was in den künstlerischen Avantgarden der Moderne richtungweisend wurde, das ist philosophisch im postmodernen Denken zum Tragen gekommen.

Daraus wird erstens ersichtlich, daß der Unterschied zwischen Moderne und Postmoderne kein absoluter ist, anders gesagt: daß die Postmoderne nicht einfach die Trans- oder Anti-Moderne sein kann, zu der ihre Gegner sie stilisieren möchten. In sachlicher Betrachtung erweist sie sich vielmehr als Einlösungsform radikal moderner Gehalte bzw. als exoterische Alltagsform von einst esoterischen Errungenschaften der Moderne.[57]

Zweitens bestätigt sich, daß die moderne Kunst, gesamtkulturell betrachtet und besonders im Vergleich mit der zeitgenössischen Philosophie, deutlich avanciert war. Während die letztere – etwa bei Husserl – noch Projekten einer Philosophia perennis nachhing, hatte die Kunst längst Elemente eines neuen Wirklichkeitsverständnisses erobert. Aus diesem Avanciertsein der Kunst erklärt sich auch das hohe Identifikationspotential, das ihr in diesem Jahrhundert zukam. Wer einen Zugang zu den neuen Wirklichkeitsverhältnissen und Verstehensweisen der Gegenwart gewinnen wollte, war gut beraten, sich mehr der Kunst als der Philosophie zuzuwenden. Pointiert ausgedrückt: Die eigentlich philosophische Aufgabe der Gegenwartsverständigung wurde von der Kunst weit eher und besser wahrgenommen als von der Philosophie – zumindest als von der akademisch etablierten Philosophie (von einer Ausnahmegestalt wie Nietzsche wird gleich noch zu sprechen sein).

Sofern also die Kunst antiquiert-moderne Positionen schon früher hinter sich ließ, als andere Weisen unserer Selbstverständigung dies taten, kann es drittens nicht verwundern, daß der Terminus ›postmodern‹ ursprünglich der Sphäre der Kunst entstammt – wobei es nicht darauf ankommt, ob man

57 Näher habe ich dies ausgeführt in: *Unsere postmoderne Moderne*, bes. S. 185–206.

eher an die Malerei denken möchte, bezüglich derer sich der Ausdruck erstmals 1870 in England findet, oder an die Literatur, die gegen 1959/60 in den USA die bis in unsere Tage reichende Debatte um die Postmoderne provoziert hat, oder an die Architektur, die seit 1975 zum Hauptfeld der Auseinandersetzung geworden ist. In die Philosophie hingegen wurde der Terminus erst spät, nämlich 1979 – durch Lyotard – eingeführt.[58]
Viertens definiert die geschilderte sachliche Verzahnung von modernen und postmodernen Momenten die Kriterien, die man beachten muß, wenn man zu verläßlichen Unterscheidungen kommen will. Diese sind gerade nicht durch rabiate chronologische Schnitte zu erlangen, sondern allein durch eine gewissermaßen tiefenanalytische Eruierung inhaltlicher Differenzen. In solcher Einstellung läßt sich dann gut verstehen, daß beispielsweise ein Avanciert-Moderner wie Adorno, dessen Denken von der Erfahrung der Kunst geprägt war, einerseits eben deshalb deutliche Schritte in Richtung Postmoderne unternehmen konnte, andererseits aber – als Hegelianer, der »trotz aller Hegelkritik bei Hegel geblieben« ist[59] – hinsichtlich des Dreh- und Angelpunkts von Einheitsoption versus Vielheitsakzeptanz letztlich ein ›Moderner‹ blieb. Nur Tiefenbetrachtungen dieser Art können hier triftige Kriterien an die Hand geben und zu verläßlichen Unterscheidungen führen. Ein undifferenziertes Vorgehen hingegen produziert heillosen Wirrwarr – wobei sich im allgemeinen die Gegner der Postmoderne durch ebenso große Beliebigkeit und oftmals skandalöse Mißachtung der modernen Standards von Redlichkeit und Wissenschaftlichkeit hervortun wie die Partout-Apologeten auch noch des überdrehtesten Postmodernismus.

58 Jean-François Lyotard, *La Condition postmoderne. Rapport sur le savoir*, Paris 1979; dt. *Das postmoderne Wissen. Ein Bericht*, übers. von Otto Pfersmann, Graz/Wien 1986.

59 Herbert Schnädelbach, »Dialektik als Vernunftkritik. Zur Konstruktion des Rationalen bei Adorno«, in: *Adorno-Konferenz 1983*, hrsg. von Ludwig v. Friedeburg und Jürgen Habermas, Frankfurt a. M. 1983, S. 66–93, hier S. 89.

5. Die Vorläuferschaft Nietzsches

Ein letztes erklärendes Wort zum Titel: Die Anspielung auf Nietzsches Schrift *Die Geburt der Tragödie aus dem Geiste der Musik* von 1871 hat einen sachlichen Hintergrund. Nietzsche entwickelt in jener Schrift bekanntlich die Auffassung, daß die attische Tragödie aus Chor und Dionysos-Kult hervorging, bevor mit Euripides und Sokrates ein Verfall dieses Griechentums eintrat und die dionysische Begeisterung in den trockenen Bahnen der Vernunft und des theoretischen Denkens erstarrte, die alles Inkommensurable zu eliminieren suchten.[60] Diese Erstarrung und Austreibung des Inkommensurablen, die seither durch den Siegeszug der Wissenschaft besiegelt wurde und gegen die Nietzsches Kritik sich insgesamt richtet, wird von der modernen Kunst und der postmodernen Philosophie rückgängig gemacht. Denn die moderne Kunst zielt nicht mehr auf Schönheit und Beruhigung, sondern strebt die Aussetzung ins Unfaßliche an, und die postmoderne Philosophie stellt sich entschieden dem Inkommensurablen und sucht dieses wieder in seine Rechte einzusetzen.[61] Nicht nur entspricht daher – das ist der erste Sinn meines Titels – das Verhältnis von postmoderner Philosophie und moderner Kunst genealogisch der Beziehung

60 Friedrich Nietzsche, *Die Geburt der Tragödie aus dem Geiste der Musik*, in: F. N., *Sämtliche Werke. Kritische Studienausgabe in 15 Bänden*, hrsg. von Giorgio Colli und Mazzino Montinari, München 1980, Bd. 1, S. 9–156. Zum Inkommensurablen: ebd., S. 80f.

61 Noch die Umschlagserfahrung, die von der wissenschaftlichen Kultur zu einer erweiterten Kultur führt, hat Nietzsche in jener Erstlingsschrift treffend prognostiziert. Versteht man unter Wissenschaft den »Glauben an die Ergründlichkeit der Natur und an die Universalheilkraft des Wissens«, so wird dieser »Anspruch auf universale Gültigkeit« Nietzsche zufolge in dem Moment zusammenbrechen, wo »der Geist der Wissenschaft bis an seine Grenze geführt« wird und »in das Unaufhellbare starrt«. Er wird dann in die Kunst als eine neue, das »Unaufhellbare« nicht mehr negierende, sondern anerkennende Gestalt des Geistes ›umschlagen‹ (ebd., S. 111, 101, 99). Lyotards Verständnis der wissenschaftlichen ›Grundlagenkrise‹ des 20. Jahrhunderts ist dem genau analog.

von Tragödie und Musik bei Nietzsche, sondern die postmoderne Philosophie vollzieht – so der zweite und wichtigere Sinn meiner Anspielung – genau das, wozu Nietzsche durch seine Programmschrift auffordern wollte: die Übersteigung der restriktiv gewordenen Rationalität durch eine erneute Berücksichtigung des Inkommensurablen. So löst die postmoderne Philosophie in der Tat Nietzsches (des Stammvaters Nietzsche) Projekt und Prophetie ein – und wenn sie dies nicht allenthalben wörtlich, sondern (im Unterschied zu bloß historisierender Tradierung) gemäß heutigen Bedingungen tut, so ist gewiß auch dies noch einmal in Nietzsches Sinn.

III.

Nach Geburt und Kindheit: Erwachsenwerden oder Vom postmodernen zum aisthetischen Denken

In diesem dritten Teil will ich eine Frage aufwerfen, die mir besonders wichtig zu sein scheint und im Verlauf von deren Beantwortung ich auf eigene Ansätze eingehen werde. Was bedeutet die ästhetische Initiierung des postmodernen Denkens für dieses auf Dauer? Bleibt es auch weiterhin ästhetisch geprägt, und wenn ja: gereicht ihm dies zum Vorteil, und wenn wiederum ja: welche Vorzüge gewinnt es dadurch?

1. *Postmoderne Denker als ästhetische Denker*

Daß das postmoderne Denken ästhetisch bestimmt bleibt, ist offenkundig und läßt sich bei allen prominenten Autoren des Postmoderne-Diskurses nachweisen, also über die schon genannten hinaus etwa auch bei Baudrillard, Kamper oder Sloterdijk.

So hat Jean Baudrillard verschiedentlich ästhetische Phänomene benutzt, um von ihnen aus gegenwärtige Wirklichkeitsverhältnisse zu erschließen. Beispielsweise hat er an den Nonsense-Sätzen amerikanischer Graffiti abgelesen, daß wir es längst nicht bloß in akademisch abgehobenen post-strukturalistischen Theorien, sondern auch im Alltag mit dem frei flottierenden Signifikanten ohne Signifikat zu tun haben, daß die Zeichen in der Realität deckungslos geworden sind, daß die Semiokratie lügt und daß dies aufzudecken eine der wenigen noch möglichen kritischen Interventionen ist.[62]
Oder er hat es verstanden – und auch dies ist für ein ästhetisches Denken charakteristisch –, bestimmte Einzelphänomene der Gegenwart zugleich metaphorisch als Schlüsselphänomene unserer Gesamtwirklichkeit vor Augen zu bringen, so z. B. den Krebs und das Klonen. Krebs, die maßlose Wucherung des Gleichen, und Klonen, die identische Reproduktion des Gleichen, stehen symbolisch für die Grundtendenz der Gegenwart zur gefräßigen Ausbreitung des Standardisierten und zur finalen Erstarrung in Uniformität.
Ähnlich geht Dietmar Kamper bei seinen Analysen gegenwärtiger Erscheinungen immer wieder von Ambivalenzen des Bildlichen aus. Die Bilder enthalten älteste Glücksversprechen, und doch gerät deren Einlösung schal und trügerisch. Bei ihrer Realisierung schlagen die Heilsvisionen in Unheilsaktionen um.[63] Die Bildergesellschaft der Gegenwart ist eine Sozietät des Imaginären mit letalen Folgen, nicht eine Republik des Imaginativen, der schöpferische und befreiende

62 Vgl. Jean Baudrillard, »Kool Killer oder der Aufstand der Zeichen«, in: J. B., *Der symbolische Tausch und der Tod*, übers. von Gerd Bergfleth [u. a.], München 1982, S. 120–130.

63 Schon Adorno hat diese Figur negativer Erfüllung – die gegenwärtig offenbar werdende Dialektik der Heilsvisionen – hellsichtig beschrieben. Im Blick auf den aktuellen Triumph gesellschaftlicher Integration diagnostizierte er: »Subjekt und Objekt sind, in höhnischem Widerspiel zur Hoffnung der Philosophie, versöhnt« (Theodor W. Adorno, »Gesellschaft«, in: Th. W. A., *Gesammelte Schriften*, Bd. 8, Frankfurt a. M. ²1980, S. 9–19, hier S. 18).

Kräfte zuzuerkennen wären. Und doch hilft gegen die Haftbande des Imaginären noch einmal nur ein Rekurs auf die Einbildungskraft.[64] Richtige gegen falsche Bildlichkeit, das ist eine grundlegende Oppositionslinie in Kampers Denken, das sich darin insgesamt als ästhetisch geprägt erweist.

Eine derartige ästhetische Imprägnierung ist auch bei Peter Sloterdijk offenkundig. Seine Analysen sind mit Bildbeispielen durchsetzt, und seine Sprache ist von Metaphorizität durchzogen. Ästhetisch ist sein Denken auch insofern, als in ihm überall ein musikalischer Duktus vernehmbar wird – übrigens laut Nietzsche nicht das schlechteste Zeichen, daß es sich um einen veritablen Philosophen handelt.

Bei Sloterdijk deutet sich zudem eine Verlagerung im Begriff des Ästhetischen an, auf die ich nachher noch gesondert zu sprechen kommen werde. Sloterdijk sagt (in einem Buch, das bezeichnenderweise als »ästhetischer Versuch« untertitelt ist), daß heute die Schranke zwischen dem Ästhetischen und dem Logischen hinfällig wird: »Etwas merken ist Wahrnehmung, ist Ästhetik im weitesten Sinne und bleibt bis in die letzte Instanz die Angelegenheit des Denkens.«[65] Er bezieht sich also auf einen weiten Sinn von Ästhetik, der nicht durch Kunstbezug, sondern durch Wahrnehmungsakzentuierung bestimmt ist.[66] Ein solches Wahrnehmen macht für Sloterdijk den Nukleus des Denkens aus. Darin ist eine Wendung enthalten, die m. E. für das postmoderne Denken und seine ästhetische Imprägnierung insgesamt charakteristisch ist.

64 Vgl. Dietmar Kamper, »Aufklärung – was sonst?«, in: *Merkur* 436 (1985) S. 535–540, hier S. 539.

65 Peter Sloterdijk, *Kopernikanische Mobilmachung und ptolemäische Abrüstung. Ästhetischer Versuch*, Frankfurt a. M. 1987, S. 125.

66 Wenig später betont Sloterdijk, daß er mit seinem Plädoyer für Ästhetik nicht »der lauten Akklamation von Kunstwerken« das Wort reden wolle – »Kunstbedarf ist eher ein Indiz von struktureller Barbarei« –, sondern daß es ihm um eine »Kultur der Wahrnehmung« gehe (ebd., S. 126).

Was Sloterdijk hier »Ästhetik im weitesten Sinne« nennt, habe ich an anderer Stelle unter der Bezeichnung »Aisthetik« thematisiert.[67] Das postmoderne Denken scheint mir recht eigentlich ein ›aisthetisches Denken‹ zu sein und genau damit seiner ästhetischen Initiierung die wirklich fruchtbare Wendung zu geben. Der Ausdruck ›Aisthetik‹ zeigt dabei den elementaren Rückbezug dieser Ästhetik auf *aisthesis*, auf Wahrnehmung, an. Dieser Rückbezug macht den Kern ›aisthetischen Denkens‹ aus. Dessen hier folgende Skizze muß ich nun allerdings sehr kurz halten.[68]

Die genannten postmodernen Autoren thematisieren die Kunst bezeichnenderweise nicht in erster Linie, um sich zur Kunst zu äußern, sondern um von Wahrnehmungen aus (die sie unter anderem der Kunst entnehmen) unsere Wirklichkeit zu begreifen. Die Kunst ist nicht der Ziel-, sondern ein Modellbereich der Reflexion. Dazu wird sie, weil sie Wahrnehmungspotentiale bereitstellt und besondere Wahrnehmungsfähigkeit verlangt sowie freisetzt. Auf dieses Wahrnehmen kommt es dem ›aisthetischen Denken‹ an.

Dabei ist keineswegs bloß an sinnliche Wahrnehmung zu denken, sondern an Wahrnehmung allgemein, vornehmlich an ein Erfassen originärer Sachverhalte, die als originäre eben nur durch wahrnehmungsartige Vollzüge erschlossen und nicht etwa logisch-induktiv oder -deduktiv gewonnen werden können. Wahrnehmungen dieser Art haben mit Innewerden, Gewahrwerden, Merken und Spüren zu tun. Es geht darum, Erstbedeutungen auf die Spur zu kommen – gerade auch solchen, die das Sinnenhafte überschreiten. Ich erinnere noch einmal an Lyotards Thematisierung des Erhabenen: Dort ging es um ein Wahrnehmen des Scheiterns der Sinnlich-

67 Wolfgang Welsch, »Zur Aktualität ästhetischen Denkens«, in: *Kunstforum International*, Bd. 100 (1989) S. 135–149; in vorliegendem Band S. 41–78.

68 Für eine ausführlichere Darstellung wäre der zuletzt genannte Aufsatz zu vergleichen.

keit, also um ein Gewahrwerden von Transästhetischem, ja Anästhetischem. Das Wahrnehmen solcher Grenzen und Überschreitungen des Ästhetischen – das in der traditionellen Ästhetik keinen rechten Ort hatte – wird für eine Aisthetik der skizzierten Art zentral. Man könnte geradezu den ganzen Unterschied von Postmoderne und Moderne in dieser Unterscheidung von Aisthetik und Ästhetik gespiegelt sehen. Darin kehren all die genannten Oppositionen – Grenzbewußtsein versus Globalanspruch, Erhabenheits- versus Schönheitsprimat, Lyotardsche versus Habermassche Option – wieder.

3. Aisthetisches Denken: das heute realistische Denken

Ein wahrnehmendes Denken dieser Art – also eines, das von Wahrnehmungen ausgeht und sich auch auf anästhetische Bestände einläßt, kurz: ein aisthetisches Denken, das sowohl Ästhetik wie Anästhetik umfaßt – scheint mir gegenwärtig aus nicht etwa, wie manche argwöhnen, modischen Gründen, sondern wegen seiner Begreifenskapazität und Wirklichkeitskompetenz an der Zeit zu sein. Es ist – so meine These – heute das eigentlich realistische, will sagen: das der gegenwärtigen Wirklichkeit (der schier nichts mehr gewachsen ist) noch am ehesten, nämlich wenigstens stellenweise gewachsene Denken. Die einst für dubios gehaltenen ästhetischen Perspektiven erweisen sich zunehmend als die wirklichkeitsnäheren und erschließungskräftigeren.[69]

69 Wieder einmal war es Adorno, der früh schon diese Umstellung bemerkt und ihre Ignorierung den Geisteswissenschaften vorgehalten hat: »Was ... den gegenwärtigen Geisteswissenschaften als ihre immanente Unzulänglichkeit: ihr Mangel an Geist vorzuwerfen ist, das ist stets fast zugleich Mangel an ästhetischem Sinn« (Adorno, *Ästhetische Theorie*, S. 344). Auch diese Einsicht stellt ein Erbe Nietzsches dar. Mit Nietzsche hat dieser Avantgardismus eines anderen, eines aisthetischen Denkens begonnen, der heute bei den postmodernen Denkern zur Entfaltung gelangt.

Ausschlaggebend für diese Veränderung in der Kompetenz eines Denktypus – für diese Verlagerung von einem logozentrischen zu einem aisthetischen Denken – ist eine Veränderung der Wirklichkeit selbst. Heutige ›Wirklichkeit‹ ist wesentlich über Wahrnehmungsprozesse, vor allem über Prozesse medialer Wahrnehmung konstituiert. Daher ist ihr auch nur noch mit einem wahrnehmungsfähigen Denken beizukommen. Das gilt, scheinbar paradox, selbst noch für anästhetische Phänomene – und wir alle wissen seit dem 26. April 1986, dem Tag von Tschernobyl, daß die entscheidenden Bedrohungen der Gegenwart anästhetischer Art sind, daß sie nicht mehr sinnlich wahrgenommen werden können, sondern daß erst ihre Schäden die Sinnlichkeit betreffen, sprich zerfressen. Nur für den aisthetisch Eingestellten und zumal für einen solchen, dessen Augenmerk den anästhetischen Überschreitungen des Ästhetischen gilt, sind solche Befunde von alarmierender Relevanz.

4. Kunst als Modellsphäre

Während das aisthetische Denken einerseits die Kunst überschreitet, kommt andererseits innerhalb seiner der Kunsterfahrung noch einmal spezifische Bedeutung zu, und zwar gerade hinsichtlich des Begreifens heutiger Wirklichkeit, um das dieses aisthetische Denken sich insgesamt bemüht. Die Kunst kann als Modellsphäre für Pluralität gelten – jedenfalls ist dies die Perspektive, die ich abschließend entwickeln möchte.

Wirklichkeitsbezogenes Denken muß sich heute einer Wirklichkeit stellen, die einschneidender, als wir das bislang kannten, und legitimer, als wir es bisher wußten, durch Pluralität gekennzeichnet ist. Dafür ist ein durch Kunsterfahrung inspiriertes aisthetisches Denken in besonderer Weise kompetent. Denn die Kunst ist eine exemplarische Sphäre von Pluralität. Sie demonstriert deren Struktur im einzelnen wie im ganzen, und an ihr kann man den Normenkatalog einer solch pluralen Grundverfassung deutlicher ablesen und evidenter einüben als anderswo. An der Kunst vermag für jedermann deutlich zu werden, daß es für den jeweiligen Ansatz und dessen Gestaltungslogik ein spezifisches Sensorium braucht und daß nichts falscher wäre – beckmesserisch nämlich und banausisch –, als sämtliche Ansätze nach einem einzigen Maß und mit einem einzigen Kriteriensatz zu beurteilen. Gegen diesen Elementarfehler in einer Situation der Pluralität, gegen diesen kleinen Anfang von Terror, dessen Ende unabsehbar groß werden kann, vermag Kunsterfahrung kritisch und aufklärend wirksam zu sein.

Wenn für uns heute zunehmend deutlich wird, daß jedes Sprachspiel, jede Lebensform und jedes Wissenskonzept im Grunde spezifisch und partikular ist, dann plaudert Kunsterfahrung – ich variiere einen Satz Adornos – aus der Schule dieser Einsicht und bietet ein Exerzitium unserer heutigen Situation und ihrer Verbindlichkeiten. Die Kunst hat – gegen Hegels Diktum vom Vergangenheitscharakter der Kunst – neue Bedeutung gewonnen, sofern sie unsere Grundverfassung – eben die der Pluralität – so nachhaltig zur Erfahrung bringt wie kein anderes Medium sonst. Von daher vermag einem ästhetisch geschulten aisthetischen Denken auch Orientierungs- und Handlungskompetenz für diese Welt zuzukommen. Denn wer mit der Verfassung und den Geboten der Pluralität von Grund auf vertraut ist, der vermag sich in einer Situation realer Pluralität angemessen zu bewegen; er muß sie nicht fürchten, sondern kann in ihr agieren. Aisthetisches, pluralitätsbewußtes Denken öffnet Achsen der Orientierung in der Gegenwart. Noch einmal: Seine Konjunktur ist nicht Effekt einer Mode, sondern Ausdruck der normativen Verfassung einer plural gewordenen Wirklichkeit.

*

Mit den letzten Überlegungen wollte ich deutlich machen, daß die ästhetische Inspiration des postmodernen Denkens als aisthetische Grundierung desselben wirksam bleibt, und daß dies zum Vorteil dieses Denkens geschieht, zum Vorteil seiner besonderen Erschließungskraft für heutige Wirklichkeit. – Die Geburt der postmodernen Philosophie aus dem Geist der modernen Kunst scheint mir keine Last dieses Denkens zu sein, sondern eher seine List auszumachen – und wohl auch die Lust von manchem, der damit sich befaßt.

Adornos Ästhetik: Eine implizite Ästhetik des Erhabenen

»Das Glück an den Kunstwerken ist jähes Entronnensein, nicht ein Brocken dessen, woraus Kunst entrann ... Dem ästhetischen Hedonismus wäre entgegenzuhalten jene Stelle aus der Kantischen Lehre vom Erhabenen, das er, befangen, von der Kunst eximiert: Glück an den Kunstwerken wäre allenfalls das Gefühl des Standhaltens, das sie vermitteln. Es gilt dem ästhetischen Bereich als ganzem eher als dem einzelnen Werk.«[1]

Diese erste Passage, in der die Kategorie des Erhabenen in Adornos *Ästhetischer Theorie* auftaucht, enthält – teils explizit, teils in nuce – bereits alle Elemente von Adornos Stellungnahme zum Erhabenen. Diese ist in mehrfacher Hinsicht hochbedeutsam. Unmittelbar ist dem Zitat zu entnehmen, daß die Kategorie des Erhabenen für Adorno die Stellung der Kunst insgesamt auf den Begriff bringt. Kunst ist eine Instanz des Standhaltens. Dazu gelangt sie allein durch Negation und Entronnensein. Nicht ein Brocken des gesellschaftlichen Banns darf in Kunst noch vorhanden sein. Nur so kann sie einen Ort des Widerstands bilden, vermag sie dem Verblendungszusammenhang Paroli zu bieten. Einzig dies – nicht die hedonistische Lust der Angleichung – ist das Glück, das Kunst heute noch vermitteln kann, und genau diese Position kommt in der Kategorie des Erhabenen zum Ausdruck. Das Thema des Erhabenen führt ins Zentrum der *Ästhetischen Theorie*. Es betrifft, wie Adorno sagt, »den ästhetischen Bereich als ganzen«.

Damit sind die Themenfelder der folgenden Untersuchung vorgezeichnet. In einem ersten Teil soll Adornos Verständnis

1 Theodor W. Adorno, *Ästhetische Theorie*, in: Th. A. W., *Gesammelte Schriften*, Bd. 7, Frankfurt a. M. 1970, S. 30f. – Im folgenden werden alle Zitate daraus im Text nachgewiesen.

des Erhabenen rekonstruiert und soll dargelegt werden, inwiefern die Konzeption des Erhabenen ins Zentrum von Adornos ästhetischer Konzeption gehört.
In einem zweiten Teil wird untersucht, wie die Kategorie des Erhabenen Adornos Konzeption in solchem Maße zuspitzt, daß sie diese geradezu über sich hinaustreibt. Die Dynamik ergibt sich daraus, daß Adorno seine Ästhetik zwar im Horizont von Versöhnung konzipiert hat, mit der Zuwendung zum Erhabenen aber zugleich den ästhetischen Widerstandspart allen einfachen Versöhnungsdenkens aktivierte. Das hatte gravierende Konsequenzen. Zuletzt mußte Adorno sich entscheiden, ob er am philosophischen Versöhnungsgedanken festhalten oder den Implikationen des Erhabenen folgen wollte. Er hat diese Entscheidung freilich mehr implizit (durch Arbeit am Problem) als explizit (in der Form von Deklarationen) vollzogen. Er fand sich zunehmend zu einer Umdeutung des Versöhnungsmotivs in seinem Kern genötigt. Dies darzustellen, bildet ein Hauptanliegen der Untersuchung. Man hat Adorno bisher verschiedentlich vorgehalten, die implizite Systematik seiner Ästhetik, die durch das Telos der Versöhnung bestimmt sei, habe seine ästhetische Konzeption rigid und unfruchtbar gemacht.[2] Hier soll hingegen gezeigt werden, daß Adorno, den Geboten einer Ästhetik des Erhabenen folgend, ein Mittel fand, um sich den restriktiven Auflagen des Versöhnungsdenkens zu entziehen, und daß seine Ästhetik gerade darin ihre Auszeichnung hat und von daher sowohl pointiert modern wie anschlußfähig ist.
In einem dritten Teil wird schließlich der Frage nachzugehen sein, welche Bedeutung Adornos Konzeption des Erhabenen im Kontext der zeitgenössischen Debatte zukommt. Hier geht es zunächst um Adornos Verhältnis zu Lyotard, der einmal gesagt hat, daß die Ästhetik seiner Auffassung nach

2 So zuletzt Albrecht Wellmer, »Wahrheit, Schein, Versöhnung. Adornos ästhetische Rettung der Modernität«, in: *Adorno-Konferenz 1983*, hrsg. von Ludwig von Friedeburg und Jürgen Habermas, Frankfurt a. M. 1983, S. 138–176, hier S. 138, 172.

einer »Philosophie des Erhabenen« folgen müsse, wobei er im gleichen Atemzug darauf hinwies, daß er diesbezüglich an das anknüpfen wolle, was bei Adorno angelegt sei.[3] Abschließend wird zu fragen sein, welche Folgen die Berücksichtigung des Erhabenen – über Adorno und Lyotard hinaus – für eine aktuelle Ästhetik haben kann. Wie transformiert sich deren Verständnis und welche Bedeutung hat eine solche Ästhetik über die Kunst hinaus?

I

Das Erhabene als Kernstück von Adornos *Ästhetischer Theorie*

Die Kategorie des Erhabenen ist für Adornos Konzeption zentral, wenngleich sie mehr implizit als explizit leitend ist. Keineswegs ist bei Adorno in einem fort vom Erhabenen die Rede. Diese Zurückhaltung hat möglicherweise mit der prekären Dynamik zu tun, die das Erhabene entfaltet. Zudem ist es nicht jedermanns Sache, den Umbau seiner Konzeption auf offener Bühne zu vollziehen. Adornos ebenso facettenreiche wie gehaltvolle Äußerungen zum Erhabenen bedürfen detaillierter Darstellung und differenzierter Reflexion.

1. Die Kritik am hohlen Erhabenen

Adornos Thematisierung des Erhabenen – die auf eine Rehabilitierung desselben hinausläuft – setzt bei der kritischen Distanzierung einer traditionellen Form des Erhabenen an. Adorno wendet sich gegen den Kult von Werken, »die sich

3 Jean-François Lyotard [u. a.], *Immaterialität und Postmoderne*, übers. von Marianne Karbe, Berlin 1985, S. 68 f.

mit irgendwelchen erhabenen Vorgängen beschäftigen« (S. 224). Erstens ist, was darin für erhaben gilt, »meist nur Frucht von Ideologie, von Respekt vor Macht und Größe« (ebd.), und zweitens liegt hier eine Verwechslung von Inhalt und Form vor. Während Erhabenheit dem Formgesetz der Kunst selbst entspringen müßte, wird sie durch Bezugnahme auf »große Stoffe« oder »erhabene Vorgänge« bloß erschlichen. Die Falschheit dieses Verfahrens wurde in der Moderne offenkundig, als zutage trat, daß auch geringste Gegenstände zu Bildern von höchster Intensität führen können. Seitdem ist klar, daß die Authentizität der Werke nicht an der »Relevanz ihrer Gegenstände« hängt (ebd.), sondern der Form der Werke sich verdanken muß. Im Blick auf das traditionelle Erhabene gilt: »Was als erhaben auftritt, klingt hohl« (S. 294); diesbezüglich ist Napoleons Satz, »vom Erhabenen zum Lächerlichen sei nur ein Schritt« (S. 295), geschichtlich wahr geworden.

Gleichwohl ist die Kategorie des Erhabenen darob nicht preiszugeben. Die bloße »Kritik an Tiefe und Ernst« wäre heute »nicht weniger Ideologie« als die Berufung aufs traditionelle Erhabene, diente sie doch, gewollt oder nicht, ihrerseits bloß der »Rechtfertigung des betriebsamen und bewußtlosen Mitmachens« (S. 294 f.). Demgegenüber ist eine Modifikation des Erhabenen geboten. Deren Richtungssinn erfaßt man am besten, wenn man die bestimmte Negation des ehemaligen Sinns des Erhabenen zum Ausgangspunkt nimmt.

Traditionell war das Erhabene mit einem bombastischen Geistbegriff verbunden. Indem dessen Unwahrheit zutage trat, wurde das Erhabene der Komik überantwortet. Daher betrachtet Adorno Kants Vorsichtsmaßnahme, das Erhabene allein der Natur zu reservieren und nicht auch der Kunst zuzuschreiben, als geradezu hellsichtig – wie anachronistisch sie auch immer gewesen sein mag. Denn tatsächlich wandte sich die Kunst zu Kants Zeit begeistert dem Erhabenen zu, wobei ihr aber geschichtlich »bereits die Bewegung des Erhabenen auf seine Negation hin einbeschrieben« war (S. 296).

Deshalb war Kants Zurückhaltung objektiv richtig[4] – nur tat Kant diesen trefflichen Schritt auf dem Boden eines falschen Konzepts und damit eher zufällig als aus Einsicht. Denn auch Kant hat den Begriff des Erhabenen noch, wie es zu dessen traditioneller Fassung gehörte, mit dem überwältigend Großen identifiziert und hat somit »ungebrochen seine fraglose Komplizität mit Herrschaft bejaht« (ebd.): »Erhaben sollte die Größe des Menschen als eines Geistigen und Naturbezwingenden sein« (S. 295). Genau dieser bombastische Begriff des Erhabenen aber erwies sich geschichtlich als unhaltbar. Von dieser heroischen Fassung des Erhabenen, die den Menschen qua Geistwesen zum Bezwinger und Beherrscher von Natur erklärte, gilt es Abstand zu nehmen. Das geschieht konsequent, indem man dem Umschlag folgt, der der Kategorie des Erhabenen im Lauf der Geschichte widerfuhr. Adorno deckt – entscheidend für seine ganze Konzeption – eine Transformation des Begriffs auf.

2. *Adornos Transformation des Erhabenen: von Herrschaft über Natur zur Erfahrung der eigenen Naturhaftigkeit*

Die »Größe des Menschen als eines Geistigen und Naturbezwingenden« bildete den Ausgangspunkt der Karriere des Erhabenen. Geschichtlich jedoch hat sich – gegenläufig hierzu – »die Erfahrung des Erhabenen als Selbstbewußtsein des Menschen von seiner Naturhaftigkeit« enthüllt (S. 295). Dadurch verwandelte sich die Kunst des Erhabenen »in das, was sie an sich ist, den geschichtlichen Sprecher unterdrückter Natur, kritisch am Ende gegen das Ichprinzip, den inwendigen Agenten von Unterdrückung« (S. 365). Solche Kunst »bewegt das Subjekt vorm Erhabenen zum Weinen. Eingedenken von Natur löst den Trotz

4 Adorno meint sogar: »Kants Askese gegen das Ästhetisch-Erhabene antezipiert objektiv die Kritik des heroischen Klassizismus und der davon derivierten emphatischen Kunst« (S. 296).

seiner Selbstsetzung« (S. 410). Wie ist die von Adorno in diesen Sätzen geschilderte Transformation im einzelnen aufzufassen?

Adorno versteht die Erfahrung des Erhabenen anders – eigentlich ganz anders – als gewöhnlich. Betroffen sind das Herrschafts- und Naturverhältnis. Adornos Auslegung läuft geradezu auf eine Umkehrung der Konvention hinaus. So sagt er im Blick auf die herkömmliche Komplizität des Erhabenen mit Herrschaft: »Ihrer muß Kunst sich schämen, und das Nachhaltige, welches die Idee des Erhabenen wollte, umkehren« (S. 296). Adornos Sensorium nimmt in der Geschichte des Erhabenen einen Umschlag gegenüber der anfänglichen Besetzung durch den Herrschaftsgestus des Menschen als eines Naturbezwingers wahr: Zunehmend enthüllt sich als untergründiger und eigentlicher Gehalt des Erhabenen die Erfahrung der »Naturhaftigkeit« des Menschen. Dies verändert die »Zusammensetzung der Kategorie« völlig (S. 295). Adorno dreht die Erfahrung des Erhabenen aus dem Raster von Macht, Übermacht und Bemächtigung heraus und perzipiert sie als Erfahrung möglicher Teilhabe an Natur und gemeinsamer Freiheit mit ihr. Mimesis löst Herrschaft ab.

Den Motor dieser Umstellung entdeckt Adorno in einem Moment, an dem schon Kant unbeirrt festgehalten hatte: daß es sich beim Erhabenen wesentlich um ein »Gefühl« handelt. Eben dadurch werde »die Kantische Bestimmung des Erhabenen über sich hinausgetrieben« (S. 293). Denn den Gehalt eines solchen Gefühls kann man nicht bloß dem Träger des Gefühls – hier also dem Geist – zusprechen, sondern man muß ihn auch dem Gegenstand des Gefühls – hier also der Natur – zuerkennen (ebd.).[5] Als Gefühl bahnt die Erfahrung des Erhabenen eine Gemeinschaft von Subjekt und Natur an

5 Natürlich ist dies, wie Adorno weiß, gegen Kants Text (vgl. *Kritik der Urteilskraft* (1790), B 76 und 109), nur meint er, daß die Erfahrung des Erhabenen über die Schranke, die dieser Text zu errichten suche, unweigerlich hinaustreibe.

und wird für den Geist Anlaß zur »Selbstbesinnung auf sein eigenes Naturhaftes« (S. 292).

Diese Entdeckung der eigenen Naturhaftigkeit macht das Befreiende an der Erfahrung des Erhabenen aus. Insoweit ist diese Erfahrung positiv und beglückend. Sie eröffnet den Ausblick auf eine Gemeinsamkeit des Naturwesens Mensch mit der umgebenden Natur, »antezipiert etwas von der Versöhnung mit ihr« (S. 293): »Die hohen Berge sprechen als Bilder eines vom Fesselnden, Einengenden befreiten Raums und von der möglichen Teilhabe daran« (S. 296).

Darin ist die Perspektive der Herrschaft überschritten. Inmitten eines scheinbar herrschaftlichen Phänomens wird der Bann der Herrschaft gebrochen. Wichtig ist, daß Natur dabei selbst als »Elementarisches« (S. 292), als Gegenstand voller Macht und Größe, auftritt. Solche Gewalt kann nicht bezwungen, diese Macht nicht beherrscht werden. Damit bricht die Perspektive der Bemächtigung in eine der Versöhnung um. Im Gewand von Herrschaft kommt es zu deren Überschreitung. Vom Erhabenen gilt: »In den Zügen des Herrschaftlichen, die seiner Macht und Größe einbeschrieben sind, spricht es gegen die Herrschaft« (S. 293).

Die Transformation des Erhabenen umfaßt somit zwei Formen von Befreiung: die Emanzipation des Subjekts vom Zwang souveräner Naturbeherrschung und die Befreiung der Natur aus dem »verruchten Zusammenhang von Naturwüchsigkeit und subjektiver Souveränität« (S. 293). Die Zusammengehörigkeit beider Momente ist für Adornos Konzeption essenticll. Kraft ihrer lösen sich in der Erfahrung des Erhabenen älteste Intentionen der *Dialektik der Aufklärung* ein. Der Erfahrung des Erhabenen gelingt es, den Menschen – ästhetisch und für Augenblicke – vom Subjektivitätsprinzip und der »Verstrickung in blinder Herrschaft« zu befreien.

Dem entspricht auch Adornos Deutung der beiden Valenzen, die zum Gefühl des Erhabenen gehören, also des Unlust- und des Lustmoments. Die Erschütterung in der Erfahrung des Erhabenen betrifft die Subjektivität. Wohl geht es um Freiheit (wie Kant statuiert hatte), aber nicht (wie er dachte) als Superiorität gegenüber Natur, sondern umgekehrt im Sinn einer Befreiung vom naturbeherrschenden Ich- und Subjektprinzip. Diese Befreiung schließt sowohl Momente der Nötigung wie solche des Glücks ein. Denn was das beharrenwollende Subjekt als Unlust seiner Erschütterung erfährt, das stellt sich für das tiefere Wissen, das alle Subjektanspannung untergründig begleitet, als Glück dar, als Erfüllung nämlich seiner »Sehnsucht« nach dem »vom subjektiven Block dem Subjekt Versperrten« (S. 396). So wird der Bann gebrochen, »den das Subjekt um Natur legt« und der dabei zugleich es selbst befängt. »Eingedenken von Natur löst den Trotz seiner Selbstsetzung.« »Freiheit regt sich im Bewußtsein seiner Naturähnlichkeit« (S. 410). Im Weinen ist beides – die schmerzliche Erschütterung und die glückhafte Befreiung – verbunden: »Darin tritt das Ich, geistig, aus der Gefangenschaft in sich selbst heraus ... Freiheit leuchtet auf« (ebd.).

3. *Moderne Kunst als Kunst des Erhabenen*

Diese geschichtlich vorwärts drängende Erfahrung, die von einer Kunst erobert wurde, die als Kunst des Erhabenen »die Entfesselung des Elementarischen« betrieb und damit den Geist zur »Selbstbesinnung auf sein eigenes Naturhaftes« nötigte (S. 292), wurde schließlich zur Grunderfahrung aller modernen Kunst. Die Kunst avancierte insgesamt zum »geschichtlichen Sprecher unterdrückter Natur« (S. 365). Die Erfahrung des Erhabenen breitete sich über das gesamte Terrain der Kunst aus. Ein Ausblick auf Versöhnung mit Natur gehört generell zu den Verheißungen der modernen Kunst.
Dies bedeutet nicht weniger, als daß die Kunst *insgesamt* – ob erhabene oder schöne Kunst – in der Moderne die Struktur des Erhabenen angenommen hat und austrägt. Ein Beleg dafür, wie grundsätzlich das für Adorno gilt, ist gerade darin zu sehen, daß Adorno all die zuletzt angeführten Aussagen,

welche die Struktur des Erhabenen exponieren, in aller Selbstverständlichkeit vom Schönen der Kunst macht. Das ist nicht ungenau oder widersprüchlich, sondern signifikant für seine Position. Das Erhabene ist bei ihm (in Fortführung romantischer Ansätze) ganz und gar zur Matrix des Schönen geworden. Es durchdringt dessen Bestimmungen bis ins Innerste. Daher kann Adorno vom Schönen sprechen, wenn er die Struktur des Erhabenen meint. Umgekehrt erklärt sich auch der Umstand, daß man die Prominenz des Erhabenen in Adornos *Ästhetischer Theorie* so einhellig übersehen konnte, eben daraus, daß ›das Schöne‹ hier seiner ganzen Struktur nach bloß noch ein Deckname für das Erhabene ist und so allenthalben für es zu stehen vermag – was freilich dann, wenn man diese Verlagerung nicht erkennt, zu der irrigen Annahme verleiten kann, es gehe hier weiterhin um eine Ästhetik des Schönen. In Wahrheit ist die Erschütterung, die für das Subjekt einst stellvertretend vom Erhabenen der Natur ausging, inzwischen zum Nerv *aller* Kunst geworden. Das Erhabene bildet Kern und Code der modernen Kunst.

4. Adornos Ästhetik in ihrer Essenz: eine Ästhetik des Erhabenen

Adorno hat die Fokussierung aufs Erhabene so erklärt: Nach dem Ende der bloß formalen Schönheit blieb »die Moderne hindurch von den traditionellen ästhetischen Ideen seine allein übrig« (S. 293 f.). Das Erhabene wurde »zum geschichtlichen Konstituens von Kunst selber« (S. 293). Immer »mehr zieht sich Kunst ins Moment des Erhabenen

6 Daraus, daß sie eigentlich eine Kunst des Erhabenen ist, resultiert dann sowohl die Widerstandskraft der modernen Kunst wie ihre Selbstverpflichtung auf höchste Ansprüche: »Noch die Hybris der Kunstreligion, der Selbsterhöhung der Kunst zum Absoluten, hat ihr Wahrheitsmoment an der Allergie gegen das nicht Erhabene an der Kunst, jenes Spiel, das bei der Souveränität des Geistes es beläßt« (S. 294).

zusammen« (ebd.).[6] Noch wenn Adorno sagt, das Erhabene werde »latent« (S. 294), so weist er damit auf die grundsätzliche Leitfunktion hin, die das Erhabene in der Moderne übernommen hat. Latent ist es gerade, sofern es die elementare Struktur aller Kunst bezeichnet, und latent muß es bleiben, weil es als Formgesetz, nicht als Inhalt seine Wahrheit hat (die gegenständliche Auslegung des Erhabenen war ja eben der inhaltsästhetische Fehler und ideologische Muff, gegen den Adorno sich von Anfang an gewandt hatte). Modern herrscht das Erhabene als Implizites, als Matrix der Kunst.

Diese prinzipielle Codierung der Kunst im Sinn des Erhabenen läßt sich an allen Schlüsselstellen von Adornos Konzeption nachweisen. Ich will das in sechs Schritten zeigen.

1. Kunst muß Adorno zufolge ihrem Begriff opponieren. Schon in den *Minima Moralia* hatte es vom Geschmack geheißen, daß er selbstkritisch, allergisch gegen »das selbstgerecht Ästhetische« sei.[7] Solche Selbstkritik des Geschmacks war nun aber von jeher mit der Erfahrung des Erhabenen verbunden. Das Erhabene hat sich historisch im »Konflikt mit dem Geschmack« durchgesetzt, indem es sich dem »nicht bereits gesellschaftlich Approbierten und Vorgeformten« zuwandte (S. 292 bzw. 293). Und strukturell reizt und überschreitet es – ob seines von Adorno (wie schon von Kant) notierten paradoxen Wechselspiels von Unlust und Lust, das in keiner Synthese zur Ruhe kommt – die Fassungskraft des Geschmacks immer wieder aufs neue.

2. Warum muß die Kunst »gegen das sich wenden, was ihren eigenen Begriff ausmacht« (S. 10)? Mindestens deshalb, weil sie sonst innerhalb der Gesellschaft ideologisch wirkte. Denn ihr Begriff verlangt von ihr, »Totalität aus sich zu setzen, ein Rundes, in sich Geschlossenes« (ebd.). Aber so sehr dies im Sinn der Autonomie der Kunst nötig und sinnvoll sein mag, so fatal ist es angesichts der gesellschaftlichen Funktion sol-

7 Theodor W. Adorno, *Minima Moralia. Reflexionen aus dem beschädigten Leben*, in: Th. W. A., *Gesammelte Schriften*, Bd. 4, Frankfurt a. M. 1980, S. 163.

chen Tuns. Denn unweigerlich affirmiert die Kunst durch derlei Geschlossenheit die falsche Gesellschaft, sei es, weil »dies Bild sich auf die Welt« überträgt (ebd.), sei es, weil die Kunst ob ihrer Autonomie und Distanz diese Gesellschaft »unbehelligt« läßt (S. 335).
Gegen diesen Zusammenhang muß die Kunst selbst angehen; entweder, indem sie ihn sprengt, oder, indem sie ihn auf die Spitze treibt. Letzteres geschieht dort, wo das Kunstwerk sich radikal nach seinem immanenten Gesetz durchbildet und so als Monade allein schon durch diese Existenzform wortlos an einer Gesellschaft Kritik übt, die gänzlich dem Gegenprinzip, dem des Tauschs, verfallen ist, wo nichts für sich, sondern »alles nur für anderes« Geltung hat (S. 335). Diese Position radikaler Negation gegenüber der bestehenden Weise gesellschaftlicher Herrschaft sieht Adorno im Erhabenen präfiguriert. Daher gilt ihm als »Erbe des Erhabenen ... die ungemilderte Negativität« der Kunst (S. 296). Ebenso ist aber auch die erstere Möglichkeit – die der Sprengung des Zusammenhangs von Autonomie der Kunst und Affirmation der Gesellschaft – im Erhabenen vorgebildet. Dessen Erfahrung unterminierte ja gerade die Generalprämisse einer sich auf Naturbeherrschung gründenden Gesellschaft, indem sie das Subjekt vom Herrschaftswahn befreite und zur Erfahrung seiner Naturhaftigkeit führte. Daher wird die Kunst genau dann, wenn sie die Struktur des Erhabenen in sich aufnimmt, der Falle der Autonomie entgehen und somit Kunst jenes Typs sein können, wie die *Ästhetische Theorie* ihn fordert.
3. Kunst ist freilich nicht erst wegen externer Affirmationsfolgen, sondern schon wegen einer »Erbsünde« ihrer inneren Verfassung genötigt, gegen ihren Begriff anzugehen.[8] Ein Kunstwerk, welches sich rein in sich auskristallisiert, ist nämlich bereits als solches ein Dokument von Herrschaft, affir-

8 Adorno nennt »die von keinem Kunstwerk zu schlichtende Divergenz des Konstruktiven und des Mimetischen« – mithin die Divergenz der Strukturprinzipien der Kunst selber – »gleichsam die Erbsünde des ästhetischen Geistes« (S. 180).

miert diese also nicht erst äußerlich, sondern vollzieht sie schon innerlich. Indem das vollendete Werk sämtliche Momente zu einer schlüssigen Gesamtgestalt vereinigt, nimmt es unweigerlich die Struktur von Herrschaft an, weil das Divergente – dessen Vorhandensein für ein Werk, das nicht schal sein soll, unabdingbar ist – keineswegs von selbst harmoniert, sondern zur schlüssigen Einheit zusammengezwungen werden muß. »Unvereinbare, unidentische, aneinander sich reibende Momente«, wie sie für ein Kunstwerk konstitutiv sind (S. 263), fügen sich allein unter solchem Druck. Dieser ist in vollendeter Schönheit keineswegs überwunden, sondern bleibt ihr inhärent. Je freier von äußeren Zwecken, je autonomer die Kunstwerke wurden, »desto vollständiger bestimmten sie sich als ihrerseits herrschaftlich organisierte« (S. 34). Dies ist der innerste Grund, warum gelingende Kunst gesellschaftliche Herrschaft unweigerlich affirmiert. Gegen diesen ihren inneren Herrschaftscharakter muß Kunst daher im Namen ihrer besseren, Herrschaft transzendierenden Bestimmung angehen. Dies hat sie zu tun gelernt, als sie Kunst des Erhabenen wurde. Denn das Erhabene hat sich von Anfang an »durch den Widerstand des Geistes gegen die Übermacht definiert« (S. 296), so daß zu ihm seit jeher die Durchbrechung des Prinzips der Herrschaft gehörte. Daher gewinnt die Ästhetik des Erhabenen gerade dort paradigmatische Bedeutung, wo es – wie eben bei Adorno – um die Kritik noch des eigenen Herrschaftscharakters der Kunst geht.

Freilich wäre es mit einer einfachen Verabschiedung von Herrschaft nicht getan. Denn eine Kunst, welche »aus abstrakter Feindschaft gegen Einheit« das Mannigfaltige bloß frei ließe, würde zugleich das Unterschiedene, auf dessen Artikulation es ihr doch ankommen muß, preisgeben (S. 285). Daher ist Kunst gehalten, »die Rettung des Vielen im Einen« zu leisten (S. 284), indem sie inmitten ihres herrschaftlichen Ansatzes gegen dessen Herrschaftscharakter operiert. Genau das kennzeichnet die Verfahrensweise einer durch die Struktur des Erhabenen bestimmten Kunst, gilt doch vom Erhabenen: »In den Zügen des Herrschaftlichen, die seiner Macht und Größe einbeschrieben sind, spricht es gegen die Herrschaft« (S. 293). Dies ist für Adorno einer der wesentlichsten Gründe, warum das Erhabene die Struktur der modernen Kunst generell bezeichnen kann: In ihm sind Herrschaft und deren Brechung paradox und doch konsequent miteinander verbunden.

4. Nicht durch die blanke Negation von Herrschaft also, sondern durch deren Wendung gegen ihre konventionelle Funktionsart geht Kunst gegen ihr immanentes Manko an. Nicht die »abstrakte Negation der ratio« ist ihr Königsweg, sondern die »Emanzipation« der »Gewalttat der Rationalität ... von dem, was ihr in der Empirie unabdingbares Material dünkt« (S. 209). Kunst vollendet sich nicht in Synthesen, sondern indem sie diese zerschneidet, aber sie tut das »mit derselben Kraft«, welche zuvor die Synthesen bewerkstelligte (ebd.). Auch dieses Vorgehen hat am Erhabenen sein Vorbild. Denn zu dessen Erfahrung gehört, daß »Geist und Material sich ... im Bemühen, Eines zu werden«, voneinander entfernen (S. 292). Einerseits wird nämlich Herrschaft, Rationalität und Synthese angestrebt, andererseits aber widerstreitet dem die Dynamik der Erfahrung. Dieser Divergenz trägt die Kunst des Erhabenen Rechnung, indem sie, dem herrschaftlichen Zwang der Synthesen entgegen, den Tendenzen des Materials zur Artikulation verhilft.

5. Das Ziel all dieser Verfahren, durch welche die Kunst um ihrer Wahrheit willen gegen ihren Begriff angehen muß, ist das »der Wiederherstellung unterdrückter und in die geschichtliche Dynamik verflochtener Natur« (S. 198). »Kunst möchte ... etwas von dem wiedergutmachen, was Geist: Gedanke wie Kunst, dem Anderen antut« (S. 383). Dadurch wird das Kunstwerk zum »Statthalter der nicht länger vom Tausch verunstalteten Dinge« (S. 337). Auch diese Zielrichtung entspricht der Dynamik des Erhabenen, ja löst

sie vollendet ein. Denn im Erhabenen war es, wie gesagt, von Anfang an um die Emanzipation der Natur aus der Unterdrückung durch den Geist und um die Antizipation einer Versöhnung mit Natur gegangen. Daran ist noch einmal zu erkennen, wie sehr Adornos Bestimmung der modernen Kunst insgesamt dem Duktus des Erhabenen verpflichtet ist.

6. All diese Koinzidenzen lassen sich folgendermaßen zusammenfassen: Wenn es zur modernen Kunst gehört, daß sie »an ihrem eigenen Begriff zerrt wie an einer Kette« (S. 32), dann gibt die Dynamik des Erhabenen dafür die Formel an die Hand, denn sie begründet eine »Kunst, die in sich erzittert« (S. 292), und sie führt zu Werken, denen der Begriff des Kunstwerks nicht mehr angemessen ist (vgl. ebd.). Daher gilt: »Werke, in denen die ästhetische Gestalt . . . sich transzendiert, besetzen die Stelle, welche einst der Begriff des Erhabenen meinte« (ebd.). Kunst, wie die *Ästhetische Theorie* sie intendiert, realisiert die Struktur nicht des Schönen, sondern des Erhabenen. Adornos Ästhetik vertritt in ihrem Herzen wie in ihren Gesetzen eine Ästhetik des Erhabenen.

II

Von der Versöhnung zur Unversöhnbarkeit
Das Erhabene als Sprengsatz innerhalb der *Ästhetischen Theorie*

Nun könnte man allerdings nachfragen wollen, ob dies alles auch noch angesichts von Adornos Bezugnahme auf Versöhnung gilt. Ist seine Ästhetik, die am für das Schöne charakteristischen »Horizont der Versöhnung« festhalten möchte, letztlich nicht doch eine Ästhetik des Schönen? Genau das ist sie nicht. Gerade die Wendung, die Adorno dem Gedanken der Versöhnung in der *Ästhetischen Theorie* gibt, verrät, wie sehr die Erfahrung des Erhabenen bis in den Kern dieser Ästhetik hinein maßgeblich bleibt. Gerade in diesem Punkt erweist sich, was man bislang übersah: daß Adornos Ästhetik dem Erhabenen mit allergrößter Intensität Rechnung trägt – bis hin zur Infragestellung des äußersten Horizonts, in dem sie angetreten war und dem Adornos Denken gemeinhin verpflichtet blieb. Das Erhabene sprengt den Horizont der Versöhnung.

1. *Ausblick auf Versöhnung?*

Zunächst freilich scheint die Erfahrung des Erhabenen einem Ausblick auf Versöhnung nicht zu widerstreiten. Am Ende des Schubert-Aufsatzes von 1928 schreibt Adorno über das Weinen vor Schuberts Musik, daß es einen im plötzlichen Innewerden möglicher Versöhnung überfalle,[9] und in der *Ästhetischen Theorie* hat er dieses Weinen mit der Erfahrung des Erhabenen in Verbindung gebracht (vgl. S. 410). Zudem stellt er dort einen Zusammenhang zwischen dem Erhabenen und der Versöhnung her, wenn er die Erfahrung des Erhabenen als Befreiung zur Naturteilhabe und zur möglichen Versöhnung mit Natur deutet (vgl. S. 296). – Auf den ersten Blick ist ein solcher Zusammenhang plausibel – und doch zielt die Dynamik des Erhabenen in eine andere Richtung. Sie treibt die vom Kunstwerk idealiter angestrebte Versöhnung in eine äußerste Spannung, der dieses Ideal nicht unverändert standzuhalten vermag.

9 »Vor Schuberts Musik stürzt die Träne aus dem Auge, ohne erst die Seele zu befragen: so unbildlich und real fällt sie in uns ein. Wir weinen, ohne zu wissen warum; weil wir so noch nicht sind, wie jene Musik es verspricht, und im unbenannten Glück, daß sie nur so zu sein braucht, dessen uns zu versichern, daß wir einmal so sein werden. Wir können sie nicht lesen; aber dem schwindenden, überfluteten Auge hält sie vor die Chiffren der endlichen Versöhnung« (»Schubert«, in: Th. W. A., *Gesammelte Schriften*, Bd. 17, Frankfurt a. M. 1982, S. 18–33, hier S. 33).

2. *Die Dialektik des Kunstwerks: verweigerte Versöhnung*

»Die einzigen Werke heute, die zählen, sind die, welche keine Werke mehr sind.«[10] Diese Verpflichtung der Werke, gegen ihren Begriff anzugehen, zerreibt ihren Ausgriff auf Versöhnung. Adorno, der das Kunstwerk im Grunde als Gestalt von Versöhnung konzipiert hatte, arbeitet in der *Ästhetischen Theorie* daran, diese Konzeption zu halten und doch auch radikal in Frage zu stellen.[11] Diese Ambivalenz wird in der Thematisierung des Erhabenen zur Zerreißprobe. Der Ausgangsgedanke der Versöhnung wird der Sache nach entweder verabschiedet oder radikal transformiert.

Der Begriff des gelungenen Kunstwerks ist für Adorno unverzichtbar, und doch wäre das vollkommen gelungene Kunstwerk das falscheste, weil sein Gelingen die vollendete Synthese implizierte, in der das Mannigfaltige zur Erscheinung gezwungen wäre (vgl. S. 283), womit das Kunstwerk aber, wie gesagt, zur perfekten Manifestation von Herrschaft und mithin zum Gegenteil dessen würde, was es sein soll. Ein Ausgriff auf Einheit ist wohl nötig, damit im Gegenzug gegen ihn die Divergenz der Impulse sich überhaupt bekunden kann, aber in vollendeter Einheit wären »die Impulse zu einem Unselbständigen herabgesetzt« und damit vernichtet (S. 278). So sehr das erstere unabdingbar ist, so wenig ist das letztere erträglich. Dann bleibt nur ein Ausweg: Das Kunstwerk muß diesen Widerspruch in sich selbst austragen. Das macht seine innerste Aufgabe und Paradoxie aus.

Kunstwerke treten ihrer immanenten Fatalität selbst entgegen: »Das Ideologische, Affirmative am Begriff des gelunge-

10 Theodor W. Adorno, *Philosophie der neuen Musik*, in: Th. W. A., *Gesammelte Schriften*, Bd. 12, Frankfurt a. M. 1975, S. 37.

11 Schon in der *Philosophie der neuen Musik* hieß es: »In einer geschichtlichen Stunde, da die Versöhnung von Subjekt und Objekt zur satanischen Parodie, zur Liquidation des Subjekts in der objektiven Ordnung verkehrt worden ist, dient der Versöhnung bloß noch Philosophie, welche deren Trug verschmäht und gegen die universale Selbstentfremdung das hoffnunglos Entfremdete geltend macht« (S. 34).

nen Kunstwerks hat sein Korrektiv daran, daß es keine vollkommenen Werke gibt« (S. 283). Diese Einsicht wird für Adorno zum Anlaß, das Kriterium des wahren Kunstwerks umzuformulieren: »Den Rang eines Kunstwerks definiert wesentlich, ob es dem Unvereinbaren sich stellt oder sich entzieht« (ebd.). Vor die Hoffnung auf Versöhnung tritt damit die Anerkennung von Unvereinbarkeit. Diese bedeutet, daß das Kunstwerk eine Versöhnung der Widersprüche gar nicht wirklich leisten kann. »Die Gestaltung der Antagonismen schafft sie nicht weg, versöhnt sie nicht« (ebd.).[12] Diese Aussage Adornos hat nicht bloß deskriptiven, sondern normativen Sinn. Zumal im Blick auf die gegenwärtige Welt, die auf die totale Integration zustrebt, erklärt er, daß Versöhnung »radikal verweigert« ist (S. 283).

Daher kommt es bei Adorno zur Substitution des konventionellen Ideals der Versöhnung durch eine andere Idee. Zunächst ist das »die Rettung des Vielen im Einen« (S. 284), wie sie durch entschiedene Artikulation gelingt. Anschließend geht Adorno zu einer weiteren Substitutionsformel über, in der das bereits für solche Artikulation ausschlaggebende Moment, die Berücksichtigung des Divergenten und Widerspruchsvollen, noch stärker zur Geltung kommt: »Ästhetische Einheit«, heißt es nun, »läßt dem Heterogenen Gerechtigkeit widerfahren« (S. 285). Damit tritt die Idee der Gerechtigkeit an die Stelle des Ideals der Versöhnung. Denn auf das Divergente und Widerspruchsvolle kann nur diese Idee sich wirklich einlassen, während es im Ideal der Versöhnung vorschnell auf eine mögliche Einheit hin überschritten wird. Pointiert gesagt: Die Idee der Gerechtigkeit ist jene Umformulierung des Ideals der Versöhnung, die in dem Moment unausweichlich wird, in dem man an eine letzte Vereinbarkeit des Heterogenen nicht mehr glauben

12 Ähnlich hieß es schon in der »Einleitung in die Musiksoziologie« bezüglich der neuen Musik: »Ihre Wahrheit hat sie einzig, wo sie die Antagonismen ungemildert, tränenlos austrägt« (*Gesammelte Schriften*, Bd. 14, Frankfurt a. M. 1973, S. 379 f.).

kann. Dann muß der harte und nüchterne Begriff der Gerechtigkeit den hoffnungsvoll-wolkigen der Versöhnung ablösen.

Diese Transformation der Leitidee des Kunstwerks bedeutet, daß der Ausgangshorizont der Versöhnung für Adorno zunehmend zu einem bloßen Leerhorizont und, streng genommen, inoperabel geworden ist. Dieser Horizont kann dem jetzt hervorgetretenen Problemkern – der Unversöhnbarkeit des Heterogenen – nicht mehr Genüge tun. Das Ideal der Versöhnung scheitert nicht erst gesellschaftlich an der zunehmenden Perfektion des Verblendungszusammenhangs, sondern schon kunstimmanent an der »konstitutiven Unversöhnlichkeit« der Werke (S. 283), die aus der Unvereinbarkeit ihrer Momente resultiert. Ihretwegen ist den Werken Versöhnung insgesamt abgeschnitten (vgl. S. 283 f.).

Für die Schwierigkeiten, ja das absehbare Scheitern des Versöhnungsgedankens war zuvor schon aufschlußreich, daß Adorno, wo er an Versöhnung noch festhalten wollte, diesen Ausdruck abwechselnd je für nur eine der beiden Seiten verwendete, die das Kunstwerk ausmachen, also einmal für den mimetischen und ein andermal für den konstruktiven Pol – während doch offenbar erst deren Vereinigung wirkliche Versöhnung bedeuten könnte.[13] Auch wenn Adorno später

13 In den zuletzt zitieren Passagen hat Adorno Versöhnung eher dem konstruktiven Pol zugeordnet, also dem Versuch der Schlichtung der Antagonismen durch Gestaltung. Aber bezeichnenderweise führt gerade diese Akzentsetzung zur äußersten Absage an Versöhnung. Denn Versöhnung im Sinn der Konstruktion wird dabei gleichbedeutend mit einer »Wegschaffung der Antagonismen«, eben dies aber lehnt Adorno aufs schärfste ab (S. 283). An anderer Stelle hatte er Versöhnung ausschließlich dem mimetischen Pol des Kunstwerks zugewiesen. Daß das Kunstwerk den divergierenden Impulsen »dorthin folgt, wohin sie von sich aus wollen, das allein«, so hieß es dort, »ist die Methexis des Kunstwerks an Versöhnung« (S. 180). Es steht außer Zweifel, daß dieses mimetische Moment für das Kunstwerk essentiell ist. Dann bedeutet aber die Tatsache, daß es mit dem anderen, dem herrschaftlich-konstruktiven Moment, nicht zusammengebracht werden kann – daß, wie Adorno selbst sagt, diese »Divergenz des Konstruktiven und des Mimetischen« »von keinem Kunstwerk zu schlichten« ist (ebd.) – das Scheitern von Versöhnung überhaupt und nötigt zur Preisgabe dieser Idee.

noch einmal »richtiges Bewußtsein« als »das fortgeschrittenste Bewußtsein der Widersprüche im Horizont ihrer möglichen Versöhnung« zu definieren versucht (S. 285), so ist doch inzwischen längst zutage getreten, daß die Dynamik der Widersprüche für die Möglichkeit solcher Versöhnung zu unbezähmbar ist. Der Ausgangshorizont der Versöhnung ist im Verlauf von Adornos Reflexionen immer fraglicher, das Gewicht des Widerstreits und der Gedanke seiner möglichen Unaufhebbarkeit hingegen immer stärker geworden. Der Satz »Manche geschichtlichen Phasen freilich gewährten größere Möglichkeiten der Versöhnung als die gegenwärtige, die sie radikal verweigert« (S. 283), bringt das auf eine Formel. Adorno steht an der Schwelle der Einsicht, daß Gerechtigkeit letztlich nicht im Horizont von Versöhnung, sondern nur als Anerkennung unaufhebbarer Heterogenität gedacht werden kann. Versöhnung war ein unhaltbares, ein falsches Ideal. Es muß in die Idee der Gerechtigkeit gegenüber Heterogenem umgebrochen werden. Genau dem dient die Thematik des Erhabenen, eben das bringt sie auf den Begriff.

3. Die Auflösung des Ideals der Versöhnung durch die Erfahrung des Erhabenen

Das Erhabene stand in der *Ästhetischen Theorie* von Anfang an in Spannung zur Idee der Versöhnung. Schon bei seiner ersten Erwähnung wurde statt Versöhnung das Motiv der Gerechtigkeit ins Spiel gebracht (vgl. S. 30). Anschließend machte Adorno im Namen des Erhabenen auf den »trüben Bodensatz« aufmerksam, der aller versöhnungssüchtigen Vergeistigung beigemischt ist, sofern diese die Eigentendenz des Differenten herrschaftlich überwinden möchte: »Pointiert gegen das sensuelle Moment, kehrt Vergeistigung sich vielfach blind gegen dessen eigene Differenzierung, ein selber

Geistiges« (S. 143). Statt Versöhnung durch solche Vergeistigung anzustreben, ist die Kunst gehalten, die divergierenden Impulse mimetisch zu objektivieren, und das heißt so, daß die Gestaltung »ihnen dorthin folgt, wohin sie *von sich aus wollen*« (S. 180, Hervorhebung W. W.). Adorno war sich bewußt, damit auf eine unschlichtbare Divergenz im Kunstwerk hingewiesen zu haben. Ästhetische Erfahrung muß solche Gegenwendigkeit mindestens in einem Erzittern verbuchen (vgl. S. 172). Genau das geschieht im Gefühl des Erhabenen.

Signifikanterweise findet sich daher die ausführlichste Passage zum Erhabenen auf jenen Seiten der *Ästhetischen Theorie* (S. 292–296), die auf die Selbstinfragestellung des Kunstwerks und die Transformation der Idee der Versöhnung in die der Gerechtigkeit folgen. Gleich die ersten Sätze wirken dabei wie ein Fanal. Von Werken, welche die Stelle des Erhabenen besetzen, wird gesagt: »In ihnen entfernen Geist und Material sich voneinander im Bemühen, Eines zu werden. Ihr Geist erfährt sich als sinnlich nicht Darstellbares, ihr Material, das, woran sie außerhalb ihres Confiniums gebunden sind, als unversöhnbar mit ihrer Einheit des Werkes« (S. 292). Die Gegenstrebigkeit von Geist und Material, die in anderen Kunstwerken verdeckt oder überspielt sein mochte, nimmt im Erhabenen dramatische Gestalt an. Gegen das synthetische Bemühen rückt die Unübersteigbarkeit der Divergenzen in den Vordergrund.

Nirgendwo wird die konventionelle und anfänglich noch von Adorno selbst verfolgte Idee des versöhnenden Kunstwerks nachhaltiger gesprengt als in dieser These. Unversöhnbarkeit, nicht Versöhnung macht die Essenz der Werke aus. Versöhnung im Sinn von Mimesis könnte, wie zuvor schon angedeutet, nur durch Abkehr von Versöhnung im Sinn von Synthesis erfolgen. Solch halbierte Versöhnung aber wäre keine mehr. Was in ›Versöhnung‹ angezielt war, muß anders eingelöst werden. Gefordert ist die Transformation des ›schönen‹

Ideals harmonischer Schlichtung in die ›erhabene‹ Idee der Gerechtigkeit gegenüber Heterogenem.[14]
Anschließend notiert Adorno denn auch, daß der geschichtliche Aufstieg der Kategorie des Erhabenen parallel zur zunehmenden Nötigung neuerer Kunst erfolgte, »die tragenden Widersprüche nicht zu überspielen, sondern sie in sich auszukämpfen« (S. 294). Seitdem gelten als avanciert die Werke, deren Struktur die des Erhabenen ist. Das führt schließlich zu einer letzten Umdeutung der traditionellen Leitkategorie ›Versöhnung‹. Sie meint jetzt nicht mehr, daß der Konflikt zu einem Resultat kommt, sondern »einzig noch, daß er Sprache findet« (ebd.). Damit führt Adorno die beiden vorausgegangenen Substitutionsformeln für »Versöhnung« – die »Rettung des Vielen im Einen« und die »Gerechtigkeit gegenüber dem Heterogenen« – noch einmal weiter. Das schon in ihnen enthaltene advokatorische Moment wird jetzt als Sprachfindung ausgemünzt. Solche Sprachfindung kann freilich, Adorno zufolge, den Konflikt einzig formulieren, nicht lösen. Es bleibt dabei: »Das Ungeschlichtete der Widersprüche« macht die Wahrheit der Werke aus (ebd.).
So hat die »Aszendenz des Erhabenen« nicht nur alle Kunst affiziert, sondern ist bis in deren Innerstes vorgedrungen und hat ihren Fokus verändert: von Versöhnung zu Unversöhnlichkeit, von der Schlichtung der Widersprüche zu deren Artikulation, vom Vorschein von Erlösung zur Evidenz des Widerstreits.
Die Härte und Unerbittlichkeit dieser Transformation bekundet sich abschließend darin, daß Adorno eine solche Kunst nicht mehr auf Humanität – das klassische Pendant von Versöhnung – bezieht, sondern dezidiert mit »Inhumanität«

14 Bei Schiller deutete sich eine solche Verlagerung, allerdings stärker sozialpsychologisch gefaßt, in folgender Formulierung an: »Die Schönheit ist für ein glückliches Geschlecht, aber ein unglückliches muß man erhaben zu rühren suchen« (Brief an Johann Wilhelm Süvern, 26. Juli 1800, in: *Schillers Briefe*, hrsg. von Erwin Strettfield und Viktor Žmegač, Königstein 1983, S. 390).

in Verbindung bringt (vgl. S. 293). Treue hält diese Kunst, so führt er aus, den Menschen allein, indem sie gegen die klassische Idee von Humanität und Kunst sich wendet und vom Versöhnungsideal konsequent abrückt. Dies geschieht aufgrund der Einsicht, daß Herrschaft nicht im Kontext von Versöhnung, sondern allein im Horizont einer anderen Idee kritisiert und wenigstens punktuell überschritten werden kann: im Horizont der Gerechtigkeit gegenüber dem Heterogenen.

Adornos *Ästhetische Theorie* ist insgesamt von einer in Atem haltenden Entwicklung des Gedankens durchzogen. Deren Dynamik ist stärker in der Grundschicht des Textes erkennbar als an einzelnen Sätzen ablesbar. Solche Präzession des Gedankens gegenüber der Terminologie macht die Dramatik des Buches aus. Immer wieder ist festzustellen, daß Adorno unter den Decknamen des Schönen und der Versöhnung der Sache nach längst von anderem spricht: vom Erhabenen und von der Gerechtigkeit gegenüber unversöhnbarem Widerstreit. Gerade wenn man die Thematik des Erhabenen verfolgt, ist man – ich variiere einen Satz von Adorno selbst – einem Geist auf der Spur, der zur Veränderung der Theorie in unterirdischen Prozessen beiträgt und im Erhabenen sich konzentriert (vgl. S. 359).

*

Man wird meine These zur prekären Stellung des Gedankens der Versöhnung bei Adorno nicht mit Habermas' Eingriff in Adornos Denken verwechseln, der sich gegen die Idee der ›Versöhnung‹ als solche richtete. Habermas hat Adorno die Preisgabe des Versöhnungsmotivs angesonnen,[15] während ich bei Adorno selbst eine Problematisierung der Denkfigur

15 Habermas hält »universale Versöhnung« für eine »überschwengliche Idee« (Jürgen Habermas, »Urgeschichte der Subjektivität und verwilderte Selbstbehauptung«, in: J. H., *Politik, Kunst, Religion*, Stuttgart 1978, S. 33–47, hier S. 36).

›Versöhnung‹ zu erkennen glaube. Zu diesem Punkt eine letzte Klarstellung.

Es steht außer Frage, daß Adorno stets am *Motiv* einer *Versöhnung mit Natur* festgehalten hat. Das ist gerade auch in der Thematisierung des Erhabenen deutlich, bildet doch der Ausblick auf die Versöhnung mit Natur den initialen Impuls für Adornos Zuwendung zum Erhabenen. Aber zunehmend sah sich Adorno dann – und zwar gerade *im Namen dieses Motivs* – zu einer Kritik an der *Denkform* ›Versöhnung‹ genötigt. Diese Kritik wird – das wollte ich erstens zeigen – in der *Ästhetischen Theorie* immer einschneidender, bis hin zu der Aussage, daß Versöhnung »radikal verweigert« ist (S. 283) – und die Schärfe dieser Aussage erschöpft sich nicht schon in der Verurteilung der Epoche als einer Zeit des Verweigertseins von Versöhnung, sondern liegt recht eigentlich in der weitergehenden Einsicht, daß Versöhnung traditionellen Sinns radikal zu verweigern ist. Zweitens kommt es statt dessen zu einer Ablösung der Denkform Versöhnung durch das anspruchsvollere Konzept einer »Gerechtigkeit gegenüber dem Heterogenen«. Solche Gerechtigkeit bildet das Maß der Einheit, die den Kunstwerken eigentümlich ist – so daß diese sich, der konventionellen Idee von Versöhnung entgegen, »dem Unvereinbaren« stellen (ebd.) und, indem sie »die von keinem Kunstwerk zu schlichtende Divergenz des Konstruktiven und des Mimetischen« fühlbar machen (S. 180), nicht Versöhnung vorspiegeln, sondern »konstitutive Unversöhnlichkeit« demonstrieren (S. 283).

Dies läßt sich auch so zusammenfassen: Dem *Motiv* Versöhnung kann man nur durch Preisgabe der *Denkform* Versöhnung gerecht werden. Genau dies geschieht in Adornos Umdeutung der Kategorie der Versöhnung, in ihrer Überführung in die paradoxe Struktur eines Zusammenseins des Unvereinbaren, einer Vereinigung des Unversöhnbaren. Wenn Adorno noch einmal Versöhnung denkt, dann gegen die Versöhnbarkeit, im Sinn von Unversöhnbarkeit, am Maßstab der Gerechtigkeit gegenüber dem Heterogenen. Das wird am ausführlichsten in der *Ästhetischen Theorie* deutlich, es gilt aber für das Werk Adornos (zumindest des späten Adorno) insgesamt. Wo immer er eine Formel für Versöhnung anzugeben riskiert, da greift er zur paradoxen Formel einer Versöhnung des Unversöhnbaren. Das gilt sowohl von seiner Eichendorff-Deutung, derzufolge »der versöhnte Zustand ... sein Glück daran« hätte, daß das Fremde »in der gewährten Nähe das Ferne und Verschiedene bleibt«,[16] wie von seinem Versuch, Versöhnung in Termini von Kommunikation auszubuchstabieren, wobei er (im Unterschied zu mittlerweile geläufigen Kommunikationstheorien) sogleich emphatisch darauf hinweist, daß es bei solcher Kommunikation um eine »Kommunikation des Unterschiedenen« gehen müsse – entgegen der bloßen »Mitteilung zwischen Subjekten nach den Erfordernissen subjektiver Vernunft«.[17]

Im Interesse des Motivs Versöhnung die Denkform Versöhnung einer zunehmend radikalen Kritik zu unterziehen, das scheint mir geradezu die konstante Dynamik und eine spezifische Dialektik von Adornos Denken auszumachen. Auch das kann man seiner Analyse des Erhabenen entnehmen.

4. *Ästhetikgeschichtliches Paralipomenon: Schönes versus Erhabenes – ein verläßlicher Indikator in aestheticis*

Wenn Adornos Ästhetik vornehmlich vom Schönen spricht, aber ganz im Duktus des Erhabenen denkt, wenn sie also das Kunstwerk seiner ganzen Konstitution nach im Sinn des Erhabenen faßt und von daher zu einer Umdeutung noch der klassischen Leitkategorie der Versöhnung gelangt, die das Zentrum der traditionellen Ästhetik der Schönheit gebildet hatte, so wird die Bedeutung dieses Befundes vollends aus

16 Theodor W. Adorno, *Negative Dialektik*, Frankfurt a. M. 1966, S. 192.

17 Theodor W. Adorno, »Zu Subjekt und Objekt«, in: Th. W. A., *Gesammelte Schriften*, Bd. 10.2, Frankfurt a. M. 1977, S. 741–758, hier S. 743.

einem Rückblick in die Geschichte der Ästhetik deutlich. Schönheit versus Erhabenheit, das ist eine Sonde, anhand derer man die Geschichte der Ästhetik insgesamt – die Tage ihrer Triumphe wie die Nächte ihrer Malaisen – verfolgen und verstehen kann.

Die philosophische Disziplin ›Ästhetik‹ hat die große Karriere, die sie in der zweiten Hälfte des 18. Jahrhunderts machte, im Duktus des Schönen und insbesondere kraft dessen Leitbestimmung – Versöhnung – angetreten. Wenn dieser Aufstieg, der die Ästhetik bis in die Spitzenposition der Philosophie emporführte, sich im nachhinein als äußerst problematisch erwies und zunehmend als Misere sich entpuppte,[18] so hatte dies noch einmal den gleichen Grund: dies Schicksal war der Ästhetik eben beschieden, weil sie allein auf die Kategorie des Schönen gesetzt und die des Erhabenen darüber verloren hatte.

Die offenkundige Misere der Ästhetik bestand darin, daß sie zunehmend einer Majorisierung durch philosophische Systeminteressen anheimfiel. Positiv, nämlich als Integrierbarkeit ästhetischer Reflexion in philosophische Systematik verstanden, war dies freilich schon eine Bedingung ihres Aufstiegs in die Spitzenposition gewesen. Verantwortlich für solche Integrierbarkeit war ästhetikimmanent die Prävalenz des Schönen und des Horizonts der Versöhnung. Das Motiv des Erhabenen zeigte dagegen von vornherein mehr Widersetzlichkeit; es artikulierte Gegenwendigkeiten, Brüche und Momente des Widerstreits, die letzter Integration widerstanden. Nur einer Ästhetik des Schönen konnte es passieren, daß sie in ihrer philosophischen Nobilitierung zugleich unterging. Die Ästhetik des Erhabenen hingegen verteidigte eine Eigenständigkeit der Kunst gegenüber dem philosophischen Begriff. Daher ist es sowohl verständlich als auch signifikant, daß Adornos Ästhetik, die auf die traditionelle philosophi-

18 Vgl. Wolfgang Welsch, »Traditionelle und moderne Ästhetik in ihrem Verhältnis zur Praxis der Kunst«, in: *Zeitschrift für Ästhetik und Allgemeine Kunstwissenschaft* 28/2 (1983) S. 264–286.

sche Majorisierung der Kunst kritisch reagierte und den dagegen von seiten der Kunst erhobenen Einwänden Rechnung zu tragen gedachte,[19] auf eine Rehabilitierung des Erhabenen hinauslief.

Bei Baumgarten, also in der Grundlegung der philosophischen Ästhetik, war noch klar, daß die ästhetische Perspektive, wenn es zum Streit mit der begrifflich-systematischen kommt, ihre »aesthetiko-logische« Wahrheit gegen die »reinlogische« verteidigen mußte. Baumgartens frühes Modell der »sehr freundschaftlichen Ehegemeinschaft« zwischen Ästhetik und Philosophie war dafür bezeichnend.[20] Es ging um Kooperation, Ergänzung und Belebung. Die Formel von der »Ehegemeinschaft« signalisiert, daß die Partner nicht einfach kongruent sind. Nur ob solcher Verschiedenheit ist die intendierte Kooperation ja überhaupt nötig und sinnvoll.

Daher war bei Baumgarten, wie gesagt, von Anfang an erwartbar, was bei ihm im Fall einer »Kollision« beider Ansprüche zutage trat: daß dann der ästhetische (bildlich gesprochen der weibliche) Aspekt gegenüber dem logischen (bildlich gesprochen dem männlichen) Aspekt auf seiner Eigenart beharren und die Eigenständigkeit seiner Wahrheit verteidigen mußte.[21] Baumgarten wollte gewiß eher ein Versöhnungs- als ein Dissens-Theoretiker sein; um so aufschluß-

19 So erklärte Adorno vor Vertretern des deutschen Werkbundes: »Ich weiß, wie verdächtig Ihnen das Wort Ästhetik klingt. Sie werden dabei an Professoren denken, die mit zum Himmel erhobenem Blick formalistische Gesetze ewiger und unvergänglicher Schönheit aushecken, die meist nichts sind als Rezepte für die Anfertigung von ephemerem klassizistischen Kitsch. Fällig wäre in der Ästhetik das Gegenteil; sie müßte eben die Einwände absorbieren, die sie allen Künstlern, die es sind, gründlich verekelte. Machte sie akademisch weiter ohne die rücksichtsloseste Selbstkritik, so wäre sie schon verurteilt« (»Funktionalismus heute«, in: Th. W. A., *Gesammelte Schriften*, Bd. 10. Tbd. 1. Frankfurt a. M. 1977, S. 375–395, hier S. 394).

20 Alexander Gottlieb Baumgarten, *Philosophische Betrachtungen über einige Bedingungen des Gedichtes*, lat./dt., übers. und hrsg. von Heinz Paetzold, Hamburg 1983, S. 4 bzw. S. 5.

21 Vgl. Alexander Gottlieb Baumgarten, *Aesthetica*, Frankfurt a. d. O. 1750, § 565.

reicher ist, daß er sich im Konfliktfall für die Wahrheit des Dissenses entschied, statt sie einem – eben angesichts solcher Grundkonflikte dubios werdenden – Ideal von Versöhnung zu opfern.

Geschichtlich wurde jedoch nicht dieses Eigenständigkeits-, sondern das Versöhnungsmoment prominent und ausschlaggebend für den steilen Aufstieg der Ästhetik. Das ist seit Kants *Kritik der Urteilskraft* offenkundig. Das ästhetische Urteil wurde dort im Horizont des Systemgedankens thematisiert, für den die ästhetische Beurteilung »den Übergang vom Gebiete des Naturbegriffs zu dem des Freiheitsbegriffs« garantieren sollte.[22] Relevanz besaß das Schöne ob solcher Verbindungsfunktion, und die Kritik der Urteilskraft war als »Verbindungsmittel der zwei Teile der Philosophie zu einem Ganzen« gedacht.[23] Besonders aufschlußreich ist dabei freilich, daß Kant die Ästhetik des Erhabenen, die er in dieser Schrift ebenfalls behandelte, aus dieser Systemperspektive ausdrücklich herausnahm.[24] Obwohl die Vermutung naheliegen könnte, daß gerade das Erhabene – da in ihm nicht bloß (wie beim Schönen) Einbildungskraft und Verstand, sondern Einbildungskraft und Vernunft verbunden sind – die gewünschte Systembrücke am klarsten zu schlagen vermöchte, muß Kant es sich versagen, den Trumpf, den er damit in Händen zu halten scheint, auch auszuspielen. Denn für die Struktur des Erhabenen ist gerade ein »Widerstreit« zwischen Einbildungskraft und Vernunft,[25] eine wechselweise Folge von »Hemmung« und »Ergießung« der Lebenskräfte[26] und somit ein nicht zur Ruhe kommender Konflikt kennzeichnend. Auf einen solchen Widerstreit aber kann man die Ganzheit eines Systems nicht gründen. Das Erhabene verweigert sich – das zeigt sich fast nirgendwo deutlicher

22 Kant, *Kritik der Urteilskraft*, B LVI.
23 Ebd., B XX.
24 Vgl. ebd., B 78.
25 Ebd., B 99.
26 Ebd., B 75.

als in dieser Kantischen Textregie – der Integration in ein Denken der Einheit, Harmonie und Versöhnung. Widerstreit gegen Versöhnung – das bezeichnet geradezu den innersten Unterschied zwischen dem Erhabenen und dem Schönen. Hatte Kant auf diese Weise die Eigenständigkeit des Erhabenen gewahrt, so schwand dessen Bedeutung in der Folgezeit aus demselben Grund. Denn die Entwicklung ging – im Zeichen des Schönen – zur völligen Integration und zur Großversöhnung aller Wirklichkeitssphären, und dabei konnte das Erhabene allenfalls einen Störfaktor bilden. Daher verfiel es in der Folgezeit entweder zum Anathema, oder es wurde zu einer Erscheinungsform des Schönen uminterpretiert. Man weiß, wie sich der Aufstieg der Ästhetik und des Schönen von Schiller über das *Älteste Systemprogramm* bis hin zu Schellings und Hegels Kunstphilosophie vollzog: In Schillers *Briefen über die ästhetische Erziehung des Menschen* speist sich die anthropologische und politische Dynamik des Schönen gänzlich aus seiner Mittelstellung und Versöhnungsleistung. Kraft ihrer wird es zum Pfeil, der bis in den höchsten Punkt der Philosophie und des Denkens emporzuschnellen vermag. Ebenso bezeichnet dann das *Älteste Systemprogramm* die Idee der Schönheit just insofern als die höchste, als sie die vollendete Versöhnung zu leisten vermag. Daher gilt als »der höchste Akt der Vernunft« ein »ästhetischer Akt« und die »Philosophie des Geistes« als eine »ästhetische Philosopie«.[27] Auch bei Schelling wird die Kunst qua Identitätsphänomen zum »Organon zugleich und Dokument der Philosophie« erklärt,[28] und noch Hegel leitet ihre Auszeichnung daraus ab, daß das Schöne »eine der Mitten« ist, in denen sich der absolute Geist zu realisieren vermag.[29]

27 *Mythologie der Vernunft. Hegels ›ältestes Systemprogramm des deutschen Idealismus‹*, hrsg. von Christoph Jamme und Helmut Schneider, Frankfurt a. M. 1984, S. 12.

28 Friedrich Wilhelm Joseph Schelling, *System des transzendentalen Idealismus*, hrsg. von Ruth-Eva Schulz, Hamburg 1957, S. 297.

29 Georg Wilhelm Friedrich Hegel, *Ästhetik*, hrsg. von Friedrich Bassenge, 2 Bde., Frankfurt a. M. [o. J.], Bd. 1, S. 65.

Die Karriere der Ästhetik war also eigentlich die des Schönen als Instanz der Versöhnung. Am Ende aber wurde der Befund unausweichlich, daß dabei zwar die Ästhetik emporgestiegen, die Kunst aber herabgesunken war. Schon bei Schelling hatte die Kunst dem philosophischen Begreifen nichts mehr mitzuteilen, geschweige denn entgegenzusetzen, und bei Hegel wurde sie ganz und gar zu etwas, was dem begreifenden Denken »durchaus nach allen Seiten hin offen« steht und erst im wissenschaftlichen Begreifen seine »echte Bewährung«, sprich Bewahrheitung erfährt.[30] In diesem Prozeß ist die Philosophie allbegreifend, die Kunst aber immer nichtssagender geworden. Die Philosophie sagt ihr sogar noch vor, was sie eigentlich sagen möchte, aber selbst nicht sagen kann.

Die Geschichte des emphatischen Aufstiegs der Ästhetik unter der Flagge des Schönen erweist sich somit am Ende als eine Verlust-, weil Integrations- und Domestizierungsgeschichte der Kunst. Durchschaubar wird dieser Zusammenhang, wenn man ihn aus der Perspektive des Erhabenen betrachtet. Es war schlüssig, daß die Aufstiegsgeschichte der Ästhetik zugleich eine Verfallsgeschichte des Erhabenen war. Denn das Erhabene sperrt sich gegen jegliche Integration, gerade auch gegen die der Kunst in die Philosophie. Daher kann es heute umgekehrt – sozusagen nach-ästhetisch – zur kritischen Kategorie par excellence gegenüber der traditionellen Geschichte der Ästhetik werden.

Vor dieser historischen Folie ist dic aktuelle Rehabilitierung des Erhabenen zu sehen. Sie bedeutet einen Versuch, sich der traditionellen philosophischen Majorisierung der Kunst zu entziehen. Das ist bei Lyotard – dem prominentesten Autor dieser Rehabilitierung – evident. Es läßt sich ebenso bei Adorno feststellen. Indem er seine Ästhetik zunehmend dem Duktus des Erhabenen unterstellte, machte er an der Kunst das Moment des Inkommensurablen und Unkommunizier-

30 Ebd., S. 99 bzw. S. 24.

baren stark. »In der verwalteten Welt ist die adäquate Gestalt, in der Kunstwerke aufgenommen werden, die der Kommunikation des Unkommunizierbaren« (S. 292). Nur so vermögen die Werke Zellen des »Standhaltens« gegenüber einer ubiquitären Integration zu bilden. Das ist die Konsequenz einer im Namen des Erhabenen kritisch gewordenen Ästhetik und die Pointe von Adornos *Ästhetischer Theorie*. Ist diese Pointe auch zukunftsweisend?

III

Adorno, Lyotard, Ästhetik heute

Im letzten Teil sei der Frage nachgegangen, wie sich Adornos implizite, aber prinzipielle Rehabilitierung des Erhabenen im Kontext der zeitgenössischen Diskussion ausnimmt, die durch eine neue Aktualität des Erhabenen bestimmt ist.[31] Zwei Fragen sollen dabei im Vordergrund stehen: Wie verhält sich Adornos Ansatz zu demjenigen Lyotards, der diese neuere Diskussion angestoßen hat? Und welche Perspektiven eröffnen sich – auch über die genannten Positionen hinaus – für eine heutige Ästhetik, die durch die Rehabilitierung des Erhabenen hindurchgegangen wäre?

31 Dagegen gelangen Diagnosen, die bloß auf Reaktualisierungen der Kategorie im alten Sinn achten, immer nur zur Konstatierung einer »Entaktualisierung der Kategorie des Erhabenen« – für die sie dann etwa die »Insuffizienz der Metaphysik seit Marx, Kierkegaard und Nietzsche« oder (ebenso diffus und durch einen einzigen Blick auf Adorno widerlegbar) die »Zuspitzung der gesellschaftlich-politischen Problematik« verantwortlich machen möchten (so der Artikel »Erhaben, das Erhabene« in: *Historisches Wörterbuch der Philosophie*, hrsg. von Joachim Ritter, Bd. 2, Basel/Stuttgart 1972, Sp. 624–635, hier Sp. 635). Die immense neue Aktualität des Erhabenen bleibt deshalb unentdeckt, weil man schon ihre Voraussetzung, die grundsätzliche Veränderung in der »Zusammensetzung der Kategorie« (Adorno, S. 295), übersehen hat.

1. Adorno und Lyotard: Konvergenzen und Divergenzen

Eingangs wurde schon darauf hingewiesen, daß Lyotard seine Bemühungen um eine Ästhetik des Erhabenen als Fortführung eines bei Adorno angelegten Strangs charakterisiert hat. Inzwischen ist deutlich geworden, in welch hohem Maße dies zutreffend sein kann.[32]

Die Parallelen der beiden Ansätze sind evident. Wenn Adorno, vom Ideal der Versöhnung abrückend, die neue Bestimmung des Kunstwerks dahingehend formuliert, daß in ihm der unschlichtbare Konflikt »Sprache findet« (S. 294), so ist dies bis in die Terminologie hinein ein Gedanke, der auch für Lyotard zentral ist. Lyotard betont beispielsweise, daß es »für eine Literatur, eine Philosophie und vielleicht sogar eine Politik« darauf ankomme, »den Widerstreit auszudrücken, indem man ihm ein entsprechendes Idiom verschafft«.[33] Ähnlich kongruiert auch Adornos Betonung der Gerechtigkeit gegenüber dem Heterogenen mit Lyotards Forderung, »dem Widerstreit gerecht zu werden«.[34]

In derlei Details bekundet sich eine Konvergenz von Grundgedanken. Daher ist es nicht verwunderlich, daß sich bei Lyotard auch in anderem Zusammenhang Äußerungen finden, die seine große Nähe zu Adorno belegen,[35] so wie man auch bei Adorno auf Sätze stoßen kann, die sich heute wie direkte Bemerkungen zu Lyotard lesen, beispielsweise Adornos Beobachtung, »spezifisch französisch« sei der »Instinkt« gegen die »Verschlingung« von »integraler Form« mit »Herr-

32 So stellt Adornos Ästhetik geradezu eine Bestätigung von Lyotards sonst nicht unumstrittener Generalthese dar, daß schon die gesamte moderne – nicht etwa erst eine postmoderne – Kunst der Ästhetik des Erhabenen verpflichtet gewesen sei. Adorno hat ja gezeigt, daß diese Kunst gerade insofern modern war, als sie der Struktur des Erhabenen folgte.

33 Jean-François Lyotard, *Der Widerstreit*, übers. von Joseph Vogl, München 1987, S. 33, ähnlich S. 237.

34 Ebd., S. 32f.

35 Vgl. Jean-François Lyotard, *Grabmal des Intellektuellen*, übers. von Clemens-Carl Härle, Graz / Wien 1986, S. 39, 66, 87 [u. ö.].

schaft« (S. 279). Ebenso wäre auf grundlegende Gemeinsamkeiten in der Betonung des Inkommensurablen, des Unkommunizierbaren und des Inhumanen hinzuweisen – alles Aussagen, die im Duktus eines Denkens des Erhabenen schlüssig erwachsen und konsequent gegen die Apologie des Bestehenden und die Beschwörung eines »schönen«, »humanen« Konsenses sich wenden.[36] Beide Denker richten ihre Reflexion gegen die Tendenz zur Umlügung der Realität ins Positive, wollen dem grassierenden Tranquilizing Widerstand leisten, wenden sich gegen das Vergessen im weitesten Sinn.[37]

Über all diesen auffälligen und aufschlußreichen Gemeinsamkeiten sollte man freilich die gewichtigen Unterschiede nicht übersehen. Lyotard hat sich stets, wo er sich zu Adorno bekannte, zugleich von ihm distanziert.[38] Der Generalnenner seiner Absetzung lautet: »Adorno ist melancholisch.«[39] Mir scheint diese Distanzierungsformel überprüfungsbedürf-

36 Bei Adorno finden sich die genannten Momente in der bereits erwähnten zentralen Passage zum Erhabenen (S. 292 f.); bei Lyotard stehen sie ebenfalls in engstem Zusammenhang mit dem Erhabenen (vgl. resümierend zuletzt *Das Inhumane. Plaudereien über die Zeit*, übers. von Christine Pries, Wien 1989). Dort macht Lyotard auch auf die Parallelität zwischen dem von ihm verschiedentlich zitierten Ausspruch Apollinaires, die Künstler seien vor allem »Menschen, die inhuman werden wollen«, und Adornos Diktum aufmerksam, Treue halte die Kunst »den Menschen allein durch Inhumanität gegen sie« (Lyotard, S. 12).

37 So ist auch für beide die Bezugnahme auf Auschwitz zentral. Sie versuchen – je auf ihre Weise – ein Denken nach Auschwitz zu entwickeln. – Auf das Reizwort ›Postmoderne‹ bezogen bedeutet dies: Lyotard ist – am feuilletonistischen Sinn des Wortes gemessen – so wenig ein ›Postmoderner‹ wie Adorno. Mit Beliebigkeit, fröhlichen Sinn- und Unsinn-Schaukeleien und eklektischen Affirmationen haben beide nichts im Sinn. Lyotard kann sich diesbezüglich ohne weiteres den Thesen Adornos von der »Kulturindustrie« und vom »Verblendungszusammenhang« anschließen. Beide suchen in ihrem Denken eine Widerstandsposition gegen solch modernistische oder spätmoderne Verfallsformen der Moderne zu begründen.

38 So paradigmatisch 1979 im Vorwort der *Essays zu einer affirmativen Ästhetik*, übers. von Eberhard Kienle und Jutta Kranz, Berlin 1982, S. 7 f.

39 Vgl. Lyotard [u. a.], *Immaterialität und Postmoderne*, S. 69; ähnlich: »Adornos Werk ist ... durch die Nostalgie geprägt« (Jean-François Lyotard, *Intensitäten*, übers. von Lothar Kurzawa und Volker Schäfer, Berlin 1978, S. 46).

tig zu sein. Eine eingehende Konfrontation von Lyotard und Adorno wäre ohnehin ein Desiderat der Forschung. Dem kann hier kaum ansatzweise Genüge getan werden. Ich muß mich auf die Frage des Erhabenen beschränken. Dabei wird sich freilich zeigen, daß Lyotard nicht einfach ›weiter‹ ist als Adorno.

Adornos Position könnte man so resümieren: Das moderne Kunstwerk ist dadurch gekennzeichnet, daß es die Struktur des Erhabenen zu seiner Matrix hat. Die »Latenz« des Erhabenen meint diese grundsätzliche Immanenz, das Eingedrungensein des Erhabenen ins Formgesetz der Kunst. Das bedeutet dann aber auch: Dieses Erhabene impliziert keinerlei Verweis auf einen »erhabenen Gegenstand« mehr. Nichts hat Adorno ausdrücklicher abgewiesen als derlei Transzendenz.

Die Struktur des Erhabenen wird vielmehr allein im Werk selbst ausgetragen, und zwar, indem dieses sich der unaufhebbaren Divergenz seiner Momente stellt. Dies erfolgt unter der Maßgabe, daß Versöhnung »radikal verweigert« ist. So führt die Imprägnierung der Werke durch die Struktur des Erhabenen konsequent zu dem schneidenden Satz: »Die Male der Zerrüttung sind das Echtheitssiegel von Moderne« (S. 41).

Sofern Adorno die Struktur des Erhabenen solcherart einzig im Werk selbst situiert, besteht ein bemerkenswerter Unterschied gegenüber Lyotard. Gewiß: Auch bei diesem ist es nicht so, daß das Kunstwerk einen »erhabenen Gegenstand« präsentierte oder darstellte. Genau das wird vielmehr für unmöglich erklärt. Aber Lyotards Bestimmung des Kunstwerks bleibt doch an dieses Schema von Präsenz und Repräsentation gebunden. Dieses bildet geradezu den konzeptuellen Rahmen seiner Hauptthese: daß die Darstellung – die immer wieder versucht werden müsse – immer wieder scheitere, daß es keine Darstellung, keine Repräsentation, keine Präsenz gebe. Man kann auf das Nicht-Darstellbare nur anspielen und die Unmöglichkeit seiner Präsentation fühlen lassen.[40] Indem das Kunstwerk auf ein Abwesendes verweist, exponiert es zugleich die Unmöglichkeit von dessen Darstellung.[41] In Kurzform kommt diese Denkfigur Lyotards in einer chassidischen Geschichte zum Ausdruck, die Lyotard verschiedentlich anführt: »Herr, ich habe das Gebet vergessen, aber ich kann die Geschichte des Vergessens des Gebets erzählen«.[42]

So ist bei vielerlei Anklängen der Unterschied zwischen Adorno und Lyotard beträchtlich. Von einem einfachen Einklang kann keine Rede sein. Während Adorno das Erhabene strikt als immanente Struktur des Kunstwerks faßt, denkt Lyotard zugleich an eine darüber hinausreichende Struktur. Besteht das Erhabene bei Adorno einzig in der inneren, »latenten« Kraft, welche das Kunstwerk in seine Divergenzen auseinandertreibt, so wird das Kunstwerk bei Lyotard zum Ort eines erhabenen Verhältnisses, hinsichtlich dessen es sich als Nicht-Darstellung bzw. Darstellung der Nicht-Darstellbarkeit bestimmt. Horizontalität und strikte Immanenz bei Adorno stehen Motiven von Vertikalität und Transzendenz bei Lyotard gegenüber.

Allerdings würde man Lyotards Stellungnahme zum Erhabenen verzeichnen, wenn man diese Vertikalität hypostasieren und Lyotard eine »Anbetung des Numinosen« unterstellen wollte.[43] Lyotard betont vielmehr gerade die Unmöglichkeit

40 Vgl. Jean-François Lyotard, »Beantwortung der Frage: Was ist postmodern?«, in: *Wege aus der Moderne. Schlüsseltexte der Postmoderne-Diskussion*, hrsg. von Wolfgang Welsch, Weinheim 1988, S. 193–203, bes. S. 202.

41 »Die Kunst vermag weniger vom Erhabenen Zeugnis abzulegen als von dieser Aporie, an der sie sich abarbeitet, und dem Schmerz, den sie ihr bereitet. Sie sagt nicht das Unsagbare, sie sagt vielmehr, daß sie es nicht sagen kann« (Jean-François Lyotard, *Heidegger und »die Juden«*, übers. von Clemens-Carl Härle, Wien 1988, S. 59).

42 »Das Undarstellbare – wider das Vergessen«. Ein Gespräch zwischen Jean-François Lyotard und Christine Pries, in: *Das Erhabene. Zwischen Größenwahn und Grenzerfahrung*, hrsg. von Christine Pries, Weinheim 1989, S. 319–347, hier S. 335.

43 So Martin Seel, »Dialektik des Erhabenen. Kommentare zur ›ästhetischen Barbarei heute‹«, in: *Vierzig Jahre Flaschenpost: ›Dialektik der Aufklärung‹*

solcher Darstellung oder gar »Anbetung« und tritt mit Entschiedenheit dem Irrglauben entgegen, das Undarstellbare könne in die Empirie überführt werden.[44]
Wenn Kritik an Lyotard geboten ist, dann nicht eine solch vordergründige, sondern eine, die den Punkt der Vertikalität in differenzierten und geduldigen Reflexionen weiter verfolgt und prüft – wofür hier nicht der Ort ist. Deutsche Interpreten sollten übrigens nie vergessen, daß im Französischen, wenn es um das »Erhabene« geht, vom »Sublimen« die Rede ist. Das allein schon hält nicht bloß Monumentalität fern, sondern begünstigt und verlangt einen subtilen Stil der Reflexion und Argumentation, dem auch die Kritik Rechnung tragen müßte.
Ähnliche Vorsicht ist freilich auch umgekehrt geboten, beispielsweise hinsichtlich des Prädikats ›Melancholie‹. Die vorausgegangenen Überlegungen zum Unterschied des Erhabenen bei Adorno und Lyotard sprechen dafür, daß Lyotard – der gerade in der Thematik des Erhabenen immer wieder von Verlusten und Unmöglichkeiten spricht – keineswegs weniger ›melancholisch‹ ist als Adorno, den er durch dieses Attribut zu distanzieren gedachte.[45]

1947–1987, hrsg. von Willem van Reijen und Gunzelin Schmid Noerr, Frankfurt a. M. 1987, S. 11–40, hier S. 34.

44 Das war Gérard Raulets Mißverständnis von Lyotards Option (vgl. Gérard Raulet, »Modernes et post-modernes«, in: *Weimar ou l'explosion de la modernité*, hrsg. von Gérard Raulet, Paris 1984). Später hat Raulet Lyotards diesbezügliche Klarstellung anerkannt (vgl. »Das Schöne und das Erhabene. Ein Gespräch zwischen J.-F. Lyotard und G. Raulet (Juni 1985)«, in: *Spuren*, Nr. 17, Nov. / Dez. 1986, S. 34–42, hier S. 38).

45 Das würde noch einmal bedeuten, daß Adorno und Lyotard sich in Sachen ›Postmodernität‹ kaum unterscheiden. Wenn Lyotard ehedem meinte, Adorno sei ein »Moderner«, weil die Moderne im Unterschied zur Postmoderne durch die melancholische Einstellung zum Zerfall des Ganzen gekennzeichnet sei (vgl. Jean-François Lyotard, *Das postmoderne Wissen. Ein Bericht*, übers. von Otto Pfersmann, Graz / Wien 1986, S. 121 f.), dann hat Lyotard diese Differenzierungsachse inzwischen selbst verschoben. Heute charakterisiert er auch die Postmoderne als melancholisch: »Es ist eine Art Melancholie ...« (»Das Undarstellbare – wider das Vergessen«, S. 326).

2. *Ästhetik heute*

Wie könnte eine heutige Ästhetik aussehen, die, ähnlich wie diejenige Adornos, vom Erhabenen nicht mehr viel sprechen müßte, weil sie das Erhabene in die Struktur ihrer Bestimmungen aufgenommen und überdies die bekannten Grenzen des Adornoschen Ansatzes hinter sich gelassen hätte?

Ein letztes Mal kann Adornos Transformation des Erhabenen als Ausgangspunkt dienen. Für die Erfahrung des Erhabenen wurde die Durchbrechung der auf sich beharrenden Subjektivität und die Entdeckung der Naturhaftigkeit des Geistes und seiner möglichen Gemeinschaft mit Natur ausschlaggebend. In der Kunst wirkte dies sich als Verabschiedung des herrschaftlichen Gestus gegenüber dem Material, positiv ausgedrückt: als konsequente Hinwendung zu dessen Eigentendenzen aus. Kunst dieser Art setzt alles daran, dem Heterogenen Gerechtigkeit widerfahren zu lassen.

Es könnte zunächst paradox erscheinen, daß die Realisierung eines Ausblicks, der Einheit mit Natur verspricht, solcherart auf die Entfaltung von Heterogenem hinausläuft. Gleichwohl ergibt sich das offenbar konsequent, wenn man bedenkt, daß die Divergenz des Materials – also des Naturhaften der Kunst, dem es im Sinn dieses Ausblicks gerecht zu werden gilt – genau dies verlangt. Denn die immanenten Tendenzen des Materials sind unterschiedlich bis hin zur Heterogenität. Diese Divergenz darf nicht getilgt, sondern muß anerkannt und artikuliert werden.

Was Adorno als Divergenz des Materials beschreibt, verweist zugleich auf eine der Wirklichkeit. Adorno selbst hat es angedeutet. Er sagt vom Erhabenen als der ästhetischen Instanz solcher Heterogenität, daß es »mit dem Scheincharakter der Kunst nicht vereinbar« sei (S. 295). Es überschreitet den Schein der Kunst auf Wirklichkeit hin.

Wohin führt diese Überschreitung? Zu welcher Sicht der Wirklichkeit gelangt man, wenn man diesen letzten Schritt vollzieht? Wie strukturiert sich dabei die Ästhetik um? – Ich muß mich auf Andeutungen beschränken und versuche diese in fünf Punkten zu skizzieren.

1. Ästhetik transformiert sich zu einer generellen, gerade auch *wirklichkeitsbezogenen* Disziplin, die der Beachtung von Heterogenität dient. Was in der Kunst exemplarisch zum Durchbruch kam, wird für die Wirklichkeit insgesamt fruchtbar gemacht. Eine Ästhetik, welche, der Dynamik des Erhabenen gemäß, die Schranke der Kunst überschreitet, wird hinsichtlich der ganzen Realität zu einem Sensorium für Grunddifferenzen und zu einer Instanz, die dem Heterogenen Gerechtigkeit widerfahren läßt. Angesichts einer Wirklichkeit, deren Pluralität heute durch massive Uniformierungstendenzen bedroht ist, wächst die Relevanz und Dringlichkeit einer solchen Ästhetik. Das gegenwärtig zu beobachtende Interesse an ihr – wobei bezeichnenderweise nicht kunstbezogene Reflexionen, sondern Erschließungsleistungen ästhetischen Denkens für Wirklichkeitsphänomene im Vordergrund stehen – hat zweifellos damit zu tun.[46]

2. Diese Veränderung ist zugleich mit einem Übergang von der traditionellen Ästhetik zu einer neuen *Aisthetik* verbunden. *Wahrnehmung* wird vordringlich und grundlegend. Das rührt daher, daß die Heterogenität (von Lebensformen, Handlungsweisen, Wissenstypen usw.) nicht deduziert werden kann, sondern zuallererst wahrgenommen werden muß. Eine Ästhetik, die sich im Zeichen des Erhabenen kunstimmanent dem Heterogenen zuwandte, führt in ihrem Wirklichkeitsbezug zu einer Aisthetik, die auf den pluralen Charakter und die einschneidenden Differenzen im Realen achtet.

3. Eine solche Aisthetik schließt eine *Anästhetik* ein. Sie richtet ihr Augenmerk auf die Ausschlüsse, die mit jedem Wahrnehmen verbunden sind. Wahrnehmung inmitten von Heterogenität ist wahrhaftig gar nicht anders möglich denn als Mitwahrnehmung und Beachtung von Ausschlüssen. Sie

46 Näheres hierzu in: »Zur Aktualität ästhetischen Denkens«, in: *Kunstforum International*, Bd. 100 (1989) S. 135–149; in vorliegendem Band S. 41–78.

verlangt eine spezifische Aufmerksamkeit auf die Blindheit des Wahrnehmens selbst, auf die immanente Anästhetik jeglicher Ästhetik. Eine solcherart um anästhetische Aspekte erweiterte Ästhetik ist also zugleich wahrnehmungskritisch und selbstkritisch. In alledem löst sie noch einmal einen gewichtigen Zug des Erhabenen ein. Schon bei Lyotard wurde ja ein Zusammenhang von Erhabenem und Anästhetik deutlich: dem Nicht-Darstellbaren – einem konstitutiv Anästhetischen – konnte sich nur eine Ästhetik zuwenden, die Anästhetisches zu thematisieren vermag. Dies gilt es – im Anschluß auch an Adorno – weiter zu entfalten: als Wahrnehmung der Brüche zwischen den einzelnen Sinngebilden, als Bewußtsein ihrer Unübersetzbarkeit ineinander und als Aufmerksamkeit auf die Verzerrungen, die auf der Kehrseite eines jeden Sinns lauern. Eine solch anästhetisch sensibilisierte Ästhetik führt darüber hinaus die für Adorno so wichtige Kritik an blinder Herrschaft fort. Denn sie opponiert dem intern herrschaftlichen Charakter von Wahrnehmung – allerdings nicht, indem sie solche Herrschaftlichkeit einfach negiert oder verwirft, sondern indem sie durch die Beachtung der grundlegenden Spezifität und Beschränktheit allen Wahrnehmens die damit gesetzte Blindheit ins Licht rückt und so im Maß des Möglichen relativiert.

4. Der offensichtlich selbstkritische Charakter einer solchen Ästhetik bietet Anlaß zu einer Klarstellung. Nötig ist diese gegenüber dem Standardeinwand, der immer dort erhoben wird, wo dem Ästhetischen über den Bereich der Kunst hinaus Bedeutung zugesprochen werden soll. Der Einwand befürchtet, hier solle alles ästhetisiert, alles unter die Botmäßigkeit des Ästhetischen gebracht werden, was am Ende nicht bloß auf eine bedenkliche Ästhetisierung des Lebens hinauslaufe, sondern tendenziell einer Katastrophe den Weg bereite, der Katastrophe nämlich einer ästhetischen Totalisierung, die sich über sämtliche Sicherungen der Gesellschaft – wie sie etwa durch Wahrheitsintentionen repräsentiert und durch Gerechtigkeitsinstitutionen verbürgt seien – hinweg-

setze, indem sie all dies ihrer Dynamik unterwerfe und außer Kraft setze, womit sie konsequent zum ästhetisch-politischen Totalitarismus führe. Als realgeschichtliches Beispiel steht dabei das Menetekel ›Ästhetisierung der Politik = Faschismus‹ vor Augen. Gerade daran würden die Gefahren einer Ästhetik des Erhabenen offenkundig, denn in welchem Zeichen vollzog sich die faschistische Ästhetisierung der Politik, wenn nicht im Zeichen des Erhabenen?

Katastrophen sollten Nachdenklichkeit auslösen, nicht das Differenzierungsvermögen außer Kraft setzen. Offenbar kann sich die geschilderte Befürchtung nur gegen das traditionelle Erhabene richten, während die anhand von Adorno verfolgte moderne Deklination des Erhabenen gerade ein Gegengift gegen solche Totalisierung bildet. Zumal gilt das von einer Ästhetik der mittlerweile skizzierten Art, von einer um Aisthetik und Anästhethik erweiterten Ästhetik. Wenn deren Grundinteresse darauf zielt, dem Heterogenen Gerechtigkeit widerfahren zu lassen, und wenn sie ihre ganze Aufmerksamkeit darauf richtet, Grunddifferenzen, Ausschlüsse und Unübersetzbarkeiten wahrzunehmen und zu verteidigen, dann stellt sie offenbar ein kritisches Gegenpotential gegen solche Totalisierung dar. Gerade sie verteidigt das Verschiedene und gebietet allen Übergriffen Einhalt.

Daher ist eine ›Ästhetisierung der Politik‹ aus ihrem Duktus nicht zu befürchten, sondern wird in ihrem Horizont gerade bekämpfbar. Eine solche Ästhetik führt nicht zu einer Politik der großen Integration, sondern zu einer Politik, die für die heterogenen Ziele, wie sie in den diversen Lebensformen, Handlungsweisen und Wissensarten verkörpert sind, sensibel ist und ihnen im Maß des Möglichen zur Entwicklung verhilft.[47] Sie arbeitet einer Politik nicht der Totalisierung, sondern der Inkommensurabilität zu.[48] Daher ist die Ästhe-

47 Vgl. Lyotard, *Der Widerstreit*, S. 294.
48 Das hat Lyotard in seiner Duchamp-Interpretation gezeigt. Ihm zufolge gibt Duchamps Werk »Material, Werkzeuge und Waffen für eine Politik des

tik, von der hier die Rede ist, auch allergisch gegen die Tendenz zum Gesamtkunstwerk – und das nicht bloß binnenästhetisch, sondern ebenso transästhetisch, also gerade auch hinsichtlich des ›politischen Gesamtkunstwerks‹, wie es in der Tat die faschistische »Ästhetisierung der Politik« charakterisierte.

Eine Ästhetik, die das Erhabene im gekennzeichneten Sinn beerbt, tritt der Verschmelzung von Wirklichkeitssphären entgegen, egal ob sie durch Zerschlagung oder durch Absorption erfolgen soll. Signifikant für die Unbestechlichkeit dieses modernen Sinns des Erhabenen ist noch, daß Marinettis Totalerklärung des Ästhetischen, auf die Benjamins Formel von der faschistischen »Ästhetisierung der Politik« gemünzt war[49], eben nicht – wie nur die zurückgebliebene Vorstellungsart in Sachen des Erhabenen vermuten kann – im Namen des Erhabenen, sondern dezidiert und ausschließlich im Namen des Schönen erfolgte. Fünfmal wiederholt Marinetti in dem Textstück, auf das Benjamin sich bezieht, die Formel, daß der Krieg schön sei, sofern er nämlich beispielsweise die vollkommene Herrschaft des Menschen begründe, eine Symphonie aus Gerüchen erzeuge (Verwesungsgeruch eingeschlossen) oder die neuartigen Architekturen der »Rauchspiralen aus brennenden Dörfern« ermögliche.[50]

Derlei Herrschaftsgestus und solche Totalisierung sind Züge, mit denen das moderne Erhabene gerade gebrochen hat. Es stimmt schon: Marinetti treibt eine ästhetische Faszination mitsamt deren Verselbständigung und Totalisierung auf die Spitze; alles Entgegenstehende, noch jede natürliche oder ethische Regung wird davon überschwemmt. Aber das folgt eben nicht bloß in terminologischer, sondern in ideologischer

Inkommensurablen« an die Hand (Jean-François Lyotard, *Die Transformatoren Duchamp*, übers. von Regine Bürkle-Kuhn, Gisela Febel und Jutta Legueil, Stuttgart 1986, S. 22).

49 Walter Benjamin, *Das Kunstwerk im Zeitalter seiner technischen Reproduzierbarkeit*, Frankfurt a. M. 1963, S. 51.

50 Ebd., S. 49 f.

Konsequenz der Großversöhnungslogik des *Schönen* – nicht der Sprenglogik des *Erhabenen.*[51] Der Faschismus agiert die Einheitssehnsucht des Schönen aus. Ob in Äthiopien oder auf dem Zeppelinfeld: Was manche hier ›erhaben‹ nennen, ist nichts anderes als das vollends bombastisch gewordene Schöne (das vielleicht gerade deshalb, weil es in der Moderne seine Führungsrolle an das Erhabene abtreten mußte, in reaktionärem Gesinnungsmuff überlebte und in politischem Gigantismus noch einmal hervorschlug). Die große und allergrößte Einheit wurde seit jeher (wie ich zuvor darzulegen versuchte) im Zeichen des Schönen angezielt. Solche ›Versöhnung‹ sollte aber in den Totalitarismen des 20. Jahrhunderts, in denen sie ihren Gipfel erreichte, auch endgültig ihren scheinbar unschuldigen Wohlklang verloren haben.

Die moderne Ästhetik des Erhabenen hat mit diesen Aspirationen gebrochen. Sie hat von ihrer ganzen Konstitution her eine Sperre gegen derlei Totalisierungen eingebaut, sowohl gegen die ›schöne‹ wie gegen jede andere Totalisierung. Ihr kritisches Auge richtet sich gegen den Bombast des Ganzen, ihr fürsorgliches gilt der Diversität des Widerstreitenden. Sie ist ein Anwalt der Eigenständigkeit aller Wirklichkeitssphären – sowohl der ästhetischen Sphäre als solcher wie auch der anderen dieser gegenüber. Sie mahnt, Differenzen zu beachten und den Unversöhnbarkeiten sich zu stellen. Einer Ästhetik dieser Art sollte man nicht mit dem Argwohn erneuter ästhetischer Totalisierung begegnen; man hätte vielmehr Anlaß, ihre Widerstandskraft gegen all solche – schleichende oder manifeste, alltägliche oder traumatische – Integration und Hyper-Versöhnung anzuerkennen.

5. Schließlich tendiert eine solche Konzeption von Ästhetik – und auch das führt einen Zug von Adornos Denken weiter – zu einer Position, die man durch die Formel ›Ästhetik als

51 Als erster hat Hayden White auf die kritische Funktion einer Geschichts- und Politikbetrachtung im Sinn des Erhabenen statt des Schönen aufmerksam gemacht (Hayden White, »The Politics of Historical Interpretation: Discipline and De-Sublimation«, in: *Critical Inquiry* 9, 1982/83, S. 113–137).

Erste Philosophie‹ kennzeichnen könnte.[52] Diese heikle Aussage ist erläuterungsbedürftig. Dabei ist zugleich zu erklären, in welch spezifischem und legitimem Sinn eine derartige Ästhetik ein Anwalt des Ganzen zu sein vermöchte. Im Sinn der Totalisierung kommt ihr eine solche Funktion – das sollte klar geworden sein – gewiß nicht zu. Auf anderer Ebene und in neuer Weise aber ist ihr ein Bezug aufs Ganze sehr wohl eigen. Insofern nämlich, als diese Ästhetik genau jene Struktur exponiert und vertritt, die das Ganze als eine Pluralität heterogener Gebilde vor Augen bringt und von der man heute sagen kann, daß sie weithin das Weltbild unserer Zeit bestimmt. Denn schier allenthalben ist unser Denken dazu übergegangen, die Idee eines letzten Fundaments zu verabschieden und statt dessen eine originäre Vielzahl wirklicher und möglicher Welten, Sinngestalten und Lebensformen anzuerkennen und als Basisbeschreibung zu vertreten.[53] Dies reicht von philosophischen Heroen wie Heidegger und Wittgenstein über Ansätze bei Derrida und Goodman oder Putnam und Rorty bis hin zu detaillierten Analysen bei Foucault und Feyerabend.

Diese Weltsicht, die unsere neueren Erfahrungen und Verständigungsweisen bestimmt und in diesem Sinn als eine Art Erster Philosophie unserer Zeit gelten kann (wenn man mit diesem Terminus nicht seine theologischen Lasten, sondern seinen philosophisch-formalen Sinn verbindet: den einer Explikation der grundlegendsten Verstehens- und Denkformen), ist in besonderer Weise der Ästhetik zu eigen und vertraut. Nicht von ungefähr war ein betont ästhetischer Denker – Nietzsche – ihr erster Propagator. So gesehen, ist unser Grundbild von Welt primär ästhetisch konturiert. Daher vermag eine Ästhetik, die diese Grundstruktur exponiert, für das

52 So hat Lyotard in bezug auf Adorno treffend gesagt: »Sein Denken als solches kehrt sich – und kehrt uns – einer Ästhetik zu« (Lyotard, *Heidegger und »die Juden«*, S. 57).

53 Ausführlicher habe ich dies dargestellt in: *Unsere postmoderne Moderne*, Weinheim ^{2}1988.

Ganze zu sprechen. Sie tut dies freilich so, daß sie zur Achtung und Wahrung der Pluralität anhält – gegen jegliche Totalisierung. Darin tritt sie noch einmal insgesamt für das ein, was Adorno im besonderen als Interesse des Erhabenen identifiziert hatte: Gerechtigkeit gegenüber dem Heterogenen. Die Ästhetik des Erhabenen hat, indem sie in die Poren unseres Bewußtseins drang und die ›Erste Philosophie‹ unserer Zeit mitprägte, zu einer kritischen und offenen Weltsicht geführt – gegen jeglichen Monumentalismus und Substantialismus, wie er ehedem mit der Kategorie des Erhabenen verbunden war. Das überkommene Erhabene verfiel in der Tat der Lächerlichkeit; das moderne hat sich von seinen alten Lasten befreit.

Für eine postmoderne Ästhetik des Widerstands

Man wirft den Theoretikern der Postmoderne eine Haltung des laissez-faire vor, während man den Vertretern der Moderne Potenzen des Widerstands attestiert. Das ist nicht falsch, aber einseitig. Das Gegenteil wäre ebenfalls wahr. Auch die Modernen haben ihre tiefsitzenden Affirmationen, nicht nur die Postmodernen manch zynische Anbiederung. Das pauschale Ping-Pong-Spiel Moderne versus Postmoderne ist sinnlos; es kommt auf den jeweiligen Fall an. Ich will die Widerstandsfähigkeit beider Konzepte in einem exemplarischen Feld überprüfen, in dem der Ästhetik. Dabei kann Peter Weiss' *Ästhetik des Widerstands* als Paradigma einer Widerstandsposition der Moderne gelten. Dem will ich Lyotards *Ästhetik des Widerstreits* als Paradigma einer postmodernen Widerstandskonzeption gegenüberstellen. Es geht mir dabei um mehr als um die bloße Behauptung ihrer Äquivalenz. Ich beziehe Position, indem ich anzugeben suche, wie sich die postmoderne Version des Widerstands von der modernen unterscheidet, und indem ich der Frage nachgehe, welche von beiden Ästhetiken uns mehr Handlungschancen in der heutigen Welt eröffnet. Ich werde für eine postmoderne Version von Ästhetik des Widerstands plädieren.

1. Zu Peter Weiss' Ästhetik des Widerstands: Stärke und Schwäche

Eine offenkundige Stärke von Peter Weiss' *Ästhetik des Widerstands* liegt in der Verknüpfung von Ästhetik und Politik. Der Roman ist interessant, wo er zeigt, daß Kunst und die Beschäftigung mit ihr nicht in Ästhetizismus abtriften müssen, sondern Verständigungsbedeutung für Lebensvollzüge,

soziale Prozesse und politische Aktionen gewinnen können. Davon ist nicht abzurücken.
Man könnte sich jedoch fragen, ob die Art, wie Peter Weiss diese Verbindung von Ästhetik und Politik erreicht, wirklich glücklich genannt werden kann. Ich vermute im Gegenteil, daß hier eine Schwachstelle seines Konzepts liegt.

a) Ästhetik im Modus einer Input-Hermeneutik

Bei Weiss steht die Perspektive, aus der die Kunst betrachtet wird und für die sie sich als förderlich erweist, von vornherein, also kunst-extern schon fest. Sie läßt sich folgendermaßen beschreiben: Es geht um die Geschichte der Menschheit, der Klassenkämpfe, der sozialen Evolution, die als Geschichte der Emanzipation, des Aufstiegs der Unterdrückten, der Befreiung der Menschheit von Ausbeutung zu verstehen ist. Diese Perspektive gilt vor aller Beschäftigung mit der Kunst und unabhängig von ihr. Man könnte sie sehr wohl auch ohne Blick auf die Kunst verfolgen.
Diese Basis-Perspektive wird auf die Kunst ex post angewandt, positiv formuliert: für die Beschäftigung mit Kunst fruchtbar gemacht. In Konsequenz dessen wird die Fruchtbarkeit der Kunst dann allerdings genau nur eine Fruchtbarkeit für diese Perspektive sein.
Dieser kunst-externe Ansatz sei durch zwei Zitate verdeutlicht. Kunst, sagt Weiss, wird in diesem Roman verstanden als »eine Geschichte des menschlichen Lebens, aus der die Stufen sozialer Entscheidungen abzulesen« sind.[1] Noch aufschlußreicher ist die folgende Stelle: »Als Eigentumslose näherten wir uns dem Angesammelten ..., bis es uns klar wurde, daß wir dies alles *mit unsern eignen Bewertungen zu füllen* hatten«.[2] Das erste Zitat gibt zu erkennen, unter welcher Perspektive die Kunst hier betrachtet wird; das zweite

1 Peter Weiss, *Die Ästhetik des Widerstands*, Bd. 1, Frankfurt a. M. 1983, S. 341.

2 Ebd., S. 54; Hervorhebung W. W.

Zitat zeigt die hermeneutische Maxime: Es geht nicht darum, etwas der Kunst als Kunst zu entnehmen, sondern man muß umgekehrt die Bedeutungen und Bewertungen, auf die es ankommt, an sie herantragen, ja in sie hineintragen. Weiss plädiert – von mir gewiß etwas unfreundlich formuliert – für Ästhetik im Modus einer Input-Hermeneutik.

Aus diesem Zugang ergeben sich alle Auszeichnungen der Kunst bei Weiss. Wenn er beispielsweise sagt, die Kunst sei avanciert, weil in ihr diejenigen sozialen Schichten, die gesellschaftlich noch nicht salonfähig geworden sind, frühzeitig schon in Erscheinung traten,[3] wenn er also meint, in der Sphäre der Kunst habe sich der Aufstieg des niederen Volks früher vollzogen als in der Sphäre der Gesellschaft, so ergibt sich diese positive Bewertung just aus der Prämisse der genannten gesellschaftlichen Perspektive. Das Avanciertsein der Kunst ist deren Reflex.

b) Die Misere des Verfahrens

Warum soll diese Struktur – also die einer kunst-extern ansetzenden Input-Hermeneutik – eine Schwachstelle des Konzepts darstellen? Deshalb, weil dieses Verfahren vexierbildanfällig ist, ja systematisch narzißtisch funktioniert – und daher auch für ganz andere Zwecke als die Weissschen genützt werden kann. Mit einem solchen Verfahren wird man in der Kunst immer das sehen können, was man sehen will.

Ich will diese Gefahr durch einige Beispiele verdeutlichen: Auch ein *Aristokrat* beispielsweise könnte mit diesem Verfahren genau seine Standesperspektive in der Geschichte der Kunst bestätigt finden. Er könnte etwa darauf hinweisen, daß in der holländischen Malerei des 17. Jahrhunderts, während einerseits im Zug der Verbürgerlichung der Kunst plötzlich

3 Ebd., S. 63 f.

die ›einfachen Menschen‹ massenhaft in die Bilder eindrangen, andererseits Gattungen wie das Stilleben oder die autonome Landschaft ausgebildet und forciert wurden. Und er könnte diesen Umstand folgendermaßen in Anspruch nehmen: Es ist eben, vom menschlichen Niveau aus gesehen, ein Verfall, wenn Hinz und Kunz, wenn der dritte und vierte Stand, wenn die Jedermänner in die hohe Sphäre der Kunst eindringen; die Kunst aber reagiert darauf aristokratisch: durch Verweigerung gegenüber diesem Trend, durch Ausstieg aus dieser menschlich-allzumenschlichen Welt, durch Exodus in die neuen Gattungen des Stillebens und der autonomen Landschaft, die ›nobel‹ gerade insofern sind, als sie dies Niedrig-Durchschnittlich-Menschliche ausschließen. So wird die Kunst für den Aristokraten – der sie durch die aristokratische Brille sieht – zu einem Lehrstück in Sachen Aristokratie.

Oder ein *Theologe* könnte in der Geschichte der Kunst die Permanenz religiöser Konstellationen und mythischer Figuren erkennen wollen. Die Kunst würde ihm zum Beleg dafür, daß die Religion etwas Immerwährendes und Unverlierbares vertritt. Sieht ein solcher Theologe ein Dreieck, so wird er immer an die Trinität denken und von deren Universalität sprechen. Er wird dies bei einem Konstruktivisten wie Puni, bei einem Erotiker wie Picasso und – horribile dictu – noch anläßlich von Tripelaktionen auf Bildern Salomés tun. Eine solche Methode der Kunstbetrachtung, die allenthalben das Fortwirken religiöser Konstellationen sieht (weil sic für nichts anderes ein Auge hat), ist derzeit noch immer in Akademien beiderlei Konfession beliebt.

Schließlich und noch drastischer: Auch ein *Faschist* vermöchte so in der Kunst auf seine ideologische Rechnung zu kommen. Er könnte das Unverständlichwerden der modernen Kunst mit deren Internationalisierung korrelieren, um daraus im Umkehrschluß die Notwendigkeit einer Renationalisierung abzuleiten. Die Kunstentwicklung würde ihm so die Richtigkeit und Notwendigkeit seines Generalplädoyers bestätigen, demzufolge die Beseitigung von ›Durchrassung‹ geboten ist – wie das 1988 bei Edmund Stoiber in Bayern hieß.

Mit diesen Hinweisen wollte ich deutlich machen: Legt man eine kunst-externe Perspektive zugrunde, so kann man diese, egal wie sie im einzelnen verfaßt ist, mit einigem Geschick (und einiger Borniertheit) allemal an der Kunst bestätigt finden. Das Verfahren des Peter Weiss ist nicht nur für eine sozialistische, sondern ebenso für eine aristokratische, konservative oder faschistische Korrelation von Ästhetik und Politik verwertbar.[4] Darin liegt seine Schwäche. Diese resultiert prinzipiell daraus, daß der Kunstbetrachtung eine kunst-externe Perspektive vorgeschaltet und zugrunde gelegt wird.

Die Kunst ist dann jedermann nach Belieben zu Diensten. Sie wird, nähert man sich ihr in dieser Weise, zu einer allgefälligen Hure. Nur gilt auch hier wie sonst: Nicht die Hure – der Kunde macht die Hure.

2. *Postmoderne Ästhetik als Widerstandskonzeption (Lyotard)*

a) Unterscheidungen

Das Spektrum der Postmoderne ist vielfältig. Ich will keineswegs alles, was unter diesem Namen auftritt, verteidigen. Vieles ist gerade wegen seiner laissez-faire-Haltung zu kritisieren – aber mit Argumenten. So beispielsweise der Frei-

4 Übrigens kann man auch an den großen Interpretationen, die Peter Weiss gibt, überdeutlich erkennen, wie sehr bei ihm die zugrunde gelegte Sozialperspektive selektiv und inhaltlich bestimmend ist. Ergiebige Werke sind für ihn der *Pergamon-Altar* oder Géricaults *Floß der Medusa* (beide Male handelt es sich um Darstellungen massenhafter menschlicher Dramatik); nichts Vergleichbares aber findet sich im ganzen Roman hinsichtlich pointiert-moderner, etwa abstrakter Kunst, beispielsweise zu Werken von Mondrian oder Pollock.

stil-Klassizismus den Jencks propagiert,[5] oder die Konsum-Postmoderne, die Charles Moore baut.[6] Ebenso scheint mir gegenüber den pauschalen Denkformen eines »anything goes« à la Feyerabend oder eines »rien ne va plus« à la Baudrillard Skepsis geboten.[7] Ich beziehe mich im folgenden ausschließlich auf Lyotard und damit auf eine Version von Postmoderne, die mir hochkarätig zu sein scheint und die sich selbst als Konzeption von Widerstand versteht.[8]

b) Widerstreit und Widerstand

Das ist vor allem dem *Widerstreit* – Lyotards philosophischem Hauptwerk – zu entnehmen. Lyotard stellt seine Konzeption dort als Nachfolgeform des Marxismus unter heutigen – postmodernen – Bedingungen dar. Reflexionen auf Auschwitz und die Parteinahme für Opfer jeglicher Art bestimmen seine Überlegungen. Auch andernorts hat Lyotard festgehalten, daß es ihm mit seiner Konzeption postmodernen Denkens um Widerstand geht, beispielsweise um »Widerstand gegen eine ›kommunikative‹ Verflachung und Vereinheitlichung«.[9] Lyotard denkt dabei insbesondere an Widerstand gegen das Diktat der Neuen Technologien. Er sucht nach einer Gegenstrategie gegen

5 Charles Jencks, *Die Postmoderne. Der neue Klassizismus in Kunst und Architektur*, Stuttgart 1987, S. 7.

6 Moores *Piazza d'Italia* (New Orleans, 1977–78), gipfelnd in einer ›Deli-Ordnung‹ (weil es sich um den Eingang zu einem Delikatessen-Geschäft handelt) ist das drastisch-skandalöse Beispiel dafür.

7 Differenzierter habe ich dies ausgeführt in: *Unsere postmoderne Moderne*, Weinheim ²1988.

8 Als erster hat Hal Foster zwischen einer Postmoderne des Widerstands und einer Postmoderne der Reaktion unterschieden (vgl. Hal Foster, »Postmodernism: A Preface«, in: *Postmodern Culture*, hrsg. von Hal Foster, London / Sidney 1985, S. IX–XVI, hier S. XI f.). Lyotard ist ohne Zweifel der Postmoderne des Widerstands zuzurechnen.

9 So (gegen Habermas gerichtet) in: Jean-François Lyotard [u. a.], *Immaterialität und Postmoderne*, übers. von Marianne Karbe, Berlin 1985, S. 49.

die drohende technologische Uniformierung der Sprache, gegen das telematische Gesetz des Byte um Byte und Bit um Bit.

c) Moderne Kunst und Ästhetik des Erhabenen

Die Widerstandslinie, die Lyotard ins Auge faßt, ist ästhetisch geprägt. Lyotard geht von der Kunsterfahrung selbst, insbesondere von den Avantgarden dieses Jahrhunderts, aus. Sein Kunstzugang ist also strukturell anders als der von Weiss. Lyotard legt nicht eine von vornherein bestehende gesellschaftliche Perspektive als Maßstab oder Sonde an die Kunst an, sondern orientiert sich an den Eigenansprüchen der Kunst – die er wahrnimmt und ernstnimmt. Seine Ästhetik setzt beim Ästhetischen selbst an.

Lyotard reflektiert Grundzüge der modernen Kunst wie: Befragung ihres Begriffs, Dekomposition ihres integralen Charakters, experimentelle Verfahrensweise, Pluralität und Heterogenität ihrer Möglichkeiten. Insgesamt wird dabei deutlich: Diese moderne Kunst huldigt nicht mehr einer Ästhetik des Schönen, sondern folgt einer Ästhetik des Erhabenen. Gemeint ist damit erstens: In jeder Gestaltung bleibt – nicht zufällig, sondern notwendig und unaufhebbar – etwas ungesagt und ausgeschlossen; es gibt immer solches, was sich der Darstellung entzieht. Und zweitens herrscht zwischen den verschiedenen Gestaltungen noch einmal nicht etwa Verbindbarkeit, sondern Bruch: Unvergleichbarkeit nämlich und Inkommensurabilität. Es gibt keinen Generalnenner aller Gestaltungen, keine Generalkriterien, keine Generalästhetik.

Das zeigt sich spätestens dann überdeutlich, wenn man die diversen Gestaltungen genau betrachtet. Konstruktivistische und surrealistische Bildlogik beispielsweise sind höchst unterschiedlich und fürs erste unvereinbar. Während ein kontruktivistisches Werk einer mathematischen Entfaltungslogik folgt, darf ein surrealistisches Werk das gerade nicht

tun, sondern muß Heterogenes zusammenbringen – freilich seinerseits nicht etwa beliebig, sondern unter der Maßgabe, daß eine ›Zündung‹ zustande kommt. Wollte ein Künstler an irgendeiner Stelle eines solchen Werkes unversehens zur Logik des anderen Werktyps überwechseln, so wäre das Werk dadurch zum Scheitern bzw. zur Belanglosigkeit verurteilt. – Analoges gilt in der (modernen) Kunst allenthalben. Die Pluralität und Heterogenität der Richtungen, Ismen, Ansätze ist essentiell und unüberschreitbar.
Einer solchen Verfassung der Pluralität und ihres Widerstreits entspricht nicht eine Ästhetik des Schönen, sondern allein eine Ästhetik des Erhabenen. Mit dem Schönen zielt man stets auf Zusammenstimmung, Harmonie und Ganzheit des Differenten – eben dies aber ist hier prinzipiell verwehrt. Es herrscht vielmehr radikale Unvereinbarkeit. Ihr vermag allein eine Ästhetik des Erhabenen gerecht zu werden.[10]

d) Ästhetik als Modell von Gesellschaft und Politik

Diese ästhetischen Beobachtungen sind auch für den gesellschaftlichen und politischen Bereich relevant. Man kann die von Lyotard geschilderte Verfassung der Kunst als Modell unserer Wirklichkeit und eines dieser Wirklichkeit angemessenen Denkens verstehen. Die durch einschneidende Heterogenität geprägte Pluralität, die wir an der Kunst exemplarisch erfahren können, entspricht der Verfassung unserer, der postmodernen Gesellschaft, oder genauer: ihrer eigentlichen Verfassung, die es freilich – das wäre Emanzipation heute – erst noch wirklich wahrzunehmen, in ihren normativen Implikationen zu entfalten und gegen Verstöße zu schützen und zu verteidigen gilt – gegen den allgegenwärtigen Trend zur Einschleifung, Unterdrückung, Uniformierung des Dif-

10 Vgl. zur Debatte der letzten Jahre: *Das Erhabene. Zwischen Grenzerfahrung und Größenwahn*, hrsg. von Christine Pries, Weinheim 1989, sowie *Merkur* 487/488 (1989).

ferenten.[11] Im Feld der Kunst kann man die Pluralität, die mittlerweile gesellschaftlich als Diversität von Lebensformen vordringlich wurde (und die zugleich in anderen Bereichen wie der Sprache, ja im ganzen der Wirklichkeit gilt), so deutlich studieren wie sonst nirgendwo. Die Kunst kann in diesem Sinne – als Elementarschule der Pluralität – soziale Modellfunktion haben. Das heißt keineswegs, daß nun alles inhaltlich an ihr zu orientieren wäre. Aber strukturell hat sie Vorbildfunktion. An ihr kann man lernen, was heute analog auch in der Gesellschaft mit ihren differenten Lebensformen wichtig wird: Anerkennung des Differenten, Verbot von Übergriffen, Aufdeckung impliziter Überherrschung, Widerstand gegen strukturelle Vereinheitlichung, Befähigung zu Übergängen ohne Gleichmacherei.

Eine solche Analogie zwischen dem Ästhetischen und dem Politischen besteht gerade auch hinsichtlich des Unterschieds von Schönem und Erhabenem. Stets besaß Politik ästhetische Konnotationen. Traditionelle Politik folgte einem Ideal der Schönheit. Sie wollte die Gesellschaft zu einem harmonischen Ganzen fügen. Eine postmoderne Politik hingegen müßte sich an dem ganz anderen Ideal des Erhabenen orientieren. Das heißt: Sie müßte – statt einer schönen Sozietät – eine Assoziierung des Differenten in seiner unüberschreitbaren Pluralität leisten, die mit Ganzheit nicht mehr paktieren

11 Lyotard hat immer wieder auf die Kongruenz seines postmodernen Denkens mit Anstößen und Errungenschaften der modernen Avantgarden hingewiesen. Einige Beispiele: »Was seit einem Jahrhundert in der Malerei oder in der Musik geschehen ist, antizipiert gewissermaßen die Postmoderne, die ich meine« (*Immaterialität und Postmoderne*, S. 38). »All die Forschungen der wissenschaftlichen, literarischen, künstlerischen Avantgarden gehen seit hundert Jahren dahin, die gegenseitige Inkommensurabilität der Spracharten aufzudecken« (Jean-François Lyotard, *Tombeau de l'intellectuel et autres papiers*, Paris 1984, S. 84). Daher gilt es, »das Werk der Avantgarde-Bewegungen fortzuführen« (*Immaterialität und Postmoderne*, S. 30). Im einzelnen legte er dann beispielsweise dar, wie man den Arbeiten von Duchamp »Material, Werkzeuge und Waffen für eine Politik des Inkommensurablen« entnehmen kann (*Die Transformatoren Duchamp*, übers. von Regine Bürkle-Kuhn, Gisela Febel und Jutta Legueil, Stuttgart 1986, S. 22).

dürfte, da sie den Ganzheitswunsch als gefährlich und als keineswegs unschuldigen, sondern sträflich-folgenreichen Fehler durchschaut hat, der zumindest strukturell den Weg zum Terror eröffnet (wenn er auch nicht immer dorthin führen muß).[12] Eine solche Politik erzwingt nicht Versöhnung, sondern erkennt den Widerstreit an.

Lyotards Konzeption des Widerstreits führt also zugleich zu einer Ästhetik und Politik des Widerstands. In einer Situation der Pluralität besteht stets die Gefahr, daß ein bestimmtes Modell auf den Bereich eines anderen überzugreifen beansprucht und daß durch solche Totalisierung Unrecht geschieht. Genau dagegen, gegen diese Mechanik des Unrechts erhebt Lyotards Konzeption Einspruch, gegen sie richtet sie ihren Widerstand. Dieser Widerstand dient der Befreiung des Vielen; er ist Widerstand gegen Uniformierung jeglicher Art, und das auf vielen Ebenen: sprachlich, technologisch, ästhetisch, politisch.

Künftig wird auch gesellschaftlich die Fähigkeit zur Anerkennung von Dissensen wichtiger sein als die Beschwörung von Konsens. Während die erstere Einstellung der postmodernen Ästhetik des Erhabenen entspricht, hat sich die letztere Intention von der alt-modernen Zwangsvorstellung des Schönen noch immer nicht gelöst. Nicht von ungefähr sprechen die Konsens-Theoretiker der Moderne immer vom Schönen, während Lyotard sein dissensbereites Postmoderne-Konzept gerade unter Berufung auf die »nicht mehr schönen Künste« der Avantgarde verteidigen konnte.[13] Ver-

12 Vgl. hierzu das von Willem van Reijen und Dick Veerman mit Lyotard geführte Interview »Die Aufklärung, das Erhabene, Philosophie, Ästhetik«, in: Walter Reese-Schäfer, *Lyotard zur Einführung*, Hamburg 1988, S. 103–147, bes. S. 131–136.

13 Das ist die Hauptlinie in der Konfrontation zwischen Habermas' Angriff auf die Postmoderne »Die Moderne – ein unvollendetes Projekt« (1980) und Lyotards Replik »Beantwortung der Frage: Was ist postmodern?« (1982). Beide Texte finden sich gegenübergestellt in: *Wege aus der Moderne. Schlüsseltexte der Postmoderne-Diskussion*, hrsg. von Wolfgang Welsch, Weinheim 1988, S. 177–192 (Habermas) und S. 193–203 (Lyotard).

söhnung versus Widerstreit, Schönes versus Erhabenes, Konsensansinnen versus Dissensbereitschaft – das sind verläßliche Anhaltspunkte für die Unterscheidung zwischen Moderne und Postmoderne.

Der Vorzug von Lyotards am Phänomen des Widerstreits orientierter Ästhetik des Widerstands gegenüber der Weissschen Version einer Ästhetik des Widerstands liegt also erstens darin, daß die postmoderne Ästhetik genuin-ästhetisch, nicht input-ästhetisch ansetzt, und zweitens darin, daß sie in besonderer Weise auf Gegenwartserfordernisse zugeschnitten ist. Beides zusammen kann man auch so ausdrükken: Die postmoderne Ästhetik geht nicht von einem archimedischen Punkt jenseits der Kunst aus und stützt sich auch in ihrem gesellschaftlichen Widerstand nicht auf einen solch jenseitigen Punkt, sondern sie analysiert und agiert *inmitten* der Wirklichkeit und ihrer Spannungen. Das ist realistischer und heute vielleicht allein aussichtsreich.

Identität im Übergang

Philosophische Überlegungen zur aktuellen Affinität von Kunst, Psychiatrie und Gesellschaft

1. Die gesellschaftliche Logik der Abweichung

a) Kunst

Die Stellung der Kunst in der Gesellschaft ist paradox, und die Stellung der Gesellschaft zur Kunst ist es noch einmal. In der Moderne wurde die Kunst zum gesellschaftlichen Ort des Anderen zur Gesellschaft. Sie avancierte zum Feld der Abweichung, zur Institution der Alternative, zum Terrain der Negation. Die Paradoxie liegt darin, daß das Andere damit definiert und verortet wird; und daß die Kunst so durch Abweichung gerade übereinstimmt, durch Dissens Konsens mit der Gesellschaft herstellt.

Paradox ist des weiteren die Stellung der Gesellschaft zur Kunst: Gelobt wird die Kunst, wo sie die Gesellschaft beschimpft; als richtiges künstlerisches Bild gilt das Zerrbild der Gesellschaft; man will sich in der Kunst nicht genüßlich im Spiegel betrachten, sondern die Kehrseite der Gesellschaft vor Augen bekommen. Hingegen gilt eine Kunst, die das Bestehende affirmiert, für schwach oder unglaubhaft. Im Zweifelsfall tippt man – die Reaktionen gegenüber Bildern der ›Gruppe Normal‹ belegen es – auf Ironie. Subversivität gilt als Standard; ist sie nicht sichtbar, muß sie latent sein.

Solche Paradoxien gehören zur Logik unseres Kunstbegriffs. Gegen ihn verstößt man nicht ungestraft. Eine Abweichung, welche diese Konformitätsbedingungen verletzte, würde

Milan Kunc (Gruppe Normal): Bilderauswahl für ›Oase‹. 1984.

effektiv ausgeschlossen. Man nimmt zwar keinen Voltaire fest, aber einen Justlieb, der in seinen ästhetischen Spekulationen wirklich Abweichendes ersann, nimmt man nicht ernst, nicht einmal zur Kenntnis.

b) Psychiatrie

Ein anderes Terrain gesellschaftlicher Abweichung wird von der Psychiatrie verwaltet. Im Unterschied zur Kunst, die gesellschaftlich strahlt, haben wir hier die graue, verpönte und ungeliebte Abweichung vor uns. Was in der Kunst als genial gepriesen wird, gilt im Bereich der Psychiatrie als krank. Durch Abweichung definiert man sich qua Künstler als großartig, qua bloßer Mensch hingegen als krank. Für die Kunst bauen wir Museen, für die Kranken errichten wir Kliniken. Gewiß: Um Kasernierung handelt es sich beide Male, aber der Unterschied von Pomp und Verfemung ist doch

beträchtlich. Was wir im einen Fall mit Preisen belohnen, therapieren wir im anderen Fall mit Medikamenten.
Dieses polare Abweichungsschema ist gesellschaftlich vorgegeben: die glorreiche Seite für die Kunst, die leidvolle für die Psychiatrie. Nicht die Abweichung als solche, sondern ihre Form entscheidet über gesellschaftliche Anerkennung oder Ächtung.
Angesichts dieser Teilung kann man verstehen, wie verwunderlich sein mußte, was verwunderlich andererseits nicht war: die Entdeckung künstlerischer Potentiale der psychisch Kranken. Prinzhorn war selbst ein leidvoller Pionier, aber heute löst seine Entdeckung kaum noch in Volkshochschulen Erstaunen aus. Sie ist zur Selbstverständlichkeit geworden.[1]
Die interessante Fragestellung ist heute die umgekehrte zur Prinzhornschen. Wie reagieren die verfemten Abweichler auf die Produkte der anerkannten Abweichung, die Kranken also auf die Kunst? Diese Frage gehört in die Kompetenz von Psychologen, Psychiatern oder Psychodiagnostikern.

2. *Aktuelle Grenzüberschreitungen oder Abweichung als Vorbild heutiger Subjektbildung*

Als Philosoph will ich mich einer anderen Frage zuwenden. Die gesellschaftliche Zuweisung spezifischer Orte und Terrains setzt einen Standard von Normalität voraus. Wie klar ist dieser heute noch? Bestcht er überhaupt noch in einer Gesellschaft, von der man gesagt hat, sie habe keine einheitliche Form mehr, sondern sei durch die lockere Verknüpfung nicht

1 Welchen Anteil daran die Diskreditierungspropaganda der Nationalsozialisten gegenüber der modernen Kunst hat – sie bedienten sich der Prinzhornschen Entdeckungen zur Verfemung der modernen Kunst – vermag ich nicht genau zu beurteilen; der reaktionäre Muff, der noch heute durch manch ›tolerantes‹ Vorurteil hindurchscheint, läßt allerdings eher hohe Anteilsgrade vermuten.

nur unterschiedlicher, sondern geradezu heterogener Gruppen, Lebensformen und Sprachspiele gekennzeichnet?[2]
Ist es vielleicht mehr als ein Aperçu, ist es eine gravierende Einsicht, wenn Deleuze und Guattari uns sagen, daß Gesundsein heute eigentlich nur noch in der Form der Schizophrenie – wenn nicht gar der Polyphrenie – möglich sei?[3] Schichtet sich unsere Gesamtvorstellung von Normalität und Abweichung um, und gibt vielleicht gerade die Kunst – der man in der Moderne stets seismographische (und mindestens in diesem Sinn avantgardistische) Funktionen zugesprochen hat – Indizien dafür an die Hand?
Ich denke, daß dem in der Tat so ist. Die einschneidende Pluralisierung der Gesellschaft betrifft seit langem und betrifft heute allgemein auch die Individuen. Identität ist immer weniger monolithisch, sondern nur noch plural möglich. Leben unter heutigen Bedingungen ist Leben im Plural, will sagen: Leben im Übergang zwischen unterschiedlichen Lebensformen.
Daher ist psychische Labilität, die man bislang an Kranken studieren konnte, heute zu einem Verstehensschlüssel für Normalität selbst geworden. Wer dergleichen bloß als Anomie verbucht, urteilt nach überholten Kriterien. Die gesellschaftliche Entwicklung zur Pluralität ist unverkennbar. Ich sage nicht, daß sie gefahrlos sei. Aber ich bin sicher, daß man ihr nicht durch Einheitsbeschwörungen erfolgreich entgegentreten kann, sondern daß es umgekehrt darauf ankommt, Formen zu finden und auszubilden, in denen diese Pluralität

2 Das ist die These von Jean-François Lyotard, dem bedeutendsten philosophischen Theoretiker der Postmoderne. Ihm zufolge besteht »der beobachtbare soziale Zusammenhang aus sprachlichen ›Spielzügen‹«: »Das soziale Band ist sprachlich, aber es ist nicht aus einer einzigen Faser gemacht. Es ist ein Gewebe, in dem sich ... eine unbestimmte Zahl von Sprachspielen kreuzen, die unterschiedlichen Regeln gehorchen« (Jean-François Lyotard, *Das postmoderne Wissen. Ein Bericht*, übers. von Otto Pfersmann, Graz / Wien 1986, S. 41 bzw. S. 119).

3 Gilles Deleuze / Félix Guattari, *Anti-Ödipus. Kapitalismus und Schizophrenie*, Bd. 1, übers. von Bernd Schwibs, Frankfurt a. M. 1974, S. 353–496.

vollziehbar und in Übergängen mit neuen Identitätsfindungen lebbar wird.
Die Kunst spiegelt solche Identitätsvervielfachung seit langem mit besonderer Eindringlichkeit wieder. Vielleicht vermag sie auch hinsichtlich gelingender Formen wegweisend zu sein. Niemand weiß heute genau, welche Modelle sich in Zukunft bewähren werden. Aber es scheint den Versuch wert, Erfahrungen unserer institutionalisierten – unserer für ›klassisch‹ geltenden – Abweichungssphären, der Kunst also und der Psychiatrie, einmal zusammenzuführen und sie probehalber auf die aktuelle Problematik der Subjekt- und Identitätskonstitution aufzublenden. Diese klassischen Abweichungssphären stellten bereits Multiplizitätssphären dar, und für heutige Subjekte und Identitäten ist eben nichts charakteristischer und mehr gefordert, als sich inmitten der Pluralität – was bedeutet: mit ihr, nicht gegen sie – zu bilden und zu bewähren.

3. Cindy Sherman: Multiple Identität

Betrachtet man eine Aufnahme Cindy Shermans wie *Ohne Titel. Nr. 133* von 1984, so kann man darin eine Person mit ihren Problemen, mit Anzeichen von Depersonalisierung, mit sinnender Entfernung von sich selbst erkennen. Der Gesichtsausdruck hat etwas Maskenhaftes. Die Züge scheinen kaum noch von einer Seele – die klassisch als das belebende Prinzip schlechthin galt – durchpulst zu sein. Die Augen wirken wie die schwarzen Öffnungen einer Maske.
Nun stellt Cindy Sherman aber nicht Einzelaufnahmen, sondern ganze Serien aus. Dies gebietet eine beträchtliche Veränderung der Auffassung. Man kann zwar gut verstehen, daß Patienten auf ein solch einzelnes Foto positiv, nämlich sympathetisch reagieren: Sie erkennen darin etliches von ihrer eigenen Situation wieder, von der Selbstentfremdung, durch

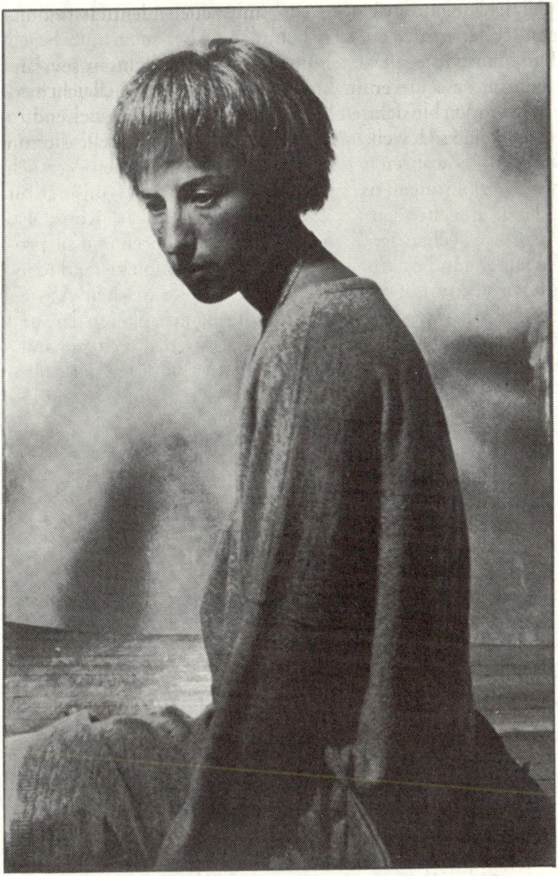

Cindy Sherman: Ohne Titel. Nr. 133. 1984.

die sie umgetrieben werden, und von der depressiven Gemütslage, in der sie sich befinden. Aber man muß beachten, daß es in den Darstellungen Cindy Shermans – obwohl es sich jedesmal um Aufnahmen ihrer selbst in den unterschiedlichsten Verkleidungen handelt – keineswegs um Bekundungen des Ausdrucks einer identischen Person geht. Es kommt

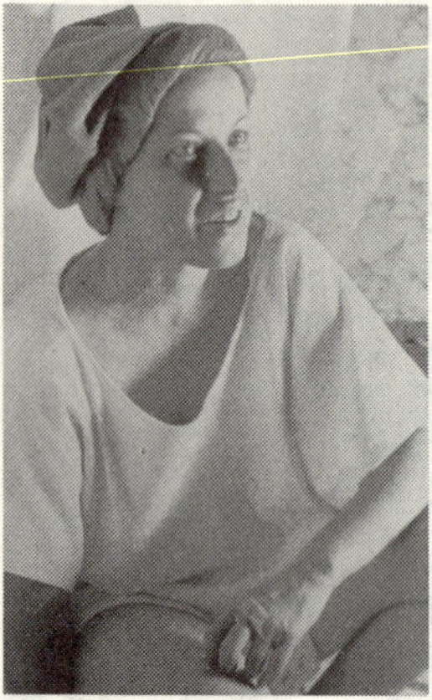

Cindy Sherman:
Ohne Titel. 1983.

Cindy Sherman:
Ohne Titel. 1983.

vielmehr gerade auf den irritierenden und eindringlichen Befund an, daß hier keine Identität zugrunde liegt. Das ist der Sinn dieser Darstellungen.

Die Betrachter kommen denn auch im allgemeinen gar nicht auf die Idee, daß das Modell hierbei jedesmal das gleiche sein könnte. Klärt man sie darüber auf, so erscheint es ihnen noch immer als zweifelhaft, ja unglaublich. Das heißt umgekehrt: Cindy Sherman verkleidet sich nicht bloß, sondern übernimmt den Typ und die Rolle, die sie darstellt, dermaßen überzeugend und perfekt, daß sie die jeweilige Identität gleichsam abstrichslos verkörpert. Sie ist nicht irgendeine Schauspielerin, sondern eine perfekte Darstellerin, sie demonstriert nicht den Facettenreichtum ihrer Person, sondern die Vielfalt möglicher Identitäten.

Cindy Sherman: Ohne Titel. Nr. 129. 1983.

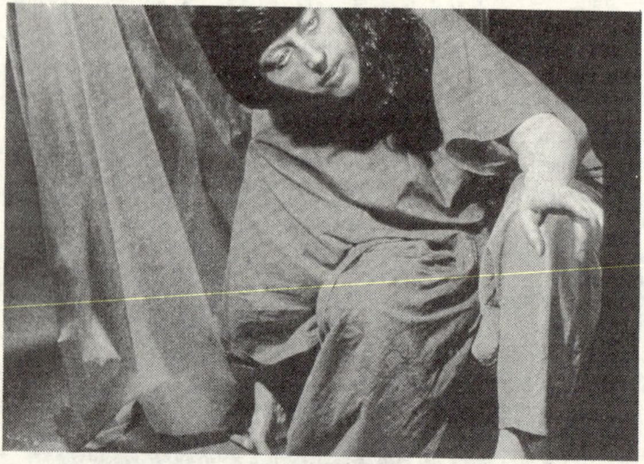

Cindy Sherman: Ohne Titel. Nr. 124. 1983.

Traditionell suchte man die Identität und Variabilität einer Person von einem als substantiell oder substrathaft begriffenen Kern her zu verstehen. Große Individuen konnten sich darin gefallen, sich in wechselnden Rollen vorzustellen. Sie zeigten sich wie Sonnnenkönige im Glanz von Attributen, erwiesen sich als Männer vieler Eigenschaften, bewährten sich als identische Agenten in einer Vielfalt von Funktionen und Erscheinungsweisen.
Modern ist das fraglich geworden. Bereits Andy Warhols Porträtserien haben einen ganz anderen Sinn. Warhol zeigt, Vielfalt vorführend, eher die Manipulierbarkeit von Identität. Seine Marilyn-Serie von 1967 ist ein typisches Beispiel dafür. Man sieht das immergleiche Foto des Showstars – in Variationen einzig der Farbzusammenstellung. Es geht nicht um den Reichtum eines Antlitzes oder die Lebendigkeit einer Person, sondern um die Konstanz einer Schablone, eines Kli-

Andy Warhol: Zwanzig Marilyns: 1962.

schees, eines Looks, dessen Vielfalt ausschließlich der Logik des Mediums sich verdankt: den Permutationen von Siebdruckflächen. Natürlich ist genau dies die Wahrheit über den Star. Er verkörpert nicht sich, sondern ein Image, und dieses entfaltet sich nach den Regeln technischer Manipulation.

Shermans Arbeiten sind damit nur sehr bedingt vergleichbar, sondern gehen über Warhols Thema entschieden hinaus. Während Warhol das Scheinhafte der klassischen Vielfalt der Person im Blick auf Gegenwartsbedingungen entlarvt, führt Sherman die positiven Möglichkeiten eines neuen, nicht mehr an die Identität einer Person gebundenen Identitätsverständnisses vor Augen. Sherman zeigt, wie ein und derselbe Mensch verschiedenste Identitäten annehmen und verkörpern kann. Nicht handelt es sich um die Scheinvarietät eines bekannten Gesichts, sondern um authentische Identitätsbildungen einer als solcher unbekannten Person. Gerade die mögliche Vielfalt solcher Identitäten und die Möglichkeit des Übergangs zwischen ihnen ist Shermans Entdeckung, Thema und Botschaft.

4. *Die moderne Infragestellung und die postmoderne Veränderung von Identität*

Die Werke Cindy Shermans stehen in einem weiteren Kontext aktueller Problematisierungen von Subjektivität und Identität.[4] Diese Infragestellungen sind von Frankreich, insbesondere vom Strukturalismus und Poststrukturalismus,

4 Vgl. insbesondere folgende Sammelbände: *Identität*, hrsg. von Odo Marquard und Karlheinz Stierle, München 1979 (Poetik und Hermeneutik, 8); *Tod des Subjekts?*, hrsg. von Herta Nagl-Docekal und Helmuth Vetter, Wien / München 1987; *Individualität*, hrsg. von Manfred Frank und Anselm Haverkamp, München 1988 (Poetik und Hermeneutik, 13); *Die Frage nach dem Subjekt*, hrsg. von Manfred Frank, Gérard Raulet und Willem van Reijen, Frankfurt a. M. 1988.

ausgegangen; in deutschen Landen haben sie, vorwiegend bei Idealisten und kritischen Theoretikern, empörte Reaktionen hervorgerufen. Manches an dieser Kontroverse entpuppt sich heute als anachronistisches Geplänkel, wenn man auf den Kern der genannten Strömungen achtet. Es geht gar nicht um eine Leugnung, sondern um eine gemäßere Interpretation von Subjektivität und um die Konturierung neuer Identitätsformen, die den gegenwärtigen Verhältnissen angemessener sind und gewachsen zu sein vermögen; und solche Veränderungen der Identität, die durch Pluralisierungsprozesse veranlaßt sind, wurden längst schon von wachen Subjekten der Moderne diagnostiziert.

So hat Paul Valéry darauf hingewiesen, daß in der Moderne »eine Menge von Lehren, Richtungen und ›Wahrheiten‹, die untereinander höchst verschieden, wenn nicht ganz und gar widersprüchlich sind, gleichermaßen anerkannt sind«,[5] und er hat darüber hinaus betont, daß diese vielen Auffassungen »sogar in den gleichen Individuen nebeneinander bestehen und wirksam sind«.[6] Die Pluralisierung, welche die Dynamik der Moderne ausmacht, vollzieht sich nicht bloß im Makroraum der Gesellschaft, sondern dringt bis in den Binnenraum der Individuen vor. Genau dies ist es, was sich gegenwärtig – postmodern – fortsetzt und steigert. Es kommt zu einer Verbreiterung des Identitätsfächers und zur Generierung neuer, betont pluraler Identitäten.

Nicht erst Valéry hat dies diagnostiziert, sondern schon Nietzsche hat ein solch plurales Existenzideal propagiert, als er im »Vorspiel in deutschen Reimen« zur *Fröhlichen Wissenschaft* schrieb:

5 Paul Valéry, »Triomphe de Manet«, in: P. V., *Œuvres*, Bd. 2, Paris 1960, S. 1326–33, hier S. 1327.

6 Ebd.

»Scharf und milde, grob und fein,
Vertraut und seltsam, schmutzig und rein,
Der Narren und Weisen Stelldichein:
Diess Alles bin ich, will ich sein,
Taube zugleich, Schlange und Schwein!«[7]

Soziologische Analysen der Gegenwart bestätigen den Trend zur fortgesetzten Pluralisierung. So macht beispielsweise Wolfgang Zapf unter dem Stichwort »Pluralisierung der Lebensstile« auf das Hervortreten neuartiger Lebensphasen aufmerksam,[8] etwa auf »die Postadoleszenz der 20–30jährigen« oder die Phase der »Jungsenioren oder ›rüstigen Rentner‹« oder auf die Tatsache, daß die Normalfamilie heute gegenüber unverheirateten Paaren, Singles, Alleinerziehenden, Geschiedenen und Zweitehen zur Minderheit wird, und er weist darauf hin, daß diese Pluralisierung zunächst ins Ungewisse führt: Ein Stil der genannten Lebensformen ist noch nicht vorgegeben; die Beteiligten müssen ihn selbst finden; es kommt für sie auf die Generierung neuer, gerade auch solchen Kurzphasen und nötigen Wechseln Rechnung tragender Identitätsmodelle an.[9] Die Vervielfachung gesellschaftlicher Identität verlangt in der entwickelten Moderne – man nenne diese ›Postmoderne‹ oder anders – eine progressive Aneignung dieser Pluralisierungsdynamik. Sie ermöglicht und favorisiert einen Typ von Individualisierung, der Pluralisierung zur Essenz hat.

Die Arbeiten von Cindy Sherman wagen sich in dieser Problemsphäre eminent weit vor. Sherman führt eine quasi kernlose, eine rein aus der Vielheit von Möglichkeiten bestehende Identität vor Augen. Substanz, das traditionelle Modell von

7 Friedrich Nietzsche, *Die fröhliche Wissenschaft*, in: F. N., *Sämtliche Werke. Kritische Studienausgabe in 15 Bänden*, hrsg. von Giorgio Colli und Mazzino Montinari, Bd. 3, München 1980, S. 355.

8 Vgl. Wolfgang Zapf, »Die Pluralisierung der Lebensstile«, in: W. Z. [u. a.]: *Individualisierung und Sicherheit. Untersuchungen zur Lebensqualität in der Bundesrepublik Deutschland*, München 1987, S. 16–30.

9 Wolfgang Zapf, »Zukunftsperspektiven gesellschaftlicher Entwicklung und Folgerungen für das Planen und Bauen«, Vortragsmanuskript 1988, S. 6 f.

Identität, ist vollständig durch Attribute bzw. durch eine Vielzahl externer Wirklichkeiten und Rollen ersetzt. Zudem läßt sich an Shermans Arbeiten im Extrem verifizieren, wie Identität sozial durch die Übernahme von Rollen konstituiert sein kann. Identität entsteht nicht quasi-biologisch durch Entfaltung eines Personkerns, sondern im wörtlichsten Sinn durch Identifikation.

Niemand wird die ambivalenten und problematischen Momente dieser Tendenz leugnen wollen. Wir sind auch von zahlreichen Negativbeispielen umgeben. Showstars der Gegenwart zeigen heute fast allesamt die Variation oder Austauschbarkeit von Identität; in diesem Sinn haben sie tatsächlich Ausdrucksfunktion für diese Zeit. Aber auch Vorbildfunktion? Allzuoft agieren sie die neue Situation nur ihren nihilistischen Zügen nach und in einem Modus der Indifferenz aus, während die positiven und profilierten Möglichkeiten – für die Cindy Sherman als Exempel stehen kann – weitaus seltener sind.

Ein Star wie Madonna scheint mir ein Paradebeispiel der Tendenz zu sein – aber ihren bloß affirmativen, nicht prospektiven Zügen nach. Ihre letzte Europatournee stand unter dem genialen Titel »Who's that girl?« Er suggerierte eine Frage, die rein rhetorisch war und keine Antwort erfahren konnte. Denn das suggerierte Geheimnis ist keines: hinter diesem Mädchen verbirgt sich keine Person, weder als Ego noch als Stimme. Sie ist nichts anderes als ein Remake der verschiedenen Rollen, die sie – mit Kostüm- und Identitätswechsel auf offener Bühne – vorführt: mal Marilyn, mal Marlene, mal andere amerikanische, mal europäische Starbilder.

Das scheint zwar Shermans Verfahren nahe zu sein, ist aber doch signifikant davon unterschieden. Es enthält nur reproduktive und insgesamt gleichmachende Züge, keine produktiven Verwandlungen und Ausgriffe auf Unbekanntes. Madonna repräsentiert das, was Benjamin ironisch im Blick auf die Mode als »ewige Wiederkehr des Neuen« bezeichnet hat; Cindy Sherman hingegen kreiert nicht bloß Bekanntes, sondern auch Unbekanntes, Abweichendes. Sie verschwin-

Madonna. 1984. 1986. 1986. 1986.

det nicht in der Reproduktion des Geläufigen, sondern nimmt in der Differenz unterschiedlichster Erscheinungen Gestalt an. Und hält uns – mit den stillen Mitteln der Kunst – dazu an, Gleiches zu versuchen. Madonna bestätigt und betäubt, Sherman irritiert und weckt.

5. Paco Knöller: Offene und übergehende Identität

Ich betrachte ein Bild von Paco Knöller. Es trägt den Titel *Der Kopf* und stammt aus dem Jahr 1986. Knöller zeigt uns den Kopf nicht von außen, sondern von innen. Und das Innenleben, das er aufdeckt, stimmt zu dem bislang Ausgeführten in auffallender Weise – es handelt sich um einen Kopf von heute. Denn da sieht man keine luzide Identitätsarchitektur und keinen selbstsicheren Personenkern, da ist auch nicht Descartes' Verbindungsstelle von Leib und Seele (eine schrumpfende Zirbeldrüse) zu erkennen, sondern man findet einen Hohlraum und freie Flächen vor, und die einzigen Objekte, die sich dort befinden, sind kultureller, nicht individueller Art und Provenienz. Man erkennt eine vorzeitliche Steinarchitektur, eine mit Stützen versehene, durch große Öffnungen durchbrochene Wand, die das Stück darunter als Boden und das darüber als Decke definiert – archaische Assoziationen an Knossos mögen sich einstellen. Unentschieden kann dabei bleiben, ob es sich um die dauerhafte Innenarchitektur dieses Kopfes oder um eines seiner momentanen Bewußtseinsbilder handelt. Wie immer: das Innenleben ist nur rudimentär vorstrukturiert, auf vieles hin offen. Nicht nur der Boden ist unbesetzt, sondern auch die Wände sind zum größeren Teil geöffnet als geschlossen. Die Bewußtseinsarchitektur verweist eher auf zu erkundende Gänge und Möglichkeiten, als daß sie eine definitive Gestalt zeigte. Man wird die angedeuteten Gänge beschreiten, ins Dunkel sich hinauswagen, den Irrweg durch das Labyrinth auf sich nehmen müssen. Man? Wer? Dieses Subjekt natürlich. Es wird die vorgegebene Rudimentärform über eine Vielzahl von Wegen, Erkundungen und Erfahrungen konkretisieren, mit Leben füllen und zu bestimmter Identität bringen.

Eben darin liegt eine Verbindbarkeit mit Cindy Sherman und der aktuellen Situation. Das Subjekt ist nicht nur von außen gesehen multipel, sondern erweist sich auch in der Binnenansicht als unfestgelegt, offen und auf eine Reihe weiterer Erfahrungen und Konkretionen angewiesen. Nicht personaler Selbstbesitz ist für es charakteristisch, sondern archaische Reminiszenzen einerseits und offene Möglichkeiten andererseits prägen seine Erscheinung.

Eine andere Betrachtungs- oder Lesart des Bildes verstärkt diesen Befund noch. Sie faßt den Kopf, gewissermaßen komplementär zur ersten Auffassung, als Außenansicht auf, so daß, was in der ersteren Lesart eine Reihe architektonischer Wandelemente war, für sie nun wie ein Reißverschluß erscheint und das ganze Bild wie ein Zip durch den Kopf sich darstellt. Respektlos gegenüber dem Mythos des Subjekts und der Beschwörung von Identität wird das Innenleben durch Aufziehen des Reißverschlusses freigelegt, und was man dann sieht, sind gerade nicht Strukturen selbstheller Reflexivität oder Gebilde personaler Vollendung, sondern offene Flächen, Tiefenschächte und unabsehbare Möglichkeiten. Der Kopf eines Subjekts erscheint vollendet allenfalls von außen, innen erweist er sich als Möglichkeitsraum.

Auch ein anderes Bild von Paco Knöller, *Monolog 2* von 1986, kann auf diesen Problemzusammenhang bezogen werden. Dominant ist hier ein großer Trog von grauer Farbgebung. Daneben hockt, mit dem Rücken gegen die Trogwand gelehnt, ein Mann. Die Verbindung von Trog und Figur weckt Assoziationen an Sarg und Tod, die Kauerstellung des Mannes (eine alte Begräbnishaltung) unterstreicht dies zusätzlich.

Der Mann hat keine eigene Farbe, sondern ist von derselben weißen Farbigkeit wie seine Umgebung. Er weist keine eigene Substanz, keine autonome Körperlichkeit auf, die sich

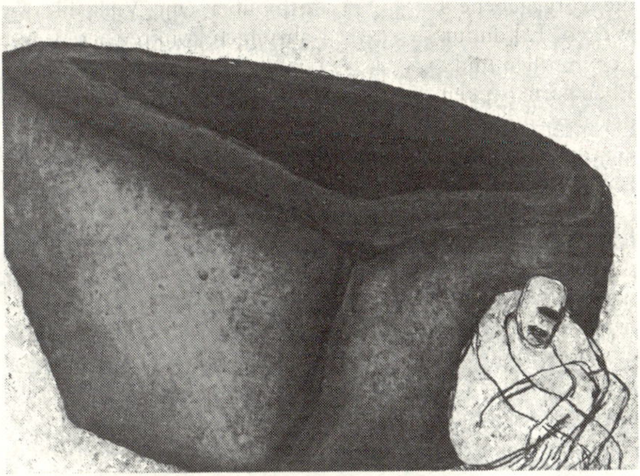

Paco Knöller: Monolog 2. 1986.

aus sich definieren und von der Umgebung absetzen würde. Er hebt sich vielmehr nur durch graphische Linien, die für ihn zu Konturen werden, von seiner Umgebung ab. Allein diese Grenzlinien, nicht eine substantielle Autonomie konstituieren ihn. (Ähnlich hat die antike Philosophie vom Begriff gesagt, er hebe ein Wesen von den anderen durch Grenzziehung ab, lasse es durch Umriß und Profil aus der Menge des Umgebenden hervortreten.)

Der Bildtitel *Monolog* ist auf den ersten Blick plausibel, auf Dauer aber zweifelhaft. Zwar ist der Mann offenkundig allein, hat keinen Gesprächspartner, kann also nur Monologe führen. Gleichwohl besteht bildmäßig und sinnhaft eine Kommunikation mit anderem. Erstens gilt, wie schon angedeutet, ein Austauschverhältnis zwischen Gestalt und Umwelt. Indem die Gestalt sich allein durch ihren Umriß aus dem Umfeld konstituiert, besteht eine Art Erläuterungsverhältnis zwischen beiden: Der Mensch kommt aus dem ihn Umgebenden, und er wird – das ist die konsequente Fortsetzung – dort hinein sich auch wieder auflösen. Zweitens besteht ein solch dialogisches Verhältnis aber auch zwischen Figur und Trog. Im wörtlichen Sinn wird natürlich auch hier nichts gesprochen, es handelt sich vielmehr um eine sinnende Beziehung. Dabei wird man die menschliche Figur so auffassen, als meditiere sie über den bevorstehenden Tod, über die Unausweichlichkeit des Sterbens, über den Übergang in die bevorstehende andere Existenzform. (In der Augenpartie ist die Angleichung schon vollzogen; diese Partie ist von der gleichen Farbe und gerade so verschattet, wie es der Trog im ganzen ist und insbesondere seine Öffnung es zeigt.) Insgesamt hat also, was zunächst als Monolog erscheinen konnte, eigentlich die Form eines Trialogs: eines Austauschs der Figur mit dem Umfeld einerseits und dem Trog (Grab) andererseits.

Wichtig ist, daß in diesem Trialog nichts von Auflehnung enthalten ist, sondern ein Einverstandensein des Menschen mit dem Umgebenden zum Ausdruck kommt, sowohl mit der hellen Umgebung, aus der er kommt, als auch mit dem dunklen Raum, der ihm bevorsteht. Der Mensch, der seine Substanz nicht aus sich hat, denkt auf seinen nächsten Übergang, auf die Auflösung seiner prekären Existenz vor, und er lehnt sich nicht selbstherrlich-eingebildet dagegen auf, sondern stimmt dem nachdenklich-sinnend zu. Der Mensch ist eine vorübergehende Erscheinung zwischen zwei Seinsweisen, ein Übergang zwischen Licht und Dunkel.

Auch diese bildnerische Gestaltung propagiert nicht das konventionelle Identitätsbild, sondern löst es auf. Der Mensch ist nicht das selbsterwirkte Geschöpf vorgeblicher Autonomie, sondern tritt in einer temporären Konstellation in die Existenz und gewinnt seine Form unter vorgegebenen Bedingungen, und dies geschieht stets mehr von außen als von innen. Worauf es ankommt, ist nicht, gegen diese Verfassung sich aufzulehnen oder an ihr sich vorbeizuschwindeln, sondern sie zu erkennen und zu leben. Nicht selbstherrliche und rigide Identität macht den Menschen aus, sondern Identität im Übergang – die es erst noch wahrzunehmen und auf die es sich sinnend einzustimmen gilt – ist ihm zugeteilt.

6. *Arnulf Rainer: Attacken auf die Identität von Person und Bild*

Arnulf Rainer ist als Meister von Übermalungen bekannt. Solche Übermalungen bedeuten stets Identitätsveränderungen. Insofern gehört auch Rainers Werk in den Problemkon-

Arnulf Rainer: Schwarz/Weiß. 1956.

text, den ich hier verfolge. Rainer hat derlei Identitätsveränderungen vielfach an eigenen Bildern vorgenommen – im doppelten Sinn: sowohl an Werken, die von ihm stammen, als auch an Abbildungen seiner Person. Genau diese Verkoppelung ist für seine Arbeit charakteristisch. Identitätsprobleme der Person bestehen im Hinblick auf ihr Bild, und die Infragestellung der personalen Identität muß zugleich eine Attacke auf Bild und Werk implizieren.

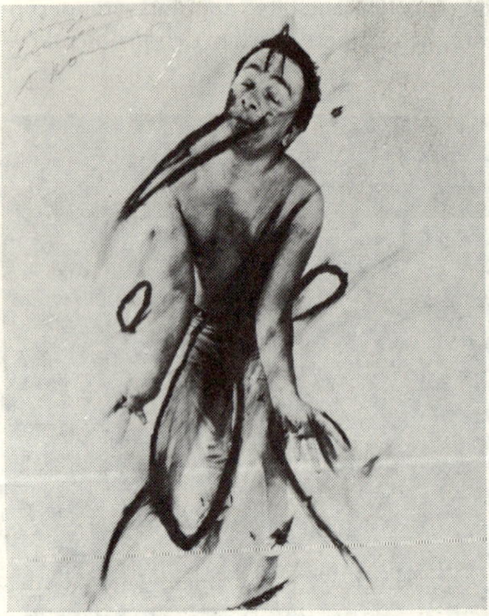

Arnulf Rainer: Zungen, Zungen. 1974.

Knöller machte in seinen Bildern die Identität zum Thema. Sherman zeigte Werke, die je das Ergebnis eines Identitätswandels waren. Rainer steht dazwischen. Er problematisiert die Identitätsfunktion des Mediums Bild.

Arnulf Rainer: Skelett. 1972/73.

Bezeichnend ist, daß Rainer in den abgebildeten Beispielen von Fotoporträts seiner selbst ausgeht. Dabei entsprechen freilich schon diese Aufnahmen nicht dem Standard. Rainer präsentiert sich vielmehr in zugespitzten Gesten, exaltierten Posen, ungewohnten Ansichten. Die Subversion beginnt schon hier. Und sie ist ersichtlich gegen die konventionelle Identitätserwartung gerichtet. Denn üblicherweise ist das Foto Dokument der Identität. Nicht von ungefähr enthält unsere Identitätskarte ein Foto, belegen wir unsere Identität durch Übereinstimmung mit einer solchen Abbildung. Gegen dieses Deckungsverhältnis geht Rainer an, gegen diese identifikatorische Funktion des Bildes richtet er seine Attacke. Er hat bemerkt, daß diese Identitätsfunktion nicht nur einen Beigeschmack, sondern den Sinn polizeilicher Überwachung hat. Das Porträt ist, je mehr es dem Standard

entspricht, um so reiner ein Dokument der Identität. Als solches dient es der Identifikation – in einem stets auch kriminologischen Sinn. Diese Verbindung attackiert Rainer. In verzerrten Posen, durch Grimassen, kraft exaltierter Mimik entzieht er die Abbildung ihrer Identitätsfunktion. Der Bildsinn der Fesselung durch Identität wird durch Sprengung des Standards unterlaufen.
Dem dient zusätzlich die Übermalung. Sie kann angelegte Züge verstärken, Verborgenes akzentuieren oder Umdeutungen vornehmen. Ihr gestischer Impuls attackiert das Dargestellte und die Darstellung zumal. Rainers Verfahren wendet sich gegen Identität und Identifikation in jederlei Sinn. Es transformiert Eindeutigkeit in Mehrdeutigkeit. Es funktioniert den Identitätsmechanismus Bild zu einer Vollzugsform

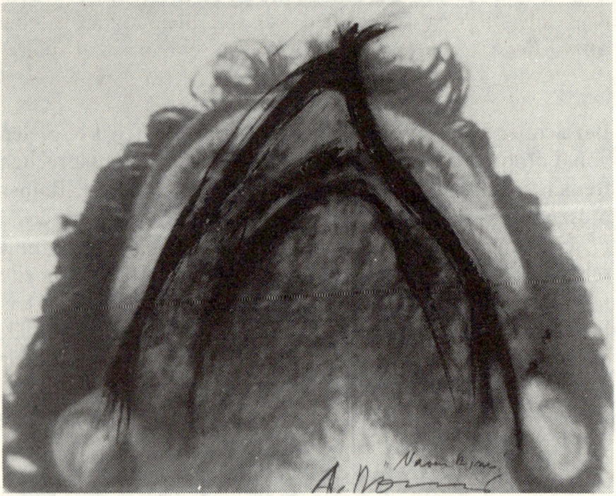

Arnulf Rainer: Nasenkinn. 1973.

der Auflösung von Identität um, es sprengt die bürgerlich-ruhige Identität der Person und die korrespondierende Sicherungsfunktion des Bildes zumal.

Darin ist eine besondere Avanciertheit Rainers zu erkennen. Er wendet sich nicht bloß gegen die antiquierten Identitätserwartungen und -zumutungen. Sondern er tut dies durch Subversion gegenüber dem eigenen Medium, das allenfalls naiven Köpfen als hehr und unschuldig erscheinen kann, während in Wahrheit die Thematisierung und Brechung seiner gesellschaftlichen Funktion geboten ist. Von Rainers Malarbeit gilt, was Foucault – der seinerseits auf analoge Implikate des Schreibens kritisch aufmerksam geworden war und das Schreiben unter der Konstanzbedingung des ›Autors‹ als Disziplinierungsinstrument bürgerlichen Identifikationsunwesens durchschaut hatte – so formulierte: »Mehr als einer schreibt wahrscheinlich wie ich und hat schließlich kein Gesicht mehr. Man frage mich nicht, wer ich bin, und man sage mir nicht, ich solle der gleiche bleiben: das ist eine Moral des Personenstandes; sie beherrscht unsere Papiere. Sie soll uns frei lassen, wenn es sich darum handelt, zu schreiben.«[10]

7. *Objektive Ambivalenzen und Gegenstandsmetamorphosen*

Nicht nur die Identität der Subjekte ist in Bewegung geraten, die der Weltverhältnisse und Objekte ist es nicht minder. Auch wenn ich mich in meinen Ausführungen auf den ersteren Aspekt konzentriere, darf doch der letztere nicht unerwähnt bleiben. Es ist ja gerade meine Generalthese, daß die objektive Pluralisierung den eigentlichen Motor der subjektiven bildet. Daher ist wenigstens kurz darauf noch einmal einzugehen, sowohl auf die generelle Tendenz zum Be-

10 Michel Foucault, *Archäologie des Wissens*, übers. von Ulrich Köppen, Frankfurt a. M. 1973, S. 30.

stimmtheitswechsel wie auch auf deren speziellen Reflex in künstlerischen Objektgestaltungen.
Ambivalenz ist das mindeste, womit man bei den gegenwärtigen Weltverhältnissen rechnen muß. Die letzten Jahre der Diskussion um Moderne und Postmoderne haben gezeigt, daß keine Wirklichkeitsbeschreibung tragfähig ist, die nicht zugleich die Plausibilität der Gegenthese verfolgt. So ist den Prozessen der Pluralisierung zugleich Uniformierung gesellt, und noch das Spektrum der Heils- bzw. Zielvorstellungen ist vom Gegensatz von Einheitsoption und Vielheitsplädoyer durchzogen. Von der Ästhetisierung der Gegenwart ist nicht ohne das Gegenphänomen einer Anästhesierung zu sprechen, und man kann keine einzige herausragende Erscheinung unserer Zeit diskutieren, ohne einer möglichen positiven

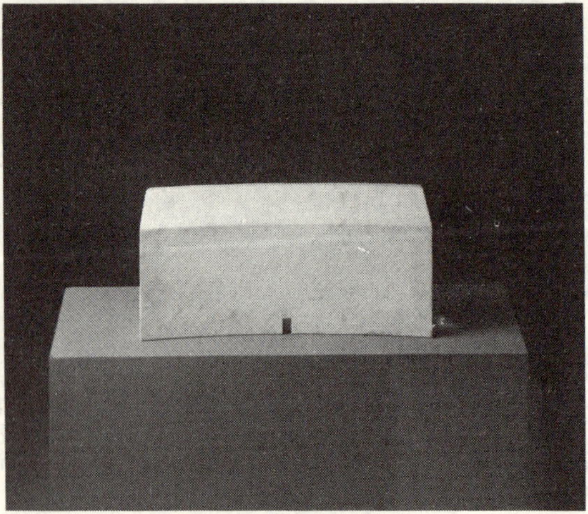

Louise Bourgeois: Curved House. 1983.

Louise Bourgeois: Trani Episode. 1971/72.

Lektüre zugleich eine negative zur Seite stellen zu müssen.[11] Das gilt von den ›Neuen Technologien‹ über die ›Kulturgesellschaft‹ bis hin zum ›Museumsboom‹.
Wo aktuelle Kunst sich Objekten zuwendet, thematisiert sie daher nicht mehr nur die Tücke des Objekts, sondern gestaltet bezeichnenderweise Gegenstände von grundsätzlicher Ambivalenz und Ambiguität. Sie operiert beispielsweise mit signifikanten Verschiebungen zwischen Begriff und Form oder mit komplexen Hybridbildungen. Das zeigen Arbeiten von Louise Bourgeois wie das *Curved House*, das zwar einen Eingang hat, aber keine Innenarchitektur enthält, während es andererseits durch die Kurvung der Außen-

11 Detaillierter habe ich dies ausgeführt in: *Unsere postmoderne Moderne*, Weinheim [2]1988.

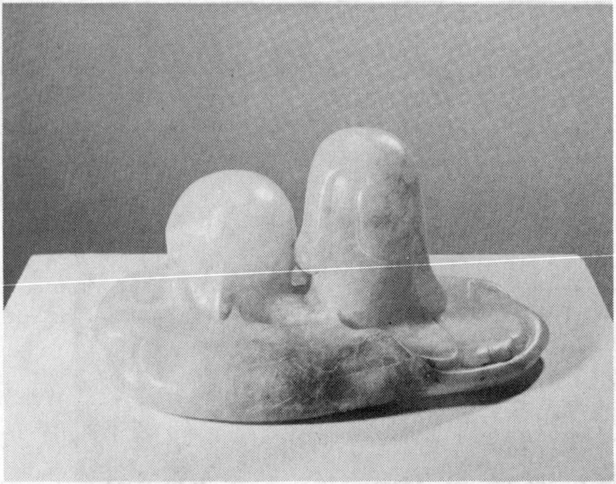

Louise Bourgeois: Soft Landscape II. 1967.

erscheinung gleichwohl Organizität andeutet; oder *Trani Episode* und *Soft Landscape II*, wo Genitalformen zwischen männlichem und weiblichem Charakter changieren, wobei das Thema des Ergusses und das künstlerische Herstellungsverfahren des Gusses miteinander verschmelzen und Objektkonstellationen entstehen, die ihre Ausgangsidentität zwar nicht verleugnen, sie aber zugleich in ganz andere, fernliegende und suggestive Identitäten transformieren. »Identität im Übergang« bezeichnet ein Grundmotiv unserer Zeit – der Subjekte sowohl wie der Objekte und der Welt (der Welten) im ganzen.

8. *Resümee in drei Abschnitten*

Abschließend seien die mittlerweile gewonnenen Ergebnisse auf die einleitend genannte Fragestellung zurückbezogen. Dies Resümee ist nach den drei Aspekten Grenzdurchlässigkeit, Desidentifizierung und Psychiatriewandel gegliedert.

a) Grenzdurchlässigkeit

Die Analysen zeigen, daß sich der ehedem konstitutive und scharfe Unterschied von Normalität und Abweichung gegenwärtig aus guten Gründen auflöst. Ein Motiv dafür war längst durch die psychoanalytische Einsicht bezeichnet, daß die Grundmuster der psychischen Prozesse beim Gesunden und beim Kranken die gleichen sind. Für die Aufhebung der Grenze aber wurde ausschlaggebend, daß eine solche Grenzüberschreitung sich in der Realität ereignet hat, daß sie zur manifesten Erfahrung der Gegenwart geworden ist. So erwies sich beispielsweise vieles, was wir einst für vernünftig gehalten hatten, zunehmend als irrational. Das ist ein Befund, den man heute nicht mehr einem so exquisiten Buch wie der *Dialektik der Aufklärung* abgewinnen muß, sondern alltäglich den Zeitungen entnehmen kann. Fortschrittsimaginationen sind in Realkatastrophen umgeschlagen, Heilskonzepte lösten sich zunehmend als Unheilsrealitäten ein. Nichts zeigt heute massiver irrationale Züge als die vermeintlich reine Rationalität.
Solche Realdialektik, die uns allenthalben umgibt – vom Gesundheitswesen bis zur Volkspädagogik und von der Weltwirtschaft bis zur libidinösen Partnerschaft –, zwingt uns zur Preisgabe der herkömmlichen Grenzziehungen zwischen Normalität und Abweichung. In der Wirklichkeit hat sich das eine als das andere erwiesen. Gerade das Festhalten an den alten Unterscheidungen kann krankhafte Züge aufweisen, während abweichendes Verhalten oft die besseren

Aussichten auf Lebenserfüllung eröffnet. Normalität und Abweichung haben ihre Positionen vertauscht. Geboten ist die Überschreitung der traditionellen Rasterung, zumindest ihre Abschwächung und Umschichtung, eigentlich ihre Überwindung in Übergängen.

b) Desidentifizierung und neue, plurale Identität

Was an einigen Kunstwerken stellvertretend angesprochen wurde, könnte an zahlreichen anderen exemplifiziert werden. Die Kunst führt uns sowohl Identitätsauflösungen als auch Modelle des Übergangs zwischen verschiedenen Identitäten vor Augen. Sie bringt uns den Identitätswandel eindringlich nahe.

Man kennt das konservative Lamento, das dagegen angestimmt wird: Wenn die Kunst dergleichen tue, so reflektiere sie darin nur die Misere einer sich gesellschaftlich ausbreitenden Anomie; Identitätsverlust sei wohl ein Thema der Zeit und gewiß repräsentiere der psychisch Kranke die Essenz des heutigen Menschen, aber all dies sei eben beklagenswert, heillos, katastrophisch. – Wer so spricht, verweigert sich den prospektiven Implikationen des gegenwärtigen Wirklichkeitswandels. Und vor allem wird er mit solch retrogradem Lamento uns bloß denunzieren, nicht aber uns helfen können.

Noch einmal möchte ich an die Postmoderne-Diskussion erinnern. Wenn die Postmoderne sich gravierend von der Moderne unterscheidet, dann eben dadurch, daß sie die Pluralität nicht bloß zähneknirschend als ungeliebte, aber unumgängliche Realität hinnimmt, sondern ihre befreienden Aspekte erkennt und dieser Pluralität aus Überzeugung zustimmt. Es gilt, sich von alten Obsessionen zu lösen, sie als gefährliche Phantasmen zu durchschauen. Der Einheits- und Ganzheitsdruck, der abendländisches Denken durchzieht, ist eminent; in deutschen Gemütern ist er besonders stark – romanische werden von ihm schon weniger heimgesucht.

Auch das haben die Diskussionen der letzten Jahre an den Tag gebracht.

Mancher Fachfremde, der sich mit der Postmoderne-Diskussion beschäftigte, wußte als deren eigentlichen Gewinn zu vermerken, »daß man sich erstmals von der Verkrampfung des Einheits- und Ganzheitsdenkens löst, das manifest und mehr noch latent unser Weltbild bestimmt; die eigentliche Botschaft der Postmoderne, daß die Wirklichkeit plural konstituiert ist, bedeutet gerade eine äußerst wohltuende und befreiende Erfahrung«.[12]

Genau dazu ermutigen uns Kunstwerke der diskutierten Art. Sie gehen uns bei der psychodynamischen Umstellung, die es heute zu leisten gilt, an die Hand. Ein Philosophen-Künstler hat es folgendermaßen formuliert: »Halt gibt es keinen mehr, doch die meisten Leute wissen mit dieser Situation noch nicht umzugehen, weshalb sie sich versteifen, sich selber arretieren im krampfhaften Griff nach Sicherheit. Doch sowohl bei Ebbe wie bei Flut des Lebens findet man nur dort Halt, wo er sinnvollerweise zu suchen ist, bei sich.«[13] Es kommt freilich darauf an, dieses Ich seinerseits nicht zu arretieren, sondern zu öffnen. Es gilt, seine Identität so auszubilden, daß sie der aktuellen Pluralität gewachsen, Identität in Übergängen ist.

Schon Robert Musil hat im *Mann ohne Eigenschaften* seinen Titelhelden – also jenen Ulrich, von dem Maurice Blanchot gesagt hat, er sei »der Mensch ohne Wesenskern, der Mensch, dem es nicht gegeben ist, ... in einer festen Persönlichkeit zu erstarren«[14] – prognostizieren lassen: »Vielleicht gehen wir dann, wenn die falsche Bedeutung, die wir der Persönlichkeit geben, verschwindet, in eine neue ein wie in das herrlichste

12 Zitat aus dem Brief eines Lesers, eines interdisziplinär aktiven Hochschulpräsidenten.

13 Gerhard-Johann Lischka, »Superästhetik – wilde Ästhetik«, in: *Philosophen-Künstler*, hrsg. von G.-J. L., Berlin 1986, S. 29–41, hier S. 41.

14 Maurice Blanchot, *Der Gesang der Sirenen. Essays zur modernen Literatur*, übers. von Karl August Horst, Frankfurt a. M. 1988, S. 188 f.

Abenteuer.«[15] Und Fernando Pessoa stand mit seiner Existenz für solchen Übergang ein und hat ihn folgendermaßen beschrieben: »Ich erschuf in mir verschiedene Persönlichkeiten. Ich erschaffe ständig Personen. Jeder meiner Träume verkörpert sich, sobald er geträumt erscheint, in einer anderen Person; dann träumt sie, nicht ich. Um erschaffen zu können, habe ich mich zerstört; so sehr habe ich mich in mir selbst veräußerlicht, daß ich in mir nicht anders als äußerlich existiere. Ich bin die lebendige Bühne, auf der verschiedene Schauspieler auftreten, die verschiedene Stücke aufführen.«[16]

Nicht von ungefähr sind es immer wieder künstlerische Naturen gewesen, die uns diesen Weg wiesen. Noch wenn die Gesamtdiagnose nicht euphorisch ist, sondern – wie geboten – auch katastrophische Aspekte in den Blick nimmt, bleibt es bei der therapeutischen und möglicherweise rettenden Wirkung der Kunst. Am Ende gilt die Kunst, wie Bonito Oliva es einmal formuliert hat, als »Raum des Überlebens . . . unter nicht lebbaren Bedingungen«.[17]

Die Kunst lehrt uns nicht nur, daß die variable Identität, die man bislang aus den Zonen der Krankheit und der psychiatrischen Behandlung kannte, vom Stigma zum Modell geworden ist und gesellschaftlich prospektive Funktion übernommen hat, sondern sie zeigt zudem, wie solch variable Identität gelingen und wie sie lebbar sein kann. Darin hat die Kunst noch einmal Avantgarde-Funktion, diagnostisch sowohl wie propädeutisch: Sie generiert neue Identitätsformen, und sie lebt die entsprechenden Verhaltensweisen vor und übt sie ein.

15 Robert Musil, *Der Mann ohne Eigenschaften*, Hamburg 1952, S. 572.

16 Zit. nach: Peter Weibel, *Inszenierte Kunstgeschichte*, Wien 1988, S. 23. Pessoa schrieb als mehrere – heteronyme – Autoren, die allesamt seine Erfindungen waren, vor allem Alberto Caeiro, Ricardo Reis, Álvaro de Campos. »Sei plural wie das Universum!« lautete einer seiner Wahlsprüche. »Pessoa« bedeutet im Portugiesischen »Person, Maske, Fiktion, Niemand«.

17 Achille Bonito Oliva, »Die italienische Trans-Avantgarde«, in: *Wege aus der Moderne. Schlüsseltexte der Postmoderne-Diskussion*, hrsg. von Wolfgang Welsch, Weinheim 1988, S. 121–130, hier S. 130.

c) Psychiatriewandel

Die Konsequenzen für die Psychiatrie könnten beträchtlich sein. Zwar ist der Kranke keineswegs umstandslos zur Modellfigur künftiger Gesundheit zu erklären, aber daß Strukturen, die bislang für krankheitscharakteristisch galten, künftig eher für lebensermöglichend anzusehen sind, muß auch die Einschätzung und Behandlung des Kranken verändern.

Zunächst kann man nicht mehr an der Vorstellung festhalten, Kunst könne für die Kranken therapeutisch wirksam nur dann sein, wenn sie diesen strahlende Modelle geglückten Lebens, harmonischer Existenz, vollendet-bürgerlichen Daseins bietet. Weder solch ästhetisches (oder pseudo-ästhetisches) noch das entsprechende medikamentöse Tranquilizing kann fürderhin als Methode der Wahl gelten. Vielmehr zeichnet sich eine andere Perspektive ab: die einer Versöhnung des Kranken mit seinem Widerspruch, einer Bestärkung seiner divergierenden Selbstseinsfähigkeiten. Um es drastisch zu sagen: Man wird zunehmend versuchen müssen, die Kranken ihre Divergenz als normalitätsnah erfahren zu lassen – das ist schlicht die Folge der zuvor dargelegten Modellfunktion von als pathogen eingeschätzten Strukturen für künftige Identität.[18] An Kunstformen der geschilderten Art zu erfahren, daß die Identitätspluralisierung, die manche Kranke verkörpern, zunehmend zur Matrix heutiger Individuen wird und vor allem: daß sie Chancen der Lebbarkeit eröffnen kann, das bezeichnet die neue, mit Ernst – aber auch mit Behutsamkeit – zu verfolgende Aufgabe.

Flankierend wird es dabei auch darauf ankommen, die traditionellen, zum Teil geradezu obsessiven Harmoniewünsche

18 Lapidar hat dies letztere Gianni Vattimo in einem bezeichnenderweise »Jenseits vom Subjekt« betitelten Buch formuliert: Die »Situation des gespaltenen Subjekts stellt sich ... als ›normale‹ Situation des postmodernen Menschen« dar (Gianno Vattimo, *Jenseits vom Subjekt. Nietzsche, Heidegger und die Hermeneutik*, übers. von Sonja Puntscher Riekmann, Graz / Wien 1986, S. 63).

abzubauen, die dafür verantwortlich sind, daß jemand seine Situation als krankhaft empfindet, anstatt sie als lebbar zu erkennen.

Kunst fungierte ehedem als Instrument einer Formung, die – das hat schon Schiller kritisch vermerkt – unter dem Anschein der Freiheit Herrschaft ausübte.[19] Gegenwärtige Kunst hat von solcher Herrschaftsanmaßung sich gelöst. Sie könnte auch in der Psychiatrie künftighin als Organ nicht der Disziplinierung, sondern einer Bestärkung und Befreiung wirksam werden.

Ich möchte mit einem persönlichen Aperçu schließen. Von Wien (einer Stadt, der ich auch für die vorstehenden Überlegungen manches verdanke) hat man gesagt, sie sei eine Traumstadt der Postmoderne, denn in ihr sei es unterschiedlichsten Tendenzen möglich geworden, sich zu artikulieren und Gestalt anzunehmen. Andererseits hat eine irritierte Besucherin von dieser Stadt gemeint, sie komme ihr vor wie eine offene Anstalt, denn hier liefen die verrücktesten Typen frei herum. Vielleicht wird man in Zukunft dies beides weniger unterscheiden, vielleicht wird man es immer mehr zusammendenken mögen und müssen.

19 Schiller vermerkt, daß der schöne Künstler leider keine Bedenken trage, dem Stoff »Gewalt anzutun, nur vermeidet er, sie zu zeigen«. Dagegen verlangt Schiller vom »pädagogischen und politischen Künstler«, der es mit Menschen zu tun hat – und entsprechend wäre dies auch vom kunstvollen Psychiater zu erwarten –, daß er diese Menschen nicht einfach als Stoff, sondern als Selbstzweck behandelt und also nicht Herrschaft über sie ausübt, sondern ihnen zu ihrer Freiheit verhilft (Friedrich Schiller, »Über die ästhetische Erziehung des Menschen in einer Reihe von Briefen«, in: Fr. Sch., *Sämtliche Werke*, hrsg. von Gerhard Fricke und Herbert G. Göpfert, Bd. 5, München [6]1980, 4. Brief, S. 578).

Perspektiven für das Design der Zukunft

Adolf Loos hat die entscheidende Leistung des 18. Jahrhunderts in der Befreiung der Wissenschaft von der Kunst und die des 19. Jahrhunderts in der reinlichen Scheidung von Kunst und Gewerbe gesehen. Das 20. Jahrhundert sollte ihm zufolge die Aufgabe haben, diese Unterscheidungen zu befestigen und zu nützen.[1] Aber am Ende dieses Jahrhunderts erkennen wir die gegenläufige Bewegung: Paul Feyerabend und andere plädieren für ›Wissenschaft als Kunst‹, und die Aufgaben des Designs – das nach wie vor das Kunstmoment innerhalb des Gewerbes bzw. der Industrie darstellt – werden offenbar immer umfassender und unverzichtbarer. Wie ist dieser Wandel zu erklären? Leben wir in einer Zeit allgemeiner Transformation dessen, was uns für ausgemacht galt? Der Postmodernismus behauptet dies. Was vermag er uns über die veränderte Verfassung der Gegenwart und die Wege in die Zukunft zu sagen?

I

Postmoderne – ein Überblick

Jean-François Lyotard, der bedeutendste Theoretiker der Postmoderne, hat einmal gesagt, die Postmoderne sei weniger eine Epoche als »ein Gemüts- oder vielmehr Geisteszustand«.[2] Wahrscheinlich geht es um beides, aber ausschlaggebend ist tatsächlich die neue Geisteshaltung.

1 Vgl. Adolf Loos, *Trotzdem. 1900–1930*, Wien 1982, S. 72 f.

2 Jean-François Lyotard, *Philosophie und Malerei im Zeitalter ihres Experimentierens*, übers. von Marianne Karbe, Berlin 1986, S. 97.

Mit dieser postmodernen Geisteshaltung will ich Sie zunächst vertraut machen, um anschließend mögliche Konsequenzen für den Weg des Designs ins 21. Jahrhundert aufzuzeigen.

1. Literatur

Der Ausdruck ›post-modern‹ begegnet zwar erstmals schon vor über einhundert Jahren, aber zum Leitbegriff einer Debatte ist er erst 1959/60 in den USA geworden. Die heute weltweite Diskussion um Moderne und Postmoderne nahm von dort ihren Ausgang.[3]

Zunächst war der Begriff auf die Literatur beschränkt. Irving Howe und Harry Levin konstatierten 1959 bzw. 1960 in ihren Artikeln ›Mass-Society and Postmodern Fiction‹ bzw. ›What was Modernism?‹, daß die Literatur der Gegenwart im Unterschied zur großen Literatur der Moderne – der Literatur der Yeats, Eliot, Pound und Joyce – durch Erschlaffung, durch ein Nachlassen der innovatorischen Potenz und Durchschlagskraft gekennzeichnet sei. In diesem Sinn sprachen sie von einer ›post-modern literature‹. Die Diagnose hatte einen resignativen und nostalgischen Beigeschmack.

Das sollte sich bald ändern. Schon in den sechziger Jahren kam es zu einer positiven Bewertung der neuen Tendenzen. Literaturkritiker wie Leslie Fiedler und Susan Sontag erkannten der neuen Literatur neue Qualitäten zu und verteidigten sie gegen die Bemessung am traditionellen Maßstab der Moderne. Sie sahen die entscheidende Leistung von Autoren wie Boris Vian, John Barth, Leonard Cohen und Norman Mailer in einer neuen Verbindung von Elite- und Massenkultur.

Am deutlichsten hat dies Leslie Fiedler ausgesprochen, aus dessen programmatischem Postmoderne-Essay ›Cross the Border – Close the Gap‹ von 1969 (er ist übrigens nicht etwa

3 Ausführlich habe ich die Geschichte des Terminus ›Postmoderne‹ dargestellt in: *Unsere postmoderne Moderne*, Weinheim ²1988, S. 1–43.

in einer Literaturzeitschrift, sondern im *Playboy* erschienen) ich einige Passagen zitieren will:
»Fast alle Schriftsteller sind sich der Tatsache bewußt, daß wir den Todeskampf der literarischen Moderne und die Geburtswehen der Post-Moderne durchleben.« »Wir leben jetzt in einer sehr anderen Zeit – apokalyptisch, antirational, offen romantisch und sentimental.« ». . . die Kluft zu schließen bedeutet auch, die Grenze zwischen dem Wunderbaren und dem Wahrscheinlichen zu überschreiten, zwischen dem Wirklichen und dem Mythischen, zwischen der bürgerlichen Welt mit Boudoir und Buchhaltung und dem Königreich dessen, was man lange als Märchen zu bezeichnen pflegte, aber das schließlich in den Geruch der verrückten Phantasterei kam.« »Der Postmodernismus schließt die Kluft zwischen Kritiker und Publikum . . . Wichtiger ist, daß er die Kluft zwischen Künstler und Publikum schließt oder, in jedem Fall, zwischen Professionalismus und Amateurtum in den Gebieten der Kunst.« Kurzum: Der postmoderne Künstler ist ein »Doppelagent« – »gleichermaßen zu Hause in der Welt der Technologie und im Reich des Wunders.«[4]
Postmoderne Literatur verbindet also sehr unterschiedliche Einstellungen und Ansprüche und erreicht dadurch eine Verschmelzung von Elite- und Massenkultur. Der Rationalität der Moderne werden diverse irrationale Momente – Vision, Mythos, Ekstase – entgegengesetzt oder hinzugefügt. Mehrsprachigkeit ist der Königsweg dieser postmodernen Literatur. Ein entschiedener Pluralismus bildet den Kern der postmodernen Tendenzen. Die Postmoderne ist eine gegenüber ihren Vereinseitigungen erweiterte Moderne.

4 Leslie Fiedler, »Überquert die Grenze, schließt den Graben!«, in: *Wege aus der Moderne. Schlüsseltexte der Postmoderne-Diskussion*, hrsg. von Wolfgang Welsch, Weinheim 1988, S. 57–74, hier S. 57f., 69f., 73.

2. *Architektur*

Allgemein bekannt wurde der Begriff ›Postmoderne‹ durch die Architektur. Gewiß gab es längst postmoderne Bauten, bevor sie so hießen, und mit Robert Venturis *Complexity and Contradiction in Architecture* lag seit 1966 auch schon eine veritable Programmschrift postmodernen Bauens vor. Venturi plädierte für eine »komplexe und widerspruchsreiche Architektur . . ., die von dem Reichtum und der Vieldeutigkeit der modernen Lebenserfahrung zehrt«.[5]
Zum Propheten und Chronisten der Vokabel ›postmodern‹ für die Architektur wurde dann jedoch Charles Jencks, der den Ausdruck seit 1975 verwendete und durchsetzte. Jencks' Postmoderne-Verständnis ist offenkundig von Fiedler inspiriert. So wie Fiedler für eine Verbindung von Elite- und Massenkultur plädierte und dafür künstlerische Doppel-, ja Mehrfachsprache empfahl, so versteht Jencks nun auch die postmoderne Architektur als sowohl sozial wie semantisch vielschichtig. »Die Postmoderne versucht, den Anspruch des Elitären zu überwinden . . . durch Erweiterung der Sprache der Architektur in verschiedene Richtungen – zum Bodenständigen, zur Überlieferung und zum kommerziellen Jargon der Straße. Daher die Doppelkodierung, die Architektur, welche die Elite und den Mann auf der Straße anspricht.«[6]
Das ist offensichtlich ›Cross the Border – Close the Gap‹ mittels Säule und Erker; Jencks' architektonische »Doppelkodierer« sind die jüngeren Geschwister von Fiedlers literarischen »Doppelagenten«.
Während die moderne Architektur emanzipatorisch sein wollte, im *Internationalen Stil* jedoch faktisch affirmativ und uniformierend wurde – die noble Sprache von Glas und Stahl paßte zu den Nadelstreifenanzügen in den Chefetagen, und

5 Robert Venturi, *Komplexität und Widerspruch in der Architektur*, hrsg. von Heinrich Klotz, Braunschweig 1978, S. 23.
6 Charles Jencks, *Die Sprache der postmodernen Architektur. Die Entstehung einer alternativen Tradition*, Stuttgart ²1980, S. 8.

überdies errichtete diese Architektur (jedem wirklichen Funktionalismus Hohn sprechend) überall auf der Welt und egal für welche Aufgaben die gleichen Gebäude –, will die postmoderne Architektur kommunikativ und vielheitlich sein: »Ein postmodernes Gebäude spricht, um eine kurze Definition zu geben, zumindest zwei Bevölkerungsschichten gleichzeitig an: ... eine engagierte Minderheit, die sich um spezifisch architektonische Probleme kümmert, sowie die breite Öffentlichkeit oder die Bewohner am Ort, die sich mit Fragen des Komforts, der traditionellen Bauweise und ihrer Art zu leben befassen.«[7] Grundlegend für die postmoderne Gestaltung ist die Pluralität der Lebensformen. Noch einmal Charles Jencks: »Die Diskontinuität der Geschmackskulturen ist es, die sowohl die theoretische Basis als auch die ›Doppelkodierung‹ der Postmoderne erzeugt.«[8]

Eine solche Postmoderne schließt Modernes ein, geht aber auch entscheidend darüber hinaus. Das kann man insbesondere der von Heinrich Klotz geprägten Postmoderne-Formel »nicht nur Funktion, sondern auch Fiktion« entnehmen.[9] Der Rationalismus und Funktionalismus der Moderne wird durch Momente der Fiktion, der Erzählung, der Metapher und Vision ergänzt und überboten. Nicht mehr »form follows function«, sondern »form produces visions« könnte das neue, postmoderne Motto der Gestaltung lauten.

3. *Soziologie*

Die sozialen Grundlagen und Motivationen dieser neuen Gestaltung liegen auf der Hand. Fiedler, Venturi und Jencks haben gleichermaßen auf die gesellschaftliche und kulturelle Pluralität und die damit verbundene Heterogenität von

7 Ebd., 6.
8 Ebd.
9 Heinrich Klotz, *Moderne und Postmoderne. Architektur der Gegenwart 1960–1980*, Braunschweig / Wiesbaden 1984, S. 423.

Geschmacksrichtungen, Erwartungen und Ansprüchen hingewiesen. Dem muß die postmoderne Gestaltung Rechnung tragen.

Inter- wie intrakulturelle Pluralität gehört heute zur Alltagserfahrung, auch wenn sie zugleich – insbesondere im Zeichen der Neuen Technologien – durch gigantische Uniformierungsprozesse bedroht wird. Hier gilt es kritisch zu intervenieren. Eine Alternative zur technologisch vereinheitlichten Weltzivilisation sehe ich allerdings nicht nur in der Betonung lokaler bzw. nationaler Identitäten, sondern mindestens ebenso in der Erzeugung neuer, quer zu den bestehenden Identitäten verlaufender hybrider oder – wie ich das lieber nenne – transversaler Identitäten.

Ähnliches hatte auch Daniel Bell, der Theoretiker der ›postindustriellen Gesellschaft‹, im Auge, als er sagte, »daß in einer modernen Gesellschaft unweigerlich diverse und plurale Interessen bestehen, weil wir alle vielfache Anhänglichkeiten und Identitäten haben«.[10] Bell spricht von »›crosscutting‹ identities« und betont, »daß es unvermeidlicherweise keine wechselseitige Versöhnung aller Werte geben kann«.[11]

Dies war schon die Grundaussage älterer Soziologen dieses Jahrhunderts, etwa Max Webers oder Paul Valérys. Der letztere erklärte, daß unsere Epoche insofern modern sei, als »in allen kultivierten Köpfen die verschiedensten Ideen und die gegensätzlichsten Lebens- und Erkenntnisprinzipien frei nebeneinander bestehen«, weshalb wir »über denselben Gegenstand mehrere Ansichten haben, die einander in den Urteilen ohne weiteres abwechseln«.[12] Genau auf diese einschneidende Pluralität – auf internationaler, sozialer wie

10 Daniel Bell, *The Winding Passage. Essays and Sociological Journeys 1960 to 1980*, Cambridge (Mass.) 1980, S. 243.

11 Ebd.

12 Paul Valéry, »La crise de l'esprit«, in: P. V., *Œuvres*, Bd. 1, Paris 1957, S. 988–1014, hier S. 992, bzw. ders., »La politique de l'esprit«, in: ebd., S. 1014–40, hier S. 1018 f.

intra-individueller Ebene – muß heutige Gestaltung und das Design der Zukunft sich einlassen. Es gilt, nicht nur die Schwierigkeiten dieser Diversität zu beklagen, sondern ihre Chancen zu ergreifen.

4. Philosophie

Vielleicht war Ihnen das bislang Ausgeführte weithin bekannt. Im folgenden will ich nun, nachdem ich bereits kurz auf die Soziologie eingegangen bin, einige weitere Kernpunkte der wissenschaftlichen Thematisierung von Postmodernität zur Kenntnis bringen. Das kann uns sowohl zu einem tieferen Verständnis der postmodernen Pluralität und ihrer Rechtmäßigkeit sowie Unübersteigbarkeit als auch zu einem Überblick über die verschiedenen Optionen verhelfen, die im Rahmen dieses neuen Groß-Paradigmas ›Postmoderne‹ möglich werden. Überdies werden sich kritische Gesichtspunkte gegenüber bestehenden Versionen von Postmodernität (vor allem gegenüber bloßem Historismus oder Eklektizismus und gegenüber blanker Beliebigkeit) ergeben.

Generell zeigt die philosophische Diagnose, daß Pluralität zu Recht die Kernbestimmung der Postmoderne ist und daß wir gegenwärtig in einer Phase des Übergangs leben. Ich greife stichwortartig einige markante Punkte heraus.

a) Lyotard

Jean-François Lyotard hat die Postmoderne durch das Ende der Meta-Erzählungen charakterisiert. Es gibt keine umfassende Erzählung mehr – wie einst die aufklärerische von der Rationalisierung der Welt oder die idealistische vom Zusichkommen des Geistes in der Geschichte oder die marxistische von der Emanzipation der Menschheit –, die in der Lage wäre, alle Bestrebungen zu bündeln und auf ein einziges

Ziel – ihr Ziel – hin auszurichten. Die Postmoderne beginnt dort, wo dieses Ganze aufhört. Und sie trauert ihm nicht nach, denn sie hat die negative Kehrseite der scheinbar so positiven Ganzheitshoffnungen erkannt. Stets bedeutet die Vereinheitlichung ja unweigerlich zugleich die Unterdrükkung abweichender Lebensformen, die Zensur alternativen Wissens, eine Exkommunikation des Besonderen.
Lyotard hat diese Heterogenität von Lebensformen, Diskursarten und Sprachspielen aufs nachhaltigste exponiert. Seitdem muß man wissen: Globalisierungen haben immer etwas Totalitäres an sich. Es gilt umgekehrt, die Eigenart und den Eigensinn der verschiedenen Lebensformen, Orientierungen und Kulturen anzuerkennen und zu verteidigen. Lyotard träumt nicht von deren Versöhnung, sondern er verlangt, sich ihrem Widerstreit zu stellen.
Grassierenden Uniformierungen ist durch Strategien der Pluralisierung entgegenzutreten. Das ist für Lyotard heute beispielsweise im Blick auf die Neuen Technologien unumgänglich. Man muß sich gegen die drohende technologische Uniformierung der Sprache, gegen das telematische Gesetz des Byte um Byte und Bit um Bit zur Wehr setzen. In diesem Sinn hat Lyotard am Ende des *Postmodernen Wissens* für den »freien Zugang« der Öffentlichkeit »zu den Speichern und Datenbanken« plädiert und gehofft, die diversen Gruppen könnten das Datenmaterial, das zum Zweck uniformierender Kontrolle gespeichert wurde, ihrerseits für ganz andere und diverse Ziele verwenden.[13] Pluralität ist nicht nur die Basis, sondern auch das Telos der Postmoderne.

b) Baudrillard

Während das Ende der Meta-Erzählungen bei Lyotard positiv zur Freisetzung vieler kleiner, partikularer Erzählungen führt, repräsentiert Jean Baudrillard die schwarze Variante

13 Jean-François Lyotard, *Das postmoderne Wissen. Ein Bericht*, übers. von Otto Pfersmann, Graz / Wien 1986, S. 192.

der Postmoderne-Diagnose. Ihm zufolge sind wir schon in das Ende der Geschichte eingetreten, ja befinden uns bereits jenseits der Geschichte. Denn in den fortgeschrittenen Gesellschaften herrscht die völlige Indifferenz und Irrelevanz aller Oppositionen, Erkenntnisse, Einsichten, Wendeversuche. »Wir befinden uns wahrhaftig in einem Jenseits. Die Phantasie ist an der Macht, ebenso die Aufklärung und die Intelligenz, und wir erleben jetzt oder in naher Zukunft die Perfektion des Sozialen; alles ist erreicht, der Himmel der Utopie ist auf die Erde herabgekommen, und was sich einst als strahlende Perspektive abzeichnete, stellt sich nunmehr als Katastrophe im Zeitlupentempo dar.«[14] Das ist die Katastrophen-Version von Postmodernität und zugleich eine Wiederaufnahme des Gehlenschen Theorems der Posthistoire. Baudrillard verkündet das Ende aller Geschichte, allen Fortschritts, aller Utopie. Auf allen Ebenen vollzieht sich nur noch eine Wucherung des Gleichen. Utopien sind zu Reproduktionsmitteln des Systems selbst verkommen. Zudem ist das Ende gar nicht – wie man in der traditionellen Vorstellung der Apokalypse glaubte – dramatisch und ereignishaft, sondern es vollzog sich so lautlos, daß wir es gar nicht bemerkt haben und uns unversehens schon jenseits des Endes befinden.

In der Informationsgesellschaft, in der Wirklichkeit durch Information erzeugt wird, ist es nicht nur immer schwieriger, sondern zunehmend unmöglich und sinnlos geworden, zwischen Realität und Schein noch zu unterscheiden. Diese durchdringen einander und konstellieren eine Situation universeller Simulation. Allein quantitatives Wachstum kommt noch zustande – sozial wie elektronisch: wir überfüttern uns selbst mit wertloser Nahrung und unsere Informationsspeicher und Gedächtnissysteme mit gehaltlosen Informationen. Der Krebs – die maßlose Wucherung des Gleichen – und das Klonen – die identische Reproduktion des Glei-

14 Jean Baudrillard, *Die fatalen Strategien*, übers. von Ulrike Bockskopf und Ronald Voullié, München 1985, S. 85.

chen – sind von symbolischer Wahrheit für die Gegenwart.
Insbesondere Baudrillards Überlegungen zur Aufhebung des Unterschieds von Schein und Sein in einer Welt der Simulation könnten auch für den Designer wichtig sein. Sie indizieren den Vorrang der Entwurfstätigkeit vor der Realität und weisen darauf hin, daß sich jeder designerische Eingriff auf vorausgegangene Design-Strukturen bezieht, also nie schlechthin originär, sondern stets in gewisser Weise Re-Design ist.

c) Virilio

Auch Paul Virilio diagnostiziert ein ›Ende der Geschichte‹. Er erklärt es aus der zunehmenden Beschleunigung von Bewegung und Wahrnehmung. Mit der elektronischen Datenübertragung haben wir eine Geschwindigkeit erreicht, die Raum und Zeit aufhebt und die Dinge im technischen Fluß der Bilder verschwinden läßt – Virilio spricht von einer ›Ästhetik des Verschwindens‹.[15] Durch diese Beschleunigung werden die traditionellen Bedingungen von Politik, Demokratie und Freiheit aufgehoben. Das zentrale Problem der Gegenwart besteht in der Zeitorganisation durch die Technologien. Das erfordert nicht nur eine neue Begründung der Politik, sondern verlangt auch dem Design neue Strategien ab.

d) Deleuze

Am deutlichsten hat Gilles Deleuze die neue Verfassung thematisiert, indem er sie auf den Begriff des ›Simulakrum‹ brachte. Nirgendwo haben wir mit Originalen, sondern allenthalben mit Simulakren zu tun. Dabei handelt es sich um Wiederholungen, die nicht identische Reproduktionen, sondern verschobene Darstellungen sind, die auf andere Wieder-

15 Vgl. Paul Virilio, *Ästhetik des Verschwindens*, Berlin 1986.

holungen verweisen, die ihrerseits schon Verschiebungen und Verstellungen vorgenommen haben.[16] Entsprechend müßte sich im Design der Blick nicht mehr einfach auf ein Objekt richten, sondern auf die Reihen, in denen es steht, und auf die Beziehungen, die es unterhält. Die Verflechtungen der Simulakren sind wichtiger als diese selbst.

e) Derrida

Auch Jacques Derrida hat dieser neuen Gegenstands- und Sinnverfassung Ausdruck gegeben. Seine Kritik gilt nicht bloß der Moderne, sondern der gesamten abendländischen Tradition. Er stellt deren Grundideal der ›Präsenz‹ in Frage.[17] Die Tradition strebte stets nach dem vollen, absoluten, von einem Augenblick zum nächsten und in alle Ewigkeit geltenden Sinn, der definitiv in einem Gedanken, einem Ereignis oder einem Gegenstand verkörpert und durch reines Beisichsein ohne jegliche Zerstreuung charakterisiert ist. Dieses traditionelle Sinn-Ideal dekonstruiert Derrida. Er analysiert dabei vor allem die Verfassung des Zeichens (›signe‹) – ein Terminus, der auch im Ausdruck ›Design‹ enthalten ist. Derridas Dekonstruktion des Zeichens könnte für das Design auf eine Praxis des De-design hinauslaufen.

Derrida zeigt, daß der Signifikant niemals – wie die Metaphysik es erträumte – bloße Hülle eines ursprünglichen Signifikats ist, sondern daß die Materialität des Signifikanten an der Konstitution von Sinn und Bedeutung beteiligt ist. Daher gilt es, die Obsession des absoluten und vorgegebenen Sinns (wie sie beispielsweise in einer Formel wie ›form follows function‹ noch immer lebendig ist) zu verabschieden. Jeder Sinn bildet sich in einem System von Verweisungen und Verschiebungen. Für unsere Gegenwart und in Zukunft wird gelten: Man

16 Vgl. Gilles Deleuze, *Différence et répétition*, Paris 1968.

17 Vgl. insbes. Jacques Derrida, *Die Schrift und die Differenz*, übers. von Rodolphe Gasché, Frankfurt a. M. 1972, und ders., *Grammatologie*, übers. von Hans-Jörg Rheinberger und Hanns Zischler, Frankfurt a. M. 1974.

muß auf die Kontexte, auf die Verlagerungen und Verschiebungen der Signifikantenkette achten, um das Spiel des Sinns erkennen und mitspielen zu können. Wir müssen unser Augenmerk nicht auf eine vermeintliche Präsenz, sondern auf Bewegungen der Dezentrierung und Zerstreuung richten. Das gilt nicht nur für die Philosophie, sondern auch im Leben: in Fragen der Liebe, der Architektur, des Berufs. Man sollte sich und die anderen von den strukturell falschen Absolutheitserwartungen befreien.

Damit entwickelt Derrida die Voraussetzung für einen wirklich einschneidenden Wandel im abendländischen (und vom Abendland beeinflußten) Denken. Gefordert ist der Übergang von der Vorstellung des absoluten, verkörperungsfreien Sinns zur Anerkennung von Sinn als Effekt von Verknüpfungen. Das führt zu einer eminenten Aufwertung der Materialität der Zeichen und – für das traditionelle Denken ungewöhnlich – zu einer positiven Thematisierung der Medien. Für das Design ergibt sich daraus insbesondere, daß es verstärkt Kontext- oder Rahmendesign anstelle von Objektdesign werden muß.

Derridas Umdeutung des Sinns entspricht übrigens dem Übergang, den der französische Psychoanalytiker Jacques Lacan als ausschlaggebend für das Erwachsenwerden des Menschen – für seine Ablösung vom narzißtischen Spiegelstadium – beschrieben hat.[18] In diesem Sinne käme es heute auf ein Erwachsenwerden des Design an.

f) Vattimo

Gianni Vattimo schließlich hat die Existenzform, die der neuen Sinnverfassung entspricht, als postmoderne Lebensform beschrieben. Es geht ihm um eine »schwingende Existenz«, um eine »Mobilität zwischen den Erscheinungen«

18 Vgl. insbes. Jacques Lacan, »Das Spiegelstadium als Bildner der Ich-Funktion«, in: J. L., *Schriften I*, ausgew. und hrsg. von Norbert Haas, Olten/Freiburg i. Br. 1973, S. 61–70.

und darum, »sich nicht mehr als ›unsterbliche Seele‹, sondern als viele sterbliche Seelen zu empfinden«.[19] Zur Postmoderne gehören Vergänglichkeit, Leichtigkeit, Flüchtigkeit, Fragment-Charakter. Postmodernes Design muß nicht nach Überzeitlichkeit schielen, sondern darf ephemer und situativ sein.
Nur stichwortartig weise ich auf weitere Sphären der Kunst hin, wo diese postmodernen Ansätze zum Tragen gekommen sind: im Theater eines Robert Wilson, in den Gemälden Mimmo Paladinos, in Filmen von Wim Wenders.

5. *Wissenschaft*

Schließlich will ich Ihr Augenmerk darauf lenken, daß es sich bei den genannten Diagnosen nicht um verblasene Entwürfe weltfremder Philosophen handelt, sondern daß diese Konzepte den neueren Erkenntnissen auch unserer ›harten‹ Wissenschaften entsprechen. Seit der ›Grundlagenkrise‹ – also seit den Theorien Einsteins, Heisenbergs und Gödels – und verstärkt in den neueren Ansätzen der Katastrophentheorie und Chaosforschung oder der Theorie der Fraktale und dem Konzept der dissipativen Strukturen – sagt uns die Wissenschaft selbst, daß die Welt durch Pluralität und Heteronomie charakterisiert ist, daß Paradoxien und Paralogien für ihr Verständnis erschließungskräftiger sein können als einfache Deduktionen und daß die Realität insgesamt nicht homogen, sondern heterogen, nicht harmonisch, sondern dramatisch, nicht einheitlich, sondern divers verfaßt ist – kurz gesagt: ein ›postmodernes‹ Design hat. Dann sollte umgekehrt auch das Design der Gegenwart sich daran wagen, im Sinn dieser neueren wissenschaftlichen Paradigmen zu gestalten, also: vielfältig, dissensbereit, zwischen Stabilität und Chaos.

19 Gianni Vattimo, *Jenseits vom Subjekt. Nietzsche, Heidegger und die Hermeneutik*, übers. von Sonja Puntscher Riekmann, Graz / Wien 1986, S. 16 bzw. S. 30.

II

Postmoderne und künftiges Design

1. Zusammenfassung

1. Die Gegenwartsdiagnose ›Postmoderne‹ hat Pluralität zum Fokus. Die Postmoderne beruht auf der Einsicht, daß die Diversität der Lebensformen, Orientierungsmuster, Sprachspiele und Bedürfnisstrukturen unüberschreitbar und legitim ist.
2. Neohistorismus und die Wiederkehr des Ornaments werden im Rahmen solcher Pluralität zwar möglich, bilden aber keineswegs den definitorischen Kern der Postmoderne. Es handelt sich vielmehr – wie der Vergleich mit den wissenschaftlichen und philosophischen Positionen lehrt – um relativ oberflächliche Versionen von Postmodernität.
3. Die eigentliche Stoßrichtung der Postmoderne zielt gegen die Uniformierungsdynamik der Moderne. Die Moderne war durch globale Konzepte einheitlicher Rationalität und vereinheitlichender Rationalisierung gekennzeichnet. Wegen dieser Uniformierungstendenz zeigte die realisierte Moderne katastrophische Züge. Die Postmoderne verlangt, solchen Unifizierungsprozessen entgegenzutreten, indem man sie unterbindet oder ihre Potentiale gegen deren Tendenz – nämlich nicht vereinheitlichend, sondern diversifizierend – nützt. Sofern das Design dieses Jahrhunderts weitgehend an die Rationalisierungsbestrebungen der Moderne geknüpft war, gehört ein einschneidender Paradigmenwechsel zu den postmodernen Aufgaben intelligenten Designs.
4. Der bekannte Eklektizismus und der Slogan ›anything goes‹ sind allzu vordergründige, keineswegs verbindliche Formen der Postmodernität. Pluralität veranschaulicht man nicht dadurch, daß man bloß Vokabeln oder Wortfetzen aus

verschiedenen Sprachen zusammenbringt. Es kommt vielmehr darauf an, die *Sprachen* selbst – mit ihrer Syntax, Semantik, Geschichte etc. – zu einem Dialog bzw. einer Auseinandersetzung zusammenzuführen. Auch sollte man die postmoderne Freiheit nicht bloß zu Zwecken der Reproduktion von Vergangenem, sondern zur Produktion von Noch-nicht-Dagewesenem nützen. Dies kann auch unter Verwendung traditioneller Zeichen geschehen. Man darf sie zu diesem Zweck aber nicht bloß addieren, sondern muß aus ihnen eine neue, hybride Gestalt gewinnen.

5. Als logische Formen dominieren in der Postmoderne nicht mehr Induktion und Deduktion, Repetition und Reduktion, Konsequenz und Progression, sondern Komplexität und Widerspruch, Paradoxie und Paralogie, und die Forderung nach Konsens wird durch die Bereitschaft zum Dissens überboten.

2. *Leitlinien für das Design*

Der postmodern geforderte Paradigmenwechsel im Design läßt sich folgendermaßen charakterisieren:

1. Das Design muß bewußt viele und unterschiedliche Wege gehen. Es muß die Pluralität zu schätzen und zu artikulieren lernen.

2. Das Design muß nicht nur soziale, nationale, lokale oder unternehmerische Identitäten berücksichtigen, sondern auch Kristallisationspunkte für neue, querlaufende (›transversale‹) Identitäten schaffen. Da unser Leben zunehmend – extern wie intern – ein ›Leben im Plural‹ sein wird, also: ein Leben innerhalb unterschiedlicher sozialer und kultureller Kontexte sowie ein Leben, das in sich mehrere Entwürfe durchläuft und verbindet, muß das Design nicht nur vorhandene Standards (lokaler, nationaler, sozialer usw. Art) berücksichtigen, sondern auch gemischte (überlagerte, multivalente) Gestaltungen erzeugen.

3. Gegenüber der rationalistischen und funktionalistischen Akzentuierung der Moderne geht es verstärkt um fiktionale, emotionale, sensuelle und ikonische Werte. Das kommt dem Design entgegen, denn dessen Domäne ist ohnehin die der Bildlichkeit und Imagination. Design wird wirksam, indem es tiefsitzende Bilder, Bedürfnisse oder Erwartungen wachruft oder verändert. Der Designer arbeitet mit und an den ikonischen Schichten des Bewußtseins.
4. Wichtiger als die mathematische Logik ist für den Designer daher heute die ikonische und emotionale Logik. Die klassisch-modernen Maximen des Ausdrucks oder der Transparenz verlieren an Bedeutung, an ihre Stelle treten Strategien des Kontrasts, der Erfindung und der Paradoxie. Nur sie tragen unserer ›chaotischen‹ Welt voller Überschneidungen und Instabilitäten Rechnung. Störungen und Hybridbildungen entsprechen der postmodernen Lebenserfahrung.
5. Wenn es für heutiges Design eine Art generelles Präferenz-Muster gibt, so ist es im Bereich der Mikroelektronik zu suchen. Hier erwachsen dem Design ohnehin neue Aufgaben. Die Miniaturisierung der Hardware macht eine Gestaltung nach dem Prinzip ›form follows function‹ zunehmend unmöglich. Dadurch wird die Designtätigkeit autonomer, verantwortungsvoller und kreativer. Zu ihrer eigentlichen Domäne wird jetzt die ›Benutzeroberfläche‹ und die Software. Dieser Prozeß ist bis in die Architektur hinein festzustellen. *La Grande Arche* in Paris beispielsweise hat eher das Aussehen eines Design-Modells als das einer Architektur im konventionellen Sinn. Die Oberflächengestaltung lehnt sich an visuelle Muster an, wie wir sie vom Bildschirm kennen.

Dieser Mikroelektronik-Trend ist verständlich und gewichtig, darf aber nicht erneut zu bloßer Uniformierung führen. Daß die Oberfläche von Ausdruckspflichten und Ausdrucksmöglichkeiten frei wird, ist als Chance für eine neuartige Gestaltung durch projektive Besetzung mit Metaphern,

Visionen und Fiktionen zu erkennen und zu nützen. Dadurch läßt das Design die alt-moderne rationalistische Halbierung des Menschen hinter sich.
6. Schließlich: Heute und künftig kann nicht mehr ausschließlich das zulässig sein, was analysierbar und vermittelbar ist. Das Design muß sich bei aller Professionalität und Regularität auch in Zonen des Unfaßlichen vorwagen. Gegen die moderne Welt der Uniformierung wird es postmodern geradezu zur Aufgabe, die Erfahrung eines Unstrukturierten zu ermöglichen, Ungesehenes zu schaffen, Objekte im Geist des Ereignisses zu gestalten. Das ist kein Freibrief für Dilettanten, sondern ein Aufruf zu professionellem Mut. Ähnlich hat Theodor W. Adorno in einem utopischen Ausblick einmal gesagt, es komme darauf an, »Dinge ⟨zu⟩ machen, von denen wir nicht wissen, was sie sind«.[20]

3. Ausblick

Ich glaube, daß unsere Gegenwart und die absehbare Zukunft durch zwei große Strömungen bestimmt sein werden: durch die Postmoderne und durch die ökologische Herausforderung. Und ich meine des weiteren, daß das Design zur Schnittstelle dieser beiden Strömungen werden kann. Das verlangt freilich einen erweiterten Design-Begriff, auf den ich abschließend noch kurz zu sprechen kommen will.
Wir erkennen heute, daß alle menschliche Tätigkeit – von den ›Entwürfen‹ der großen Politik bis zum Familienleben und von unseren Verkehrssystemen bis hin zu flüchtigen Gesten und momentanen Wahrnehmungen – Elemente von Design einschließt. Der Aufgabenbereich des Designs erschöpft sich nicht im Objekt-Design, sondern beginnt bereits bei der Einrichtung der Lebensverhältnisse und der Prägung von Verhaltensformen.

20 Theodor W. Adorno, »Vers une musique informelle«, in: Th. W. A., *Gesammelte Schriften*, Bd. 16, Frankfurt a. M. 1978, S. 493–540, hier S. 540.

Aus postmoderner Perspektive bedürfen all diese bewußten und unbewußten Formen der Produktion und des Verhaltens künftighin eines Re-Designs. Die Zeit des Übergangs, in der wir leben, ist die Zeit einer Umgestaltung auf allen Ebenen.

Ebenso macht die ökologische Herausforderung eine Umstrukturierung all unserer Lebensbedingungen erforderlich, die von den globalen Problemen der Ökonomie und Politik bis zu den persönlichsten Lebensverhältnissen reicht. Einem erweiterten Design kommt für diese Umgestaltung eminente Bedeutung zu.

Daher besteht eine Konvergenz zwischen den postmodern-kulturellen Anforderungen und der ökologischen Herausforderung. Die globalen ökologischen Aufgaben können nur durch ein neues Design im erweiterten Sinn gelöst werden: durch eine andere Gestaltung der Ökonomie, der internationalen Beziehungen, des individuellen Verhaltens zu Natur. Das postmoderne Abrücken von Vorstellungen der Herrschaft, der Zentralität und des Anthropozentrismus und die postmoderne Aufmerksamkeit auf Außenfolgen des Handelns kongruieren mit solchen Forderungen der Ökologie.

Auch der Übergang vom Objekt-Design zum Rahmen-Design, wie ihn die Postmoderne nahelegt, entspricht den Forderungen der Ökologie. Und die Aufgabe des Designs verlagert sich heute zunehmend von der Objektgestaltung (worauf sich die Moderne konzentriert hatte) zur Rahmengestaltung. Es gilt – postmodern wie ökologisch –, die *Rahmen*-Bedingungen unserer Lebensverhältnisse zu verändern.

Im Sinne dieses erweiterten Design-Begriffs könnte – während das 20. Jahrhundert ein Jahrhundert der Kunst war – das 21. Jahrhundert ein Jahrhundert des Designs werden.

Textnachweise

Ästhetik und Anästhetik. Antrittsvorlesung an der Otto-Friedrich-Universität Bamberg, 19. 12. 1989. – Erstveröffentlichung.

Zur Aktualität ästhetischen Denkens. In: Kunstforum International. Bd. 100. April / Mai 1989. S. 135–149.

Die Geburt der postmodernen Philosophie aus dem Geist der modernen Kunst. In: Philosophisches Jahrbuch 97/1 (1990) S. 15–37.

Adornos Ästhetik: eine implizite Ästhetik des Erhabenen. In: Das Erhabene. Zwischen Grenzerfahrung und Größenwahn. Hrsg. von Christine Pries. Weinheim: VCH Verlagsgesellschaft. Acta humaniora, 1989. S. 185–213.

Für eine postmoderne Ästhetik des Widerstands. In: Spuren. H. 30/31. Dez. 1989. S. 29–32.

Identität im Übergang. Philosophische Überlegungen zur aktuellen Affinität von Kunst, Psychiatrie und Gesellschaft. In: Von Chaos und Ordnung der Seele – ein interdisziplinärer Dialog über Psychiatrie und moderne Kunst. Hrsg. von Otto Benkert und Peter Gorsen. Berlin / Heidelberg / New York: Springer, 1990. S. 91–105.

Perspektiven für das Design der Zukunft. Vortrag beim World Design Congress. Nagoya 1989. In: Kunstforum International. Bd. 107. April / Mai 1990. S. 260–266.

Die Beiträge wurden für diese Ausgabe zum Teil geringfügig überarbeitet.

Biographische Notiz

Wolfgang Welsch, geboren am 17. Oktober 1946

1966–74	Studium der Philosophie, Kunstgeschichte, Psychologie und Archäologie an den Universitäten München und Würzburg
1974	Promotion zum Dr. phil.
1982	Habilitation für das Fach Philosophie
1985–87	Visiting Fellow am Institut für die Wissenschaften vom Menschen, Wien
1987	Gastprofessor an der Universität Erlangen-Nürnberg
1987–88	Gastprofessor an der Freien Universität Berlin
1988–93	Professor für Philosophie an der Otto-Friedrich-Universität Bamberg
1992	Max-Planck-Forschungspreis
1992–93	Gastprofessor an der Humboldt-Universität zu Berlin
seit 1993	Professor für Philosophie an der Otto-von-Guericke-Universität Magdeburg
1994–95	Gastprofessor an der Stanford University

Veröffentlichungen von Wolfgang Welsch zu Fragen der Ästhetik

Buchveröffentlichungen

»Frottage« – Philosophische Untersuchungen zu Geschichte, phänomenaler Verfassung und Sinn eines anschaulichen Typus. Phil. Diss. Würzburg 1974. Bamberg 1974.

Aisthesis. Grundzüge und Perspektiven der Aristotelischen Sinneslehre. Stuttgart 1987.

Unsere postmoderne Moderne. Weinheim 1987. 4. Aufl. Berlin 1993.

Postmoderne – Pluralität als ethischer und politischer Wert. Köln 1988.

La terra nella determinazione heideggeriana dell'opera d'arte. Ferrara 1990.

Ästhetisches Denken. Stuttgart 1990.
Ästhetische Zeiten? Zwei Wege der Ästhetisierung. Saarbrücken 1992.
Vernunft. Die zeitgenössische Vernunftkritik und das Konzept der transversalen Vernunft. Frankfurt a. M. 1995.
(Hrsg.) Wege aus der Moderne. Schlüsseltexte der Postmoderne-Diskussion. Weinheim 1988.
(Hrsg.) Die Aktualität des Ästhetischen. München 1993.
(Mithrsg.) Ästhetik im Widerstreit. Interventionen zum Werk von Jean-François Lyotard. Weinheim 1990.

Aufsätze (Auswahl)

An den Grenzen des Sinns. Ästhetische Aspekte der Malerei des Informel (Dubuffet). In: Philosophisches Jahrbuch 86 (1979) H. 1. S. 84–112.
Traditionelle und moderne Ästhetik in ihrem Verhältnis zur Praxis der Kunst. In: Zeitschrift für Ästhetik und Allgemeine Kunstwissenschaft 28 (1983) S. 264–286.
Das Zeichen des Spiegels. Platons philosophische Kritik der Kunst und Leonardo da Vincis künstlerische Überholung der Philosophie. In: Philosophisches Jahrbuch 90 (1983) H. 2. S. 230–245.
Tradition und Innovation in der Kunst. Philosophische Perspektiven der Postmoderne. In: Zeitschrift für Ästhetik und Allgemeine Kunstwissenschaft 30 (1985) H. 1. S. 79–100.
Kunst und Wissenschaft. Gegengedanken zur Biennale. In: Kunstforum International. Bd. 85. September/Oktober 1986. S. 124 bis 129. 323.
Pavillon Frankreich: Daniel Buren. In: Kunstforum International. Bd. 85. September/Oktober 1986. S. 177–181.
Platons neue Höhle. Zur postmodernen Medienkultur. In: Erwachsenenbildung. Vierteljahrsschrift für Theorie und Praxis 34 (1988) H. 1. S. 32–37.
Architektur ist nicht alles. In: Werk, Bauen + Wohnen 11 (1988) S. 18 bis 23. [Französische Fassung: S. 70–73.]
Postmoderne oder: Ästhetisches Denken – gegen seine Mißverständnisse verteidigt. In: Otto Saame / Günter Eisler (Hrsg.): Postmoderne: Anbruch einer neuen Epoche? Wien 1990. S. 237 bis 269. – Italienische Fassung: Il postmoderno ovvero Il pensiero estetico difeso contro i suoi fraintendimenti. In:

Paradigmi. Rivista di critica filosofica 22 (1990) H. 7. S. 199 bis 223.

Gibt es eine postmoderne Ästhetik? In: Sara Rogenhofer / Florian Rötzer (Hrsg.): Kunst machen? Gespräche und Essays. München 1990. S. 230–247.

Konstellation der Wahrnehmung. In: Katalog zur Ausstellung »Andernorts. Installationen zeitgenössischer Künstler in historischen Räumen«. 2 Bde. Nürnberg 1990. Bd. 2. S. 9–19.

Asynchronien. Ein Schlüssel zum Verständnis der Diskussion um Moderne und Postmoderne. In: Jahrbuch 4 der Bayerischen Akademie der Schönen Künste. München 1990. S. 347–367.

Kreativität heute. In: Universitas 46 (1991) H. 6. S. 587–591.

Wie modern war die moderne Architektur? In: Klaus Novy / Felix Zwoch (Hrsg.): Nachdenken über Städtebau. Stadtbaupolitik, Baukultur, Architekturkritik. Braunschweig 1991. S. 55–73.

Zum Standort ästhetischer Theorie. In: Hans Matthäus Bachmayer / Dietmar Kamper / Florian Rötzer (Hrsg.): Nach der Destruktion des ästhetischen Scheins – van Gogh, Malewitsch, Duchamp. München 1992. S. 255–277.

Gegenwartskunst im öffentlichen Raum – Augenweide oder Ärgernis? In: Kunstforum International. Bd. 118. 1992. S. 318–320.

Auf dem Weg zu einer Kultur des Hörens? In: Arnica-Verena Langenmaier (Hrsg.): Der Klang der Dinge. Akustik – eine Aufgabe des Design. München 1993. S. 86–111.

Ästhetisierungsprozesse – Phänomene, Unterscheidungen, Perspektiven. In: Deutsche Zeitschrift für Philosophie 41 (1993) H. 1. S. 7 bis 29.

Städte der Zukunft – Philosophische Überlegungen. In: Wohnen und Arbeiten. Städtebauliches Modellprojekt Schwerin-Lankow. Hrsg. vom Kulturkreis der deutschen Wirtschaft im Bundesverband der Deutschen Industrie. Heidelberg 1993. S. 12–18.

Das weite Feld der Dekonstruktion. In: Gert Kähler (Hrsg.): Schräge Architektur und aufrechter Gang – Dekonstruktion: Bauen in einer Welt ohne Sinn? Braunschweig 1993. S. 50–63.

Ästhet/hik – Ethische Implikationen und Konsequenzen der Ästhetik. In: Christoph Wulf / Dietmar Kamper / Hans Ulrich Gumbrecht (Hrsg.): Ethik der Ästhetik. Berlin 1994. S. 3–22.

Künstliche Paradiese? Betrachtungen zur Welt der elektronischen Medien – und zu anderen Welten. In: Paragrana 4 (1995) H. 1. S. 255–277.

Namenregister

Young Riders Guides

Caring for a Horse or Pony

This is the second title in the Young Riders Guides series. Beginning with the planning and running of a stable, the authors then discuss all aspects of caring for your horse or pony including grooming, exercise, feeding, shoeing and attending to his health. The last section of the book deals with equipment and tack, describing in detail and with diagrams the different sorts of bit, the saddle, the bridle, girths, martingales, rugs and bandages. There is plenty of good advice on fitting, cleaning and caring for tack, and at the end of the book is a very useful and comprehensive glossary of terms covering everything from bandages to warbles. Illustrated throughout with photographs, diagrams and line drawings, this is an invaluable handbook for every young pony owner.